Phenomenology and Yogacara Buddhist Theory

현상학과 유식론
現象學 唯識論

증부판

윤명로 지음
이남인 엮음

서광사

桂泉 尹明老 교수님의 생전의 모습

윤명로 교수님의 약력과 연구업적

1922년 5월 30일	경기도 장단군(長湍郡) 장도면(長道面) 중리(中里) 1155번지에서 해평윤공(海平尹公) 영섭(英燮)氏와 반남박씨(潘南朴氏)와의 사이에서 태어남

학 력

1937	장도공립보통학교(長道公立普通學校) 졸업
1942	경기고등학교(京畿第一公立高等普通學校 개칭) 졸업
	경성제국대학(京城帝國大學) 예과(豫科) 문과(文科) 입학
1945	경성제국대학 예과 문과 수료
	경성제국대학 법문학부(法文學部) 철학과(哲學科) 입학
1948	서울대학교 문리과대학(文理科大學) 철학과 졸업
1949	同대학원 입학
1950	同대학원 중퇴
1968~1969	오스트리아 그라츠(Graz) 대학 유학
1971	동국대학교 박사

경 력

1948~1950	덕성여자고등학교 교사
1950~1955	경기고등학교 교사
1955~1961	서울대학교 문리과대학 조교수, 부교수
1961~1972	동국대학교 교수
1971	同校에서 哲學博士 受位(舊制)
1972~1987	서울대학교 인문대학 교수(停年)
1987~1992	원광대학교 교수
1972~1974	철학연구회 회장

1978～1981 한국현상학회 회장
1980～1982 서울대학교 인문과학연구소장
1981～1983 한국철학회 회장
1986～2005 대한민국학술원 회원
2005 타계

연구업적

저서

『철학』(공저), 서울대학교 출판부(1958)
『철학개론』(공저), 철학연구회 刊(1966)
『도덕교육』(공저), 서울대학교 출판부(1973)
『철학개론』(공저), 서울대학교 출판부(1975)
『현상학과 현대철학』, 문학과지성사(1987)
『無所思』, 天池(1988)

역서

K. 야스퍼스, 『현대의 정신적 위기』(공역), 日新社(1959)
M. 아우렐리우스, 『명상록』, 正音社(1960)
K. 야스퍼스, 『칸트에 있어서의 根本惡』, 博英社(1960)
L. 아이젤리, 『현대문명비판』(공역), 乙酉文化社(1962)
S.P. 램프레히트, 『서양철학사』(공역), 을유문화사(1963)
A. 샤프, 『언어와 인간행위』, 新東亞(1973년 1월호)
H. 리케르트, 『문화과학과 자연과학』, 三星文化財團(1973)

논문

「휴머니즘의 意義와 史的 變遷」, 『휴머니스트』, 제1집(1960)
「카르납에 있어서의 論理的 世界把握」, 『二十世紀講座』, 제Ⅱ권, 박영사(1963)

「아리스토텔레스에 있이서의 分析論後書와 論證思想」, 『東國大學校論文集』(1967)
「東洋思想과 西洋思想에 나타난 論理性의 比較硏究」(공동), (1968)
「學으로서의 哲學과 아포레틱의 意義」, 『哲學思想』, 동국대(1970)
「훗설의 客觀主義에 관한 考察」, 『동국대학교 논문집』(1971)
「獨墺學派의 客觀主義에 관한 硏究」, 박사학위논문(1971)
「아리스토텔레스의 生涯와 思想」, 『世界의 大思想』, 제Ⅱ권, 徽文出版社(1972)
「現象學的 方法과 解釋學的 方法의 比較硏究」, 『省谷論集』, 제4집(1973)
「現象學과 現代的 狀況」, 『哲學思想의 韓國的 照明』, 한국철학회 刊(1974)
「對象論과 이른바 失鄕對象」, 『崔載喜 博士 還曆記念論文集』(1975)
「훗설의 現象學의 現代的 意義」, 『哲學』, 제9집(1975)
「生哲學의 思想的 展開」, 『思索』, 제5집, 崇田大(1977)
「現象學에 있어서의 經驗의 意義Ⅰ」(공동), 『哲學硏究』, 제12집(1977)
「Synkategorimata의 意義」, 『李奭熙 博士 還曆記念論叢』(1979)
「科學의 槪念」, 『社會科學의 哲學』, 민음사(1980)
「Bericht über die Aktivitäten der koreanischen Gesellschaft für Phänomenologie」, 독일현상학회 주최 세계 현상학자 대회 보고 논문(1980)
「哲學에 있어서의 體系와 問題學」, 『素巖 李東植 先生 華甲 記念論文集』(1981)
「傳統思想에 나타난 融化精神」, 『韓國哲學思想硏究論叢 82-2』, 精神文化硏究院(1982)
「훗설에 있어서의 現象學의 構想과 志向的 含蓄」, 『현상학연구』, Ⅰ(1983)
「韓國佛敎思想의 展開過程에서 나타난 融化精神」 (『인문논총』11(서울대학교 인문과학연구소), 1983)
「傳統的 家庭倫理敎育」, 『정신문화연구』, 정신문화연구원(1985)
「現象學의 根本問題」, 『哲學論究』, 제13집, 서울대 철학과(1985)
「Husserl에 있어서의 '先驗的 論理學'의 意義」, 『學術院論文集 : 人

文 · 社會科學篇』, 제25집(1986)

「現象學에 있어서의 '思惟'와 '直觀'」, 『學術院論文集 : 人文 · 社會科學篇』, 제27집(1988)

「현상학에 있어서의 사유와 직관」, 『세계와 인간 그리고 의식 지향성』(한국현상학회 편), 『철학과 현상학 연구』 제6집(1992)

「現象學과 唯識論의 比較研究」, 『學術院論文集 : 人文 · 社會科學篇』, 제41집(2002)

증보판을 내면서

윤명로 교수님의 『현상학과 유식론』이 2006년 10월에 출간된 후 벌써 7년 가까이의 세월이 흘렀다. 『현상학과 유식론』은 출간 이후 오늘에 이르기까지 독자들의 꾸준한 사랑을 받아왔다. 2006년에 초판 1,500부를 출간하였는데 아직도 책을 구입하려는 독자들의 주문이 계속되고 있고 남아있는 책이 없어 출판사에서 증보판을 출간하기로 결정하였다.

증보판에는 초판에는 없던 영문원고 "A Comparative Study of Phenomenology and Vijñāptimaātra Theory"가 본문의 마지막에 실려 있다. 이 영문원고는 초판에 실려 있던 "현상학과 유식론의 비교 연구"를 축약된 형태로 영역한 것이다. 이 영문원고는 한국철학회가 2007년 3월에 출간한 *Philosophy and Culture* 1권의 61-79쪽에 수록되었다. 참고로 한국철학회는 2008년 제22회 세계철학대회를 개최하면서 한국에서 활동하고 있는 철학자들의 우수한 논문들을 모아 2007년에서 2008년 사이에 전체 5권으로 된 *Philosophy and Culture*를 출간하였는데, 윤명로 교수님의 영문원고는 그 첫 번째 권의 3장에 수록되었다.

증보판의 출간을 계기로 현상학과 불교의 관계에 대한 독자들의 뜨거운 관심이 계속해서 이어지고, 더 나아가 이 주제에 대한 다양한 본격적인 연구들이 선보일 수 있게 되기를 기대한다. 출판계의 사정이 어려움에도 불구하고 증보판의 출간을 적극적으로 추진하신 <시와 진실>의 대표 최두환 교수님께 깊은 감사의 뜻을 전한다.

2013년 6월 초여름
관악산 연구실에서
이남인

이 책을 내면서

윤명로 선생님께서 우리 곁을 떠나신지 1년이 다가온다. 필자가 이 책의 편집 작업을 시작한 것은 2006년 봄부터이다. 2006년 4월 어느 날 선생님의 차남 윤정진 선생께서 필자의 연구실로 찾아와, 선생님의 유품을 정리하면서 선생님의 글을 몇 편 발견하였으며 이 글을 토대로 1주기를 기념하여 책으로 내고 싶다는 의견을 전해 왔다. 윤정진 선생은, 선생님이 경기고등학교에 재직하시던 시절의 제자인 최두환 교수님(전 중앙대학교 독문학과 교수)께서 운영하고 있는 〈시와 진실〉이라는 출판사에서 책의 출간을 약속해 주었다는 소식도 함께 전해 주었다. 그 후 여기저기 확인해보니 새 책에 수록할 수 있는 글이 몇 편 더 있었고, 윤정진 선생이 전해 준 것에 새로 찾아낸 글을 합쳐 편집 작업에 들어갔다.

이 책에 『현상학과 유식론』이라는 제목을 단 것과 관련해 약간의 설명이 필요하다. 이 책에 실린 여러 글 중에서 오직 단 한 편의 글만이 명시적으로 현상학과 유식론의 관계를 다루고 있다. 그럼에도 불구하고 이 책의 제목을 『현상학과 유식론』이라고 한 데에는 나름의 이유가 있다.

선생님께서 생존해 계셨을 때 지난 십여 년 간 매년 한두 차례 댁으로 선생님을 찾아뵙곤 하였는데, 선생님께서는 가끔 현상학과 불교의 관계를 연구해볼 필요가 있으며 필자에게도 언젠가 이 문제를 천착해 보도록 권유하시곤 하셨다. 그런데 필자가 2003년 5월 15일 스승의 날에 댁으로 선생님을 찾아뵈었을 때, 선생님께서는 이런 저런 말씀을 하시다가 잠시 서재에 다녀오시더니 「현상학과 유식론에 대한 비교연구」라는 논문을 전해 주셨다. 얼마 전에 학술원 논문집 41(2002)에 출간된 논문이었다. 선생님으로부터 이 논문을 전해 받고 필자는 여러모로 커다란 감명을 받았다. 선생님께서는 그 당시 이미 여든을 넘기셨는데, 이처럼 고령의 나이에도 계속해서 학문연구에 정진하고 계셨구나 하는 생각에 우선 필자는 커다란 감명을 받지 않을 수 없었다. 선생님께서는 정년퇴임 후 언제부턴가 학회 등 공식적인 자리에 잘 나오지 않으셨고 따라서 많은 사람들은 선생님께서 연구 활동을 마치신 줄로 생각하고 있었는데, 선생님께서는 당신 혼자서 학문연구에 매진하고 계셨던 것이다. 필자는 선생님으로부터 이 논문을 전해 받으면서 끝까지 학자의 삶을 살아간다는 것이 무엇을 의미하는지 이해할 수 있었다.

선생님께서는 많은 작품을 발표하지 않으셨다. 1988년에 출간된 수필집 『무소사(無所思)』(천지 출판사)를 제외하면 학술적인 저서로는 『현상학과 현대철학』(문학과 지성사, 1987)이 유일한 작품이다. 그러나 선생님께서는 당신의 인품이 그러하셨듯이 엄선되고 정제된 작품만을 출간하셨다. 'Non multa, sed multum'이라는 라틴어 속담이 있다. 이 속담의 의미는 '웬만한 사람이면 다 쓸 수 있는 흔한 작품을 양산하지 말고 한 편의 작품이라도 그 누구도 뛰어넘을 수 없는 최고의 작품을 세상에 선보여라!'는 뜻이다. 그런데 「현상학과 유식론의 비교연구」라는 논문을 받아보고서, 위의 속담이 바로 선생님께서 남기신 이 논문 때문에 생겨난 속담이라는 생각이 절로 들었다. 이 논문을 읽어가면서 확인한 일이지만 이 논문은 선생님께서 평소 그처럼 강조하셨던 현상학과 불교의 관계에 대한 비교연구의 전범을 보여주는 빼어난 작품이다. 독자들 스스로 논문을 읽어가면서 확인할 수 있겠지만 실로 이 논문은 현상학과 유식론 양 분야에 걸쳐서 폭넓고 깊은 식견을 갖춘 대가만이 쓸 수 있는 위대한 작품이다.

그 후 이 논문을 가능한 한 많은 독자들에게 알려야 되겠다는 생각을 해왔는데, 마침 선생님의 작품들을 정리하여 책으로 출판할 기회를 갖게 되면서 현상학과 불교의 관계에 대한 비교 연구를 향한 선생님의 뜻을 받들어 이 책의 제목을 『현상학과 유식론』으로 하기로 하였다. 비록 이 책에 수록된 글이 모두 현상학과 유식론의 관계를 직접적으로 다루고 있는 것은 아니지만, 그것들이 모두 나름대로 현상학과 유식론 내지 불교의 쟁점들을 다루고 있기 때문에 『현상학과 유식론』이라는 제목은 책의 전체적인 내용을 반영하고 있다고 할 수 있다.

「현상학과 유식론의 비교연구」이외에 이 책에 수록된 글의 순서 및 출처 등과 관련해 다음의 사실들을 지적해 두고자 한다. 이 책에 수록된 모든 글은 어려운 한자를 한글로 바꾸는 것 이외에는 모두 원문 그대로 싣기로 했다.

1. 이 책에는 「현상학과 유식론에 비교연구」라는 논문 다음에 「자연과 인간의 관계에 내한 사상직 변친」이라는 제목을 달고 있는 선생님의 육필수고가 실려 있다. 집필된 시기는 알 수 없으나 유품을 정리하는 과정에서 발견된 A4 용지 약 5쪽 분량 글로서, 첫 쪽은 서양고대 및 중세, 르네상스기 및 근대를 거쳐 20세기 초반에 이르는 시기의 자연과 인간의 관계에 대한 논의의 개요를 담고 있으며, 2쪽부터 5쪽까지는 이 주제가 훗설의 현상학에서 어떻게 다루어지고 있는시의 문제를 '훗설의 철학의 이념 – 제일철학으로서의 선험적 현상학', '현상학적 환원', '선험적 현상학의 의의', '선험적 의식의 구조', '현대적 위기와 현상학' 등 다섯 부분으로 나누어 설명하고 있다. 아마도 선생님께서는 언젠가 훗설의 현상학의 관점에서 「자연과 인간」이라는 제목의 체계적인 저작을 구상하셨던 것으로 짐작된다. 비록 다섯 쪽 밖에 안 되는 짧은 글이지만 선생님의 철학사상의 중요한 단면을 보여주는 글이라고 생각되어, 독자들이 선생님의 사상을 보다 더 구체적으로 느낄 수 있도록 어려운 한자를 한글로 변환하여 원본과 더불어 실었다.

2. 그 다음에는 현상학에 관한 연구 논문들 중에서 『현상학과 현대철학』에 수록되지 않은 「학으로서의 철학과 아포레틱의 의의」(『철

학사상』(동국대), 1970), 「현상학에 있어서의 사유와 직관」(『세계와 인간 그리고 의식 지향성』(한국현상학회 편), 1992) 등 두 편의 논문이 실려 있다. 이러한 논문들은 선생님께서 훗설의 현상학에 대한 연구를 말년에 이르기까지 얼마나 정열적으로 수행하셨는지 잘 보여주고 있다. 이러한 논문들을 통해 독자들은 훗설의 현상학의 본래적인 모습에 한 발짝 더 가까이 다가설 수 있을 것이다.

3. 그 다음에는 「현대의 윤리적 상황과 철학적 대응」이라는 논문과 「한국불교사상의 전개과정에서 나타난 융화정신」(『인문논총』11(서울대학교 인문과학연구소), 1983)이라는 논문이 실려 있다. 「현대의 윤리적 상황과 철학적 대응」은 1992년 원광대학교에서 개최된 제5회 한국철학자 연합대회에서 행하신 기조연설 논문이다. 선생님께서는 현상학을 현대의 위기와 관련해 해석하면서 철학이 지닌 실천적 역할을 강조하셨는데, 이 논문은 선생님의 이러한 근본태도를 잘 보여주는 논문이라 할 수 있다. 「한국불교사상의 전개과정에서 나타난 융화정신」은 한국불교사상을 융화정신이라는 관점에서 정리한 논문인데, 독자들은 이 논문을 읽어가면서 불교사상에 대한 선생님의 넓고 깊은 식견을 다시 한 번 확인할 수 있을 것이다.

4. 이어서 이 책에는 「아리스토텔레스의 학문과 논리의 관계」, 「휴머니즘의 의의」, 「훗설과 마이농의 철학적 입장」, 「카르납의 구성이론」등 4편의 소논문이 실려 있다. 이 논문들은 1988년에 천지출판사에서 간행된 수필집 『무소사』에 실렸던 논문들이다. 이 작은 논문들은 수필집에 실렸던 관계로 그동안 학계에 잘 알려지지 않았기 때문에, 학계에 알리기 위한 의도에서 이 책에 다시 싣기로 하였다. 이 논문들이 비록 소품들이긴 하지만, 그 내용이 치밀하고 깊으며 학문적으로 커다란 가치를 지니고 있다. 더 나아가 이 논문들은 아리스토텔레스의 철학, 휴머니즘, 마이농의 철학, 논리실증주의 등 훗설의 현상학 이외의 주제들을 다루고 있으며, 따라서 독자들은 이 논문들을 읽으면서 선생님의 학문적 관심이 얼마나 다양했는지 확인

할 수 있을 것이다.

5. 마지막으로 이 책에는 부록이 들어 있다. 부록에는 우선, 『현상학과 현대철학』으로 1991년 제3회 서우철학상 저술부문을 수상하셨을 때 쓰신 수상소감이 실려 있다. 이어서 『무소사』에 출간되지 않은, 새로 발견된 몇 편의 수필이 들어 있다. 이러한 글은 선생님의 삶과 철학을 이해하는데 중요한 길잡이가 될 것으로 판단하여 이 책에 싣기로 하였다. 다만 이 책을 선생님의 연구결과를 모아 정리한다는 의도에 따라 출간하는 것이기 때문에,선생님의 수상소감과 수필 등은 부록에 싣기로 하였다. 그리고 이 부록에는 윤명로 교수님을 추모하는 글이 2편 실려 있다. 하나는 학술원 통신 제148호(2005년 11월 1일)에 실린 김규영 교수님(대한민국학술원 회원)의 추모사이고 다른 하나는 2005년 10월 9일 필자가 쓴 추모사이다.

이 책을 출간하면서 감사드려야 할 분들이 많다. 우선 그동안 알려지지 않은 선생님의 글을 찾아내어 전해주시고 책의 출간을 제안해주신 윤정진 선생과, 이 책의 출간을 제안해주시고 기꺼이 출판을 맡아주신 최두환 교수님께 감사드린다. 그리고 1988년에 선생님의 『무소사』를 출간해 주시고 이번에 『무소사』의 전체 내용을 타이핑해서 자료로 활용할 수 있도록 해주신 천지 출판사의 이종국 선생님께 감사드린다. 『무소사』에 실렸었고 이 책에 다시 수록된 네 편의 소논문들은 이종국 선생님께서 보내주신 자료를 활용하였다. 이 책의 출간을 위해 불교 및 유학 사상과 관련된 용어들과 관련해 도움을 주시고 관련자료들을 알려주신 서울대학교 철학과의 조은수 교수님과 정원재 교수님, 국제평화대학원의 조남호 교수님, 그리고 고승학 선생에게도 감사드린다. 마지막으로 이 책의 교정작업을 맡아준 경희대학교 철학과의 박인철 교수님께 감사드리며 선생님의 글을 찾아내어 원고 타이핑 및 교정 작업을 맡아 수고해준 서울대학교 철학과 대학원의 신호재 군, 박은영 양, 김경필 군, 최일만 군 등에게 고마움을 전한다.

이 책을 출간하면서, 독자들에게 선생님의 뜻을 충실히 전하지 못한 부분이 많을 것 같아 두려운 마음과 더불어 선생님께 죄송스런 마음을 금할 수 없다. 더 찾을 수 있는데 찾지 못해 누락된 자료들이 있을지도 모른다. 선생님의 글에는 한자가 많이 들어 있다. 독자들의 편의를 위해 한자를 한글로 바꾸었는데, 이점 역시 선생님께 아주 송구스럽게 느끼는 대목이다. 선생님께서는 평소 한자를 충분히 활용해야 하며 순수하게 한글만을 사용할 경우 우리의 문화 내용이 궁핍해질 수 있다는 말씀을 종종 하셨다. 이러한 선생님의 뜻을 생각하면 죄송스런 마음이 앞서지만, 언제나 그러하셨듯이 선생님께서는 환하게 웃으시면서 너그럽게 용서해주실 것으로 생각한다. 무엇보다도 선생님의 허락도 받지 않고 이 책을 내게 된 점에 대해서 용서를 빌어야 할 것 같다. 만일 지금 선생님께서 살아계셔서 이 책의 출간 문제에 대해 상의 말씀을 드린다면, 선생님께서는 무슨 부질없는 짓이냐고 손을 가로 저으시면서 극구 반대하실 터이니 말이다. 그러나 이 책의 출간이 독자들을 위한 일임을 아시고, 선생님께서도 너그럽게 용서해주시리라 생각한다.

2006년 여름
관악산 연구실에서
이 남 인

목 차

현상학(現象學)과 유식론(唯識論)의 비교연구

현상학(現象學)과 유식론(唯識論)의 비교연구

Ⅰ. 서 론

본 연구는 20세기 벽두에 등장하여 당대의 철학계에 지대한 영향을 미친 훗설(Husserl)의 현상학과 3~4세기경부터 대승불교 교리상의 기반이 되어온 유식론을 대비적으로 고찰하여 양자 사이의 거의 일치에 가까운 유사성을 밝히려는 데 목적이 있다.

일반적으로 전통적 · 역사적 연원을 달리하고 혹은 문화적 · 종교적 배경을 서로 달리하는 동서양 철학사상의 비교에 있어서는, 사상의 심층적인 내용보다도 표피적인 외형에 치중된 관심을 표명하고 있는 사례를 흔히 볼 수 있다. 예컨대 Burnet는 피타고라스(Pythagoras), 엠페도클레스(Empedokles) 등에게로 이어져간 BC 7세기경의 오르페우스교의 영혼윤회전생설에 관하여, 당시로서는 그리스와 인도 사이의 영향의 교류를 상상할 수 없는데도, 그 설이 인도에 유포되어 있던 윤회사상과 흡사함에 놀라움을 표하고 있으며,[1] 야스퍼스(Jaspers)는, 헤겔(Hegel)이 자신의 관념론적 역사관의 시각에서 신인(神人)으로의 성자(聖子, Gottessohn) 그리스도의 출생을 세계사의 기점 즉 '차축(車軸)'으로 본네 대하여, 그리스도교 신앙이 세계 전 인류의 신앙이 아니라는 이유에서 이의를 제기하고, 오히려 세계 도처에서 동시적으로 인지(人智)의 분기유형(分岐類型, synchronistische Typengliederung)이 대두한 시기, 즉 중국에서 공자(孔子) · 장자(老莊) · 묵자(墨子) · 열자(列子) 등이, 인도에서 우파니샤드 · 붓다 등이,

---

* 본 연구는 2001년도 대한민국학술원 학술연구조성비의 지원에 의하여 수행되었음.

1) J. Burnet, Early Greek Philosophy, N.Y. 1957. p.82.

팔레스타인에서 많은 예언자들이, 그리스에서 호메로스(Homer) · 파르메니데스(Parmenides) · 헤라클레이토스(Herakleitos) · 투키디데스(Thukydides) 등이 활약한 BC 800년에서 BC 200년에 이르는 시기의 중간인 BC 500년경을 세계사의 차축시대(車軸時代, Achsenzeit)라고 부르고 있다.[2] 또한 비교철학자로 그 이름이 알려져 있는 프랑스의 Masson-Oursel도 연대학적 관점에서, BC 6세기 초엽에 동시발생적으로, 서양, 인도, 중국에서 철학적 반성의 최초의 노력이 시작되어 병행적으로 발전해 간 것을 경탄할 만한 사실로 보았으며, 혹은 비례적 유추에 의해서 공자의 중국에서의 관계는 소크라테스(Sokrates)의 그리스에서의 관계와 같고, 소크라테스 對 그리스 궤변학파의 관계는 공자 對 중국 궤변학파의 관계와 같다고 주장하는 등, 비교의 다양한 시각이나 방법상의 문제들을 다루고 있다.[3]

과연 각기 발상의 토양이 서로 다르고 진화의 역사를 달리하는 이질적 문화권에 속하는 철학 사상들을 그 내용면에서 비교함에 있어서는, 지난날 서구학자들의 논저에서 흔히 흩어져 볼 수 있었던 바와 같이, 자칫 피상적 · 자의적 해석이나 우열의 정서적 선입견, 혹은 과장 · 폄하를 위한 견강부회적인 편견 등이 개입할 가능성이 없지 않은 것이 사실이다.

그러나 유식론과 현상학은, 문화적 배경이 서로 다를 뿐만 아니라, 1500여년의 시대차이를 가진 두 사상임에도 불구하고, 인간의 '의식'을 철학적 시각에서 내성적으로 분석 · 기술하고 있는 점에서 궤를 같이하고 있다. 물론 현상학은 근세 데카르트(Descartes)에 의해서 제기되고 칸트(Kant)에게로 이어져온 합리적 인식설의 이념이 20세기에 이르러 엄밀한 형태로 철저화된 철학이요, 유식론은 AD 3~4세기부터 대승불교의 근간이 되어온 점에서 각기 지향하는 목표를

2) K. Jaspers, Vom Ursprung und Ziel der Geschichte, München, 1949. Ⅰ-1.
K. Jaspers, Einführung in die Philosophie, München, 1955. S.130.
3) Masson-Oursel, La philosophie comparée, Paris, 1923., Ⅰ-1, Ⅱ-1.

달리한다.

그럼에도 불구하고 의식과 세계와의 상관관계 내지 인식관계 및 이에 수반되는 다양한 부수관계 등의 분석적 해명에 있어, 우리는 양자 사이에 성립하는 놀라운 상호유사성을 볼 수가 있다. 따라서 우리는 유식론에서의 의식의 해명을 가지고 현상학에서의 이론전개의 윤곽을 그대로 부각시켜낼 수 있으며, 이런 의미에서 불교는 다름 아닌 20세기의 엄밀한 현상학적 인식설을 교리의 바탕으로 삼고 있는 종교라고 불러도 과언이 아닐 성싶다. 그리고 바로 이것은, 일반적으로 초월적 절대자를 구심점으로 하는 여타 종교와 어디까지나 스스로의 깨달음을 통한 해탈을 본령으로 하는 불교와의 근본적 차이를 이해하는 데 요체가 됨직하다.

Ⅱ. 현상학과 유식론의 각기 발상(發祥)의 배경

1. 현상학 발상의 배경

서양 중세철학에 대해서는 이탈리아의 신학자 페트루스 다미아니(Petrus Damiani, 1007~1072)가 신학의 시녀(ancilla theologiae)라고 특징지운 말이 인구에 회자되고 있거니와, 철학은 신학과의 이 종속적 유대에서 벗어남과 더불어 근세철학으로서의 행보가 시작되었으며, 그 선구자가 곧 데카르트였음은 주지하는 바이다.

그는 '철지한 명석 · 판명'(valde clare et distincte)[4]을 진리의 기준으로 삼은 한편, 이른바 '방법적 회의'를 통하여 '아르키메데스(Archimedes)의 지렛목(punctum)'[5]에 비길 수 있는 확실한 시원적(始元的) 존재를 밝히어 이것이 곧 '사유존재'(res cogitans)로서의 자아, 즉 '정신'

4) Descartes, Meditationes de prima philosophia, Med. Ⅲ.
5) Ibid., Med. Ⅱ.

(mens, animus) 내지 '이성'(ratio) 임을 통찰하고, 이성을 바탕으로 제일철학(第一哲學)으로서의 형이상학의 체계를 확립함으로써 근세합리론의 효시를 이루었다.

그러나 '이성'의 존재를 정립한 데 이어 그에게는 이성적 인식의 무오류성에 대한 보증이 필요하였으며, 이 때문에 그는 먼저 신의 존재를 증명하고 신에게서 그 보증을 구하였다. 곧 그의 이른바 존재론적 증명에 따르면 창조주로서의 신의 개념은 '무한하고 전지전능한 완전자'를 내용으로 지니고 있고, 이처럼 완전자이기에 그 본질 속에는 '존재'가 필연적으로 함유되어 있으며, 따라서 '신은 존재한다'는 것이요, 또한 신은 결코 이성으로 하여금 거짓을 참으로 믿도록 창조한 '기만자'가 아니라 성실한 존재라고 하여, '신의 성실성'(veracitas Dei)을 이성의 무오류성의 보증근거로 보았다.[6] 그는 이어서 신의 피조물로서 '사유존재'와 더불어 '연장존재'(res extensa)인 물체계의 존재를 증명하고, 신을 '무한실체'(substantia infinita), 사유존재와 연장존재를 '유한실체'(substantia finita)라고 규정하였으며, 이로써 형이상학의 체계적 탐구의 기본체제를 확립하였다.

데카르트에 있어서의 인식과 초월적 신과의 형이상학적 연계는 칸트에 이르러 차단되었다. 칸트는 인식의 진리의 기준을 '보편타당성'에다 두었으며, 따라서 그의 철학에 있어서는 형이상학적 세계는 인식의 영역에서 배제될 수밖에 없었다. '나는 신앙에다 자리를 잡기 위해서는 지식을 폐기해야만 했다.'[7] '나는 완고한 독단론자에게 묻노니, 가상 완전한 실재적 존재라는 개념에 의한 신 존재의 증명은, 그것이 학자들로부터 나온 후 세인들에게 파급되어 이들의 신념에다 영향을 미친 바가 있는가.'[8] 칸트의 이 말들에서 우리는 인식문제와 형이상학에 대한 그의 소신의 단적인 표명을 볼 수 있다.

---

6) Descartes, Principes de la philosophie, Ⅰ. XXIX f,
7) Kant, K.d.r.V. Ⅱ. Vorrede, S.XXX.
8) Ibid., S.XXXⅡ.

물론 인간은, '언젠가는 형이상학적 탐구를 포기하리라고 생각함은 마치 불결한 공기를 마시지 않기 위하여 언젠가는 호흡을 완전히 중지하게 되리라고 생각하는 것과도 같다'[9]고 한 칸트의 말처럼, 항시 형이상학적 문제들로 고심해야 하는 운명을 지니고 있다. 그러나 그에 의하면, 전통적 형이상학은 기실 '거짓된 기교요, 공허한 지혜'에 불과했으며, 이 때문에 '다른 학설들이 여럿 나와 무정부상태로 전락하고 이에 따라 정착을 싫어하는 유목민과도 같은 회의론자들이 횡행하게 되었다.'[10] 칸트는 혹여 이것을 '신의 존재', '사후의 영혼불멸' 등과 같은 초월적 문제를 유한한 인간의 인식의 영역에다 끌어내린 오만의 소치라고 믿었는지도 모른다.

그러나 인간에게는 지적 인식의 세계보다 더 긴요한 도덕적 실천의 세계가 있다. 이 도덕적 실천은 도덕률을 외경심과 의무감에서 준수함으로써 최상선(最上善, das oberste Gut)이 실현되고, 마침내 이것이 행복과 합치함으로써 최고선(最高善, das höchste Gut)[11]이 실현됨을 목표로 하며, 이 최고선의 실현을 위해서는 설혹 사후에라도 선과 행복이 합치하도록 주재하는 신의 존재 및 영혼의 불멸에 대한 믿음이 전제되어야만 한다. 이리하여 칸트에게 있어서는, 이론이성이 미칠 수 없었던 형이상학적 세계가 도덕적 실천의 세계에서는 이른바 실천이성의 공준(公準: 要請, Postulat)으로서 절대적 · 필연적 의의를 지니게 되었으며, 따라서 '실천이성의 우위'[12]가 강조되었다.

칸트가 인식과 형이상학의 연계를 차단한 것은 이성능력의 비판을 근간으로 한 그의 비판철학적 인식론의 귀결이었다. 그는 전통적 형이상학을 거부한 점에서는 흄(Hume)과 궤를 같이하였으나, 후자는 더 나아가 자연과학의 존립기반인 '인과성(因果性)'에 대해서도, 이는 '상상력이 경험에 의해서 수태'하고 연상의 법칙에 의해서 생겨

9) Kant, Prolegomena, S.367.
10) Kant, K.d.r.V., I Vorrede, S.Ⅸ.
11) Kant, K.d.p.V., S.164.
12) Ibid., S. 178.f.

난 주관적 필연성이오, 이를테면 '상상력의 사생아'에 불과한 데도, 이성이 그것을 자신의 통찰에서 나온 객관적 필연성으로 오인한 것이라고 봄[13]으로써, 자연과학적 인식의 객관성까지 부정하고 회의론에 흐른 데 반하여, 칸트는 자연과학의 객관성, 보편 · 필연성을 신뢰하고, 이러한 객관적 인식의 근거 내지 방식을 밝혔으며, 이처럼 '대상의 인식방법'을 밝히는 입장을 '선험적'이라고 불렀다. 그의 철학이 '선험철학', 혹은 '이성비판'을 바탕으로 한다는 의미에서 '비판철학'이라 일컬어지는 까닭이기도 하다.

그는 '넓은 의미의 이성'을 '좁은 의미의 이성'과 '오성(悟性)'으로 구분하여 전자를 '추리능력', 후자를 '판단능력'으로 보고, 이 양자를 '상위의 인식능력'이라고 부른 한편, 인식의 소재(素材)를 수용하는 '감성'을 '하위의 인식능력'이라 지칭하였다.[14] 따라서 우리의 인식은 언제나 판단의 형식을 취할진대, 그것은 필경 감성과 오성의 작용임을 알 수 있다. 즉, 인식은 우선 '수용성'(Rezeptivität)을 본성으로 하는 감성이 직관에 의한 다양한 지각표상을 수용하는 데서 시작된다. 이 직관은 '선천적'(a priori)인 '직관형식' 즉 직관의 조건으로서의 '공간 · 시간'의 전제 위에 이루어지며, 따라서 지각표상들은 공간적인 전후 · 좌우, 혹은 시간적인 선후 · 동시 등의 질서를 지닌 상태로 수용된다. 감성에 의하여 이처럼 수용된 표상들을 그대로 판단형식으로 표현할 경우에는 이것이 이른바 '지각판단'으로서, 이는 그때그때의 우연적 사실(so oder so)에 대한 후천적(a posteriori)인 인식 내지 경험직 인식(empirische Erkenntnis)이며, 주관에 대해서만 타당할 뿐이다.[15]

이 지각판단과 달리, '자발성'(Spontaneität)을 본성으로 하는 오성이 소여된 표상들을 선천적인 '범주'에 의해서 통일하여 새로운 차

13) Kant, Prolegomena, Vorrede, S.4.
14) Kant, K.d.r.V. S.192.
15) Kant, Prolegomena, S.53.

원의 판단을 내릴 때, 이 판단은 보편타당성을 지닌 '선천적 인식'(Erkenntnis a priori)이 된다. 이리하여 칸트에게 있어서는, 인식은 감성이 수용한 표상들을 소재로 하여 오성이 범주에 의해서 구성한 것이오, 여기서 구성의 주체는 개인적 주관이면서도 개인을 초월한 보편적 주관으로서, 이것을 그는 '의식일반' 내지 '선험적 통각'이라고 불렀다. 이것은 이를테면 개별적 자아에 대한 일반적 자아 또는 작은 자아에 대한 큰 자아라고 할 수 있음직하다. 우리는 과연 경험적으로는 가령 인과의 현상을 자연계에 실재하는 것으로 인식한다. 그러나 선험적 시각에서 보면 그것은 오성이 두 표상을 '인과성'의 범주에 의해서 통일하여 구성한 소산이오, 따라서 엄격히 말하면 관념적인 것이라 하겠다. 이리하여 그는 학적 인식의 정초문제에 관련된 자신의 철학을 '선험적 관념론'이라 부르고, 이것은 '경험적 실재론'과는 표리관계를 이루는 것으로 보았다. 그의 이 선험철학이 독일관념론으로 전개되어 서구의 철학사 내지는 사상사에 크게 영향을 미쳤음은 주지하는 바이다.

그러나 헤겔의 죽음을 고비로 관념론적 사조가 쇠잔해감에 따라 19세기의 자연과학 발전에 고무된 자연주의·실증주의·유물론 등 다양한 객관주의적 풍조가 만연하여 백가쟁명의 혼미한 양상을 노정시켰다.

이 때문에 이러한 사상적 혼미를 초극하고자 19세기 말엽 칸트의 비판철학적 정신의 부흥을 표방하고 나온 학자들이 곧 신(新) 칸트학파였으며, 이 중에서 특히 서남독일학파의 빈델반트(Windelband)는 칸트의 선험적 방법을 본받아, 당시로서는 아직 합리적 과학성을 갖추지 못했던 '개성기술학'(個性記述學, Idiographische Wissenschaft)으로서의 역사과학[16], 리케르트(Rickert)에 있어서는 문화과학을 '가치' 내지 '목적' 개념에 의해서 정초하고자 함으로써, 학으로서의 정신

16) Windelband, Geschichte und Naturwissenschaft, Präludien, Bd. Ⅱ, Tübingen, 1921, S. 145.

과학의 확립의 길을 제시하였다.

그러나 이와 같은 합리적·과학적 방법에 의하여 파악된 역사는 역사적 사상(事象)으로부터 추상화에 의해서 재구성된 것이오, 사상 자체에서 유리된 인식일 수밖에 없다.

그러므로 서남학파의 이러한 합리주의적 태도에 대한 비판이 딜타이(Dilthey)를 필두로 하는 생(生)철학자들에 의하여 제기되었다. 딜타이에 의하면, 역사나 문화를 비롯한 정신과학의 대상들은 그 심층적인 기저에서 생동하는 비합리적 생이 외화되고 객관화된 '표현'들이다. 따라서 그는 정신과학에다 합리적·과학적 방법을 적용함으로써, 그 대상들을 '이성의 법정'(Richterstuhl der Vernunft)[17]에 끌어들여 화려한 체계 속에다 응고시켜버리는 주지주의적·합리주의적 태도를 배격하고, 정신과학에서의 구체적 인식은 객관적으로 외화된 표현들의 '해석'을 통하여 심층적인 내면의 비합리적 생을 생자체로부터 파악하는 '이해' 내지 '추체험(追體驗)'에 의거해야 한다고 보았으며, 이를 방법론적으로 뒷받침하기 위하여 '해석학'(Hermeneutik)이 필요함을 강조한 한편, 철학은 바로 이와 같은 생의 파악을 통해서 역사상의 각 세계관의 내면적 구조를 형태학적으로 비교 연구하여 그것들의 유형을 밝혀내고, 더 나아가 이를 바탕으로 각자의 세계관의 확립을 목표로 하는 세계관학(世界觀學)이라고 주장하였다.

이처럼 합리주의를 배격하고 비합리적 생을 철학의 중심과제로 부각시킨 생철학자들의 비합리주의적 태도 속에는, 생의 의미에 대한 일종의 긍정적·낙천적 정서가 함축되어 있다고 보아도 무방할 것이다. 그러나 19세기에 있어서의 자연과학의 눈부신 발전이 가져온 과학문명의 급진적 성숙은 점차 인간의 소외현상을 조장하여 왔고, 드디어 20세기에 들어와서 1·2차의 세계대전을 겪으면서, 인간은 인간성을 상실하고 절망에 빠지는 파국적인 시대상황에 직면하게 되었으며, 이 때문에 인간본연의 실존을 회복하고 생에 대한 절망의 초

17) Dilthey, Gesammelte Schriften, Bd.Ⅶ, S. 261.

극을 모색함을 초미의 과제로 삼은 실존철학이 20세기의 철학계 내지 사상계 일반을 주도하게 되었다.

훗설의 현상학은 위에서 서술한 바와 같은 시대적 · 사상사적 배경 속에서 발양한 철학이었다. 이상 약술한 내용에서 우리는 두 가지 부류의 대척관계를 볼 수 있다. 그 첫 번째는 합리주의철학 對 비(非)합리주의철학의 관계이다. 이 비합리주의철학은 전술한 바와 같이 전통적 합리주의에 대한 생의 항거에서 태동한 생철학(내지 세계관철학)과 실존철학을 지칭하거니와, 훗설의 시각에서는, 전자는 철학을 마치 '위대한 예술가의 예술작품' 처럼 보는 태도요, 후자는 철학을 '종교와 동일한 평면' 에다 정위(定位)시키려는 태도[18]로서 애초부터 학문성을 포기하고 나오는 만큼, 아무리 사상의 심오성을 자부한다 하더라도 그것은 한낱 신화나 다름없으며, 결코 학은 아니다. 그에게 있어서는 철학의 본령은 심오한 사상이나 학설의 창출에 있는 것이 아니라 합리적 지식의 추구에 있으며, 따라서 '철학 및 모든 형태의 학문은 합리적이라는 말은 동어반복' 이라고 여겨졌다.[19] 둘째의 대척관계는 객관주의적 철학과 선험적 철학의 관계이다. 객관주의의 일반적인 특징은, 경험에 의하여 자명한 것으로 주어져 있는 세계의 기반 위에서 활동을 하며, 학적으로는 세계가 그 자체에 있어서 무엇인가 하는 객관적 진리를 묻는 태도요, 이에 반하여 선험주의는 경험에 주어진 세계를 자명한 소여(所與)로 믿는 인식의 확실성 여부를 문제 삼고 '모든 인식형성의 궁극적인 원천' 으로서의 선험적 주관성을 되물어가는 태도[20]로서, '이른바 인식론이 등장하여 선험철학의 진지한 시도가 개시된 이래의 철학의 전 역사는 객관주의철학과 선험철학사이의 긴장의 역사'[21]라고 할 수도 있다. 물론 인식론을 본격적으로 문제삼고 선험철학을 창도한 사람은 칸트였으

18) Husserl, Krisis., S.508.
19) Ibid., S.200f., S.273f.
20) Ibid., S.101.
21) Ibid., S. 71.

며, 훗설은 자신의 현상학이 칸트의 선험철학과 본질적으로 유사함을 보고 '선험적'이라는 말을 답습하여 '선험적 현상학'이라고 불렀다.[22] 그러나 훗설은, 칸트가 보편타당한, a priori한 인식의 가능성의 근거를 밝힘을 '선험적'이라고 부른 것과는 달리, 이 말을 넓은 의미로 사용하여 어떠한 대상에 관해서든 그것을 인식주체인 의식과의 연관에서 논하는 것을 선험적이라고 지칭하였으며, 이러한 의미에서 진리탐구의 시원을 경험적 소여로서의 세계로부터 사유존재로서의 자아에게로 돌이킨 데카르트를 '선험철학의 선구자'[23]로 추앙한 한편, 이와 동시대의 갈릴레이(Galilei)에 대하여는, 그가 세계 내지 자연은 그 자체존재에 있어서는 우리가 직접 경험하는 선(先)과학적·직관적 세계가 아니라, 수학적 구조를 가진 세계요, 따라서 수학화에 의해서만 참된 파악이 가능하다고 봄으로써 물리학주의적 세계관 내지 자연관의 선도자가 되었으나, 수학화된 세계란 기실 인간의 이념화작용에 의하여 '이념의 의상'(Ideenkleid)·'기호의 의상'(Kleid der Symbole)[24]을 입혀놓은 인위적인 '고차원의 형성물'에 불과한 만큼 수학화된 세계를 자체존재로서의 객관적 세계라고 주장하는 것은 인간의 이념화작용을 은폐하고 있는 소치라 하여, 그를 '발견의 천재인 동시에 은폐의 천재'라고 혹평하였다.[25]

이리하여 19~20세기에 걸쳐 시류에 따라 출몰하는 사상들의 혼미 속에서, 유독 진정한 합리주의를 철학의 정도(正道)로서 고수한 훗설의 선험적 현상학은, 자신이 직접 사사한 브렌타노(Brentano)의 가르침을 따라 '명증'(Evidenz: 통상적으로는 '달리 있음을 배척한다'[26] -Anderssein ausschliessen-는 특징)을 진리의 기준으로 규정짓고, 현상학을 '제일철학'으로서 확립하여 철학 및 학적 인식 일반을 근원

22) Husserl, Erste Philosophie, Husserliana Ⅷ, S. 230.
23) Ibid., S.240.
24) Husserl, Krisis, S. 51f.
25) Ibid., S.53.
26) Husserl, Ideen, S. 285.

적 기반 위에 정초함으로써 인식일반에다 궁극적·절대적인 명증성과 합리성을 부여함과 동시에, 세계 내지 존재일반의 의미를 해명함을 목표로 삼았다. 그러므로 제일철학으로서의 현상학의 확립은 그 자체의 이념상으로만 보면 초역사적인 순수한 이론적 의의를 지니고 있다고 하겠다. 그러나 그는 말년의 최후 저작 『위기』에서, 현대 서구의 학문영역은 위기상황에 직면함으로써 인간성의 붕괴가 초래되었음을 통찰하고, 역사적 조명을 통해서 그 연원을 척결하여 이 위기의 극복이라는 초미의 역사적 과제의 해결책을 자신의 현상학에서 구하고자 하였다. 즉 그에 의하면, 르네상스기의 서구인의 이상은 자유로운 이성의 통찰력으로 세계와 인간에 대한 보편적 철학을 확립하고 이를 삶의 원리로 삼았던 고대의 인간상을 구현하는 일이었거니와, 이러한 보편적 철학의 이념은 데카르트에 이르러 합리적 방법에 의한 보편철학적 진리체계를 확립함으로써 근대적 형태로 부각되었으며, 이 정신이 '철학의 세기'[27]라고 일컬어지는 18C까지 서구인의 심성을 지배하여 왔다. 그러나 이와 같은 보편적 철학의 이상과 새로운 이성적 방법의 의의에 대한 신뢰는 19C에 있어서의 실증과학의 발전과 더불어 동요하기 시작하였으며, 마침내 19C 후반 실증과학은 '철학을 참수'[28]하여 결별을 고하고, 이를 대신하여 서구인의 세계관을 좌우하게 되었다. 그러나 미구에 서구인은 실증과학은 기실, '일체의 주관적 여건들을 사상(捨象)' 해버리는 본성에 따라, '인간성에 관련된 심각한 문제들' 에 무관심함을 알게 되었고, 더구나 일차대전 후에는 '불행한 시대에 처하여 운명의 전환에 내맡겨져 있는 인간의 초미의 문제를 외면' 하고, '생존의 위기에 직면한 인간에게 아무 해답도 주지 못함'[29]을 깨닫게 되었으며, 이에 따라 실증과학에 대한 희망적 상념은 불신으로 바뀌어 갔다. 이리하여 먼

27) Husserl, Krisis, S. 7-8.
28) Ibid., S.8.
29) Ibid., S.3-4.

저 철학과 결별한 실증과학이 이제 다시 인간의 삶에서 유리되어 버림으로써, 근세 초 수세기 동안 서구인의 이상으로서 각인되어온 철학과 과학과 인간의 삶과의 통일은 분열되고 말았다. 이처럼 철학과 과학에 대한 신뢰가 무너지고 셋이 분열된 것은 곧 이 셋을 통일하고 있던 이성에 대한 신뢰의 붕괴를 의미한다. 이성이란, 인간 현존재와의 연관에서 보면, '인간의 개체로서의 존재 내지 보편적 인간으로서의 존재에다, 혹은 모든 사물 · 가치 · 목적 등에다, 궁극적으로 의미를 부여하는 자유로운 능력'이다. 따라서 이성에 대한 신뢰의 붕괴는 인간의 '자기 자신에 대한, 자기고유의 참된 존재에 대한 신뢰의 상실'[30]을 뜻하는 것으로서, 훗설은 이를 곧 현대 서구인이 직면해 있는 위기라고 규정하였다. 그러므로 이 위기를 극복하는 길은, 훗설에 의하면, 오직 데카르트가 개시한 철학의 길을 되살려, 진정한 의미에서의 제일철학 내지 보편철학을 재건하여 이성의 위상을 회복하는 데 있으며, 그의 선험적 현상학은 바로 이를 구현하고자 한 철학이라 하겠다.

2. 유식론 발상의 배경

원시불교의 교단은 내부적으로 분열이 거듭되어 이른바 소승 20부의 부파불교(部派佛敎)가 출현하였거니와, 이러한 분파의 시초는 석존(釋尊)의 입멸 이후의 일이었다. 그러나 석존의 재세 시에도 교단 안에서는 비록 분파에까지 이르지는 않았다 할지라도, 예컨대 금은재화의 보시의 수납이나 그 밖의 대소사에 대한 계율상의 시시비비를 둘러싸고, 비구들 사이의 의견의 상충으로 말미암아 끊임없이 격렬한 분규가 야기되기도 하고, 혹은 고의로 교단을 교란하여 불화와 분열을 조장하려는 사람들이 있는가 하면, 심지어 석존의 종제

30) Ibid., S. 11.

(從弟) 제바달다(提婆達多, Devadatta)[31]는, 성품이 욕심과 시기심 많은 사람으로서, 석존의 성도 후에 출가하여 그 제자가 되어 있던 중, 점차 석존의 위세에 대한 시기를 못 이겨 그를 제거하고 자신이 교계를 장악하려는 사심을 품게 되었으나, 그것이 여의치 않음에 따라 500비구를 규합하여 수하에 거느리고 있다가, 그 뒤 그들 비구가 다시 석존에게로 돌아가자 고민 끝에 사망한 것으로 전해지기도 한다.

이렇듯 초기 불교계에서는 갖가지 불미스러운 내분이 빈발하였으나, 불멸후에는 교리를 중심으로 한 분파들의 분열이 일어났으며, 그 효시는 이른바 '근본분열'에 의한 '상좌부'(上座部, Sthavirāḥ)와 '대중부'(大衆部, Mahāsaṃghika)의 분열이었다. 곧 석존 입멸 후 100여년 경, 일찍이 살부(殺父)·살모(殺母)·살아라한(殺阿羅漢)의 3대 무간죄업(無間罪業)을 지은 후 참회하고 구도 출가하여 삼장(三藏)의 문의(文義)를 깨달아 총명한 지혜와 정교한 언변으로 후진교화에 힘씀으로써 크게 추앙받는 학승이 된 대천(大天=摩訶提婆, Mahādeva)은, 사사문과(四沙門果=聲聞四果),[32] 즉 불법을 듣고 수도를 통해서 해탈을 향하여 정진하는 성도(聖道)의 4단계 중 모든 미혹을 끊고 마지막 넷째 단계인 성인(聖人)의 지위에 이르게 되는 아라한(阿羅漢, Arhan)에 관해서, 원로대덕들의 전래의 보수적 정견에 반발하여, 자유진보적 입장에서 아라한의 해탈의 과보를 폄하하는 이른바 '대천오사(大天五事, 一名 五事妄言)'를 제시하고, 이에 현혹되어 동조하는 대다수의 비구대중들을 규합하여 대중부를 결성하였으며,[33] 한편 원로고승들은 상좌부를 이룸으로써 부파분열의 단초가 되었다.

그 후 상좌부로부터 귀족출신의 대론사(大論師) 가다연니자(迦多衍

---

31) 『阿毘曇毘婆沙論』 卷十五 (20) p.11f.
※ ( )안의 숫자는 일본판 『新修大藏經』의 권수를 표시함. 이하 동일.

32) [편집자 주] 須陀洹[預流, srotâpatti], 斯陀含[一來, sakṛd-agami], 阿那含[不還·不來, anagamin], 阿羅漢[無學, aśaikṣa]의 넷을 말함.

33) 『阿毘達磨大毘婆沙論』 卷九九 (27) p. 510f.

尼子, Kātyāyaniputra)가 경(經) · 율(律) · 론(論)의 삼장 중에서 논장(論藏)을 위주로 하는 '설일체유부'(說一切有部, Sarvāstivādin)를 조직하여 분열해 나오고, 이 유부로부터 다시 지말부파의 분열이 계속되어 300년 동안에 도합 11부파가, 그리고 대중부의 분열에 의하여 9부파가 생겨서 총 20소승부파가 출현하였으며, 이 중에서 가장 번성한 것은 설일체유부였다.

설일체유부는 이 한역명칭이나 원어명칭 Sarvasti-vadin(sarva: 一切의; vāsti: 事物들; vas: 存在한다; vādin: 說 · 論 · 論者 → sar(va)-vāsti-(vas)-vādin → Sarvāsti-vādin 혹은 Sarvāstiva-vādin)이 말해주듯이, 단적으로 '아공법유(我空法有) · 삼세실유(三世實有) · 법체항유(法體恒有)'를, 즉, "나"라고 하는 것은 5온(蘊)이 화합한 것으로서, "나"라고 할 실체는 공무(空無)한 데 반하여, 객관적인 만유의 제법(諸法)은 과거 · 현재 · 미래의 삼세(三世)를 통하여 존재하며, 그 제법의 실체는 불멸항유(不滅恒有)한다는 실재론적 입장을 교리의 중심으로 삼고 있는 점에 그 특징이 있다. 여기서 '삼세실유(三世實有)'의 해석에 있어서 같은 설일체유부 내에서도, 이를 '과거 · 현재 · 미래의 삼세 즉 시간이 실유(實有)한다'로 보는 의견(예컨대 「아비달마현종론(阿毘達磨顯宗論)」권26, 「아비달마순정이론(阿毘達磨順正理論)」권51)과 '제법이 삼세를 통하여 실유한다'로 보는 의견(「아비달마대비파사론(阿毘達磨大毘婆沙論)」권76 · 135, 「아비달마구사론(阿毘達磨俱舍論)」권20, 「구사론기(俱舍論記)」권1 등)이 상반되고 있음을 볼 수 있다. 이 후자의 의견은, 과거 · 현재 · 미래라는 시간에 관해서, 무상한 법 즉 사물이 생이멸[生已滅]이면 과거, 생이미멸[生已未滅]이면 현재, 미생미기[未生未起]면 미래로서, '시간은 법(法)에 의하여 성립되며 별도의 실체가 없는'(世無別體依法而立) 만큼 법을 곧 '세로(世路)'[34]라고도 하여 불교전래의 시간관을 따른 것이라 하겠다.

34) 俱舍論記 卷1 (41) p.14.

이 설일체유부의 '제법실유(諸法實有)'의 사상은 그 후, 마치 상식의 세계에서 우리가 누구나 취하기 마련인 소박한 실재론적 입장이, '실재의 인식'에서 제기되는 갖가지 문제들을 철학적으로 해명해 가는 중에, 관념론이라는 새로운 입장을 부상하게 하듯이, 중관사상(中觀思想)의, 그리고 이어서 유식사상(唯識思想)의 출현을 촉진함으로써, 대승불교 교리의 확고한 정립의 계기가 되었다.

우리는 인도 유식론의 10대론사(大論師) 중 한 사람인 최승자(最勝子, Jinaputra)의 저술 『유가사지론석(瑜伽師地論釋)』에서 이와 같은 사상발전의 경위에 대한 다음과 같은 간명한 설명을 볼 수가 있다: '부처의 열반 후, 요사스런 사건들이 어지러이 빈발하고, 많은 부파들이 앞 다투어 난립하였거니와, 그 대다수가 제법실유(諸法實有)의 실재론적 입장에 집착히였다. 이 때문에 용수(龍樹, Nagarjuna) 보살이 보살수행(菩薩修行)의 단계 중 이른바 십지(十地)의 초지(初地)인 극희지(極喜地, Paramudita-bhumi)를 증득하고, 대승의 무상공(無相空)의 가르침을 집약해서 『중론(中論)』 등을 저술하여 이 가르침의 진정한 요체를 창달함으로써, 실재론적인 유견(有見)을 배제하였으며, 이어서 성(聖) 제바(提婆, Deva) 등 대론사(大論師)들이 『백론(百論)』 등을 저술하여 중론사상의 대의를 널리 전포하였다. 그리니 이로 말미암아 세간의 대중들은 이번에는 다시 제법의 존재를 전적으로 부정하는 허무적인 공견(空見)에 집착하기에 이르렀다. 이 때문에 무착(無著, Asaṅga) 보살이, 초지(初地)의 지위(地位)에 올라서 선정을 통해 교법의 광명을 증득하여 무애자재(無碍自在)한 대신통력(大神通力)을 얻고, 대자존(大慈尊) 미륵(彌勒, Maitreya) 보살에게 사사하면서 강설을 간청하여 스승의 이 강설을 받아서 편술(編述)한 것이 곧 유식론(唯識論)의 중요한 소의경전의 하나인 이 『유가사지론(瑜伽師地論)』이었다.'[35]

35) 『瑜伽師地論釋』 卷一 (30) p.883.

「佛涅槃後魔事紛起, 部執競興, 多著有見. 龍猛菩薩證極喜地, 採集大乘無相空教, 造中論等, 究暢眞要, 除彼有見. 聖提婆等諸大論師, 造百論等, 弘闡大義. 由是衆生, 復著空見, 無著菩薩位登初地, 證法光定, 得大神通, 事大慈尊, 請說此論」

요컨대 유식론은, 설일체유부의 제법유아설(諸法實有說)과 『반야경(般若經)』의 공(空)사상에 입각한 중관파(中觀派)의 일체개공(一切皆空)설을 지양하고, 이를테면 교리를 인식론적 시각에서 정초한 것이라 할 수 있다. 불교의 궁극적 이상은 한마디로 말해서 번뇌로부터의 해탈을 통하여 개오득도(開悟得道)를 이루는 데 있거니와, 이는 오직 인식 대상[對境]에 대한 온갖 탐착을 버림으로써만 성취될 수 있는 일이다. 과연 만유제법(萬有諸法)은 인연(因緣)의 연쇄에 따라 변화하고, 제행무상(諸行無常)이오 생주이멸(生住異滅)일진대, 탐착할 대상[對境]의 실재를 생각함은 한낱 망상일 수밖에 없다. 용수의 중관사상(中觀思想)이 부파불교의 유견(有見)을 배제하고 일체제법의 '무자성'(無自性, niḥsvabhāva), '공'(空, śūnyatā)을 표방한 까닭이 여기에 있다. 그러나 사람의 망상은 끝이 없는 것이어서, '공견'(空見, śūnyatāpada) 내지 '무견'(無見, nastivaniśrita)이 제시되면 '공(空)'·'무(無)'에 집착하여 마음의 속박을 자초하는 것이 보통이다. 이 때문에 『반야경(般若經)』 등에서는 일체제법(一切諸法)을 체(体)와 용(用)의 면에서 18가지로 분류하여 그것들의 공(空)함을 밝힌 이른바 '십팔공'(十八空, Aṣṭādaśaśūnyatā)[36]속에다 '공공'(空空, śūnyatā-śūnyatā)을 넣어, '공(空)이란 일체법(一切法)의 공함을 이르되, 이 공(空)도 또한 공(空)으로 말미암아 공한 것이니, 이것이 곧

---

36) [편집자 주] 십팔공이란 내적으로 자아가 없다는 內空(adhyatma-śūnyatā), 외부 대상의 실체가 없음을 설한 外空(bahirdha-śūnyatā), 양자가 모두 공함을 논하는 內外空(adhyatma-bahirdha-śūnyatā), 이러한 공 또한 공함을 설하는 空空(śūnyatā-śūnyatā), 대승의 열반을 뜻하는 大空(mahā-śūnyatā)과 第一義空(paramārtha-śūnyatā), 현상의 비실체성인 有爲空(saṃskṛta-śūnyatā)과 무위법의 공함을 뜻하는 無爲空(asaṃskṛta-śūnyatā), 세계의 근원적인 공함인 畢竟空(atyanta-śūnyatā), 현상 세계는 그 근원을 알 수 없다는 無始空(anavaragra-śūnyatā), 분석적 지혜에의가리키는 性空(prakṛti-śūnyatā), 사물에 그 자체로서의 모습이 없다는 自相(svalakṣaṇa-śūnyatā), 모든 법이 공함을 말하는 諸法空(sarva-dharma-śūnyatā), 개념으로 표현불가능한 不可得空(anupalambha-śūnyatā), 만물이 소멸한 그 상태조차도 공하다는 無法空 (abhāva-śūnyatā), 오온이 공함을 나타내는 有法空(svabhāva-śūnyatā), 만물이 존재하건 멸하건 모두 공하다는 無法有法空 (abhāva-svabhāva-śūnyatā) 등의 18가지 공을 말한다.

공공(空空)이라' [37](空謂一切法空. 此空復由空空. … 是謂空空)고 말하고 있거니와, 이는 바로 일체제법은 인연(因緣)에 따라 생멸하는 무자성(無自性)의 공(空)이므로 집착하지 말며, 이 공도 또한 공이기에 공에도 집착하지 말라는 불교의 가르침이라 하겠다.

이처럼 중관파는 일체법공(一切法空)을 통찰하고 온갖 집착을 여읨으로써 견성(見性)·정각(正覺)에 이르는 길을 교시한데 대하여, 유식론은 서양 중세의 스콜라(Schola) 철학이 기독교의 교리를 철학적으로 정초하려고 한 것과도 같이, 의식의 정치(精緻)한 분석을 바탕으로 하여 불교 교리의 인식론적인 정초를 기도한 것이라고 할 수 있다. 그렇다고 유식론은 어떤 고매한 이론이나 학설을 고안 내지 창출하려는 것이 아니다. 이 점에서 유식론은 훗설의 현상학과 궤를 같이한다. 훗설은 온갖 체계적 이론의 확립을 배제하고 오로지 '사상자체'(事象自體, Sache selbst)에 대한 순수한 '기술(記述)'을 연구의 방법으로 삼는다.[38] 그 까닭은 이론체계의 확립에는 개인적 확신 내지 선입견이 개입하기 쉽고, 따라서 그것은 사상자체로부터 유리된 이론으로 그치는 것이 통례이기 때문이다. 과연 철학의 역사상 많은 철학적 이론체계들이, '마치 완성되고 성장한 모습의 미네르바가 어느 창조적 천재의 머리에서 튀어나왔다가, 세월이 지나면 다른 그와 같은 미네르바들과 나란히 역사의 박물관 속에 처박혀 버리는 것'[39] 과도 같이, 화려하게 등장하였다가 영고부침(榮枯浮沈) 끝에 차츰 망각의 세계에 묻혀 버리곤 하는 까닭도 여기에 있다 하겠다.

불교 교리의 근간을 이루는 가장 기본적인 이론은, 주지하는 바와 같이, '연기(緣起)'(즉 因緣生起: Pratītya-samutpada)사상이다. 연기란

---

37)『大般若波羅蜜多經』卷三六 (5) p.201.
[illegible]
『摩訶般若波羅蜜經』卷三 (8) p. 233.
『大方等大集經』卷五四 (13) p.360.

38) Husserl, Ideen. S. 52.

39) Husserl, Philosophie als strenge Wissenschaft, S. 291.

한마디로 현상으로서의 일체만유는 인과(因果)의 상호의존관계에 있음을 말하는 것으로서, 『잡아함경(雜阿含經)』(권10, (2) p.85)이나 「연기경(緣起經)」(권1, (2) p.547)에서는 이것을 '이것이 있으므로 저것이 있고, 이것이 생하므로 저것이 생한다'[此有故彼有, 此起(生)故彼起(生)]고 정의하고 있다. 우리가 그로부터의 해탈을 염원하는 바 미혹(迷惑), 망상(妄想), 번뇌(煩惱) 등은 모두가 연기를 따라 일어난 [隨緣所起] 과보요, 따라서 인과의 연쇄를 근원으로 소급해서 추구하여 [溯源推究] 연기가 의지하고 있는 근원[所依緣]을 단멸하여야 하겠거니와, 이 근원은 다름 아닌 '무명'(無明, Avidyā)이다. 무명이란, 마치 '백태(白苔)로 덮인 눈'[眩翳之所覆蔽]이 사물을 바르게 볼 수 없듯이, '대경(對境), 즉 대상의 진실상에 대한 무지'[於諦無知]를 가리키는 말로서, 이 무명 때문에 '우리의 심식활동(心識活動)은 산란해지고, 후미진 길[僻路]을 헤매다가 필경은 허망하고 그릇된 것을 따라서 가기 마련'[40][作意馳散奔騖僻路隨邪而行]이다. 이처럼 무명으로 말미암아 연쇄적으로 파생되는 미망의 인과를 다음과 같이 12단계로 나눈 것이 다름 아닌 교리상의 요체가 되고 있는 12연기, 혹은 12인연(因緣)·12견연(牽連)이다.[41]

'무명(無明) → 행(行) → 식(識) → 명색(名色) → 육처(六處) → 촉(觸) → 수(受) → 애(愛) → 취(取) → 유(有) → 생(生) → 노사(老死)·우비고뇌(憂悲苦惱)'

미혹의 근본이 되는 무명으로 인하여, 갖가지 감성적 요소를 수반하는 의지가 작용함으로써 실재하지 않는 것을 실재하는 것으로 믿어 행위를 하게 만드는 것이 행업(行業)의 작용으로서의 '행'(行,

40) 『十地經』 卷四 (10) p.552-3.
41) 『順正理論』 卷二五 (29) p.480, 『大毘婆沙論』 卷二四 (27) p.120, 『華嚴經』 卷二四 (9) p.558.
『大地經』 卷四 (10) p.553, 『注大乘入楞伽經』 卷七 (39) p.487 등.

Saṃskāra)이며, 행을 연으로 하여 생기하는 것이 곧 인지활동을 하는 본식(本識), 아뢰야식(阿賴耶識) 내지 전식(轉識)(六識)으로서의 '식'(識, Vijñāna)이요, 식으로부터 파생되는 것은, 형체는 없고 명(名)만 있는 심법(心法)과 형체가 있는 색법(色法) 등 일반적으로 6경(境)으로 구현되는 '명색'(名色, Nāmarūpa)이요, 이와 동시에 연기하는 것이 6경의 소의(所依)로서의 6근(根), 즉 '6처(處)' 또는 '6입'(入, ṣaḍāyatana ← ṣaṣ: 六, āyatana: 處 · 入)이다. 이 근(根=六處) · 경(境=名色) · 식(識)의 셋을 그들의 특유한 연계성에 의해서 화합시키는 정신작용을 '촉'(觸, Sparśa)이라 하며, 이 촉에 따라서 외부경계를, 고(苦) · 락(樂)의 정서를 수반하면서, 수용하는 감수작용 내지 지각작용이 '수'(受, Vedanā)요, 수의 결과로 고[苦]를 기피하고 락[樂]을 탐애하는 것이 '애'(愛, Tṛṣnā)요, 이 애에 의해서 생기게 되는 집착이 '취'(取, Upādana)이며, 애 · 취에 따라 미래의 과(果)를 낳게 할 업(業)이 쌓여 있게 됨을 '유'(有, Bhava)라 하고, 이 유의 업에 의하여 5온을 갖추고 발현되는 것이 번뇌의 씨앗을 간직한 '생'(生, Janman)이요, 5온이 변쇠(變衰)하여 마침내 멸진하는 것이 곧 우비고뇌(憂悲苦惱)를 수반하는 '노사'(老死, Jarāmaraṇa: Jarā...老, Maraṇa...死)이다.

요컨대 12연기설은 중생이 인과응보에 의한 번뇌의 괴로움 속에서 생사윤회를 거듭하는 과정을 적시한 것으로서, 이 번뇌의 근원은 다름 아닌 무명이다. 그러므로 번뇌와 미망을 끊고 윤회의 굴레에서 벗어나기 위해서는, '사람이 나무를 벨 경우에는 먼저 그 뿌리를 끊어야 하는 것'[如人伐樹. 須先斷其根][42]처럼, 연기의 근원인 무명을 단제(斷除)하여야 한다.

무명이란 한마디로 '깨닫지 못한 마음'[不覺心]을 가리키며, '깨닫지 못하기 때문에 망상으로 분별을 일으킴으로써, 모든 사상(事

42) 『注大乘入楞伽經』 卷七 (39) p. 487.

象)을 마음 밖에 있는 것으로 보고 그것의 유무, 시비, 득실을 운위하게 된다. 과보로서의 신심(身心) 등의 괴로움을 받는 것은 모두 무명 때문이다. 우리가 무명을 단제하고자 하면 먼저 스스로 마음의 근원[心源]을 깨달아야 한다. 마음에 따라서 일어나는 일체의 망상은 모두가 깨닫지 못한 마음에서 생기기 마련이다.' [以不覺故妄起分別. 心外見法, 謂有謂無謂是謂非謂得謂失, 受諸果報身心等苦皆由無明. 我今欲斷無明, 先須自覺心源. 隨心所起一切妄想, 皆從不覺心生.][43] 여기에 우리는 윤회전생의 굴레를 벗어나기 위하여 갖가지 금기사항을 위주로 하는 '피타고라스적 생활규범을 준수' 함과 동시에, 세속의 실리적 관심과는 무연(無緣)한 학문적 교양으로서의 테오리아(Theoria)를 통하여 '영혼을 정화' (Katharsis)할 것을 강조한 피타고라스의 종교사상을 연상하게 된다.

물론 피타고라스 사상은 디오니소스(Dionysos, Bucchus) 신화라는 이를테면 미토스(Mythos)를 모태로 한 것이오, 불교의 사상은 인과의 법칙이라는 로고스(Logos)를 근거로 하고 있다는 점에서, 양자는 근원적으로 성격을 달리한다고 할 수 있음직하다.

여하간, 앞에서 '우리가 무명을 단제하고자 하면 먼저 스스로 마음의 근원을 깨달아야 한다' [欲斷無明, 先須自覺心源]고 한 말은, 곧 대경(對境)에 대한 망언(妄信)과 망상(妄想)을 멈추고 마음의 근원(心源)과의 관계에서 성찰하면, 그 대경(對境)은 꿈이나 수발귀신(垂髮鬼神)과도 같이 … 원인이 없이 허망하게 나타난 것' [如夢及垂髮 … 無因而妄現]이요, '조작인(造作因)이 없이 오직 마음이 꾸며낸 것' [無有能作者 唯心所建立][44]임을 깨닫게 됨으로써, 무명을 단제할 수 있다는 것이다. 여기에 우리는, 유식론은 외경(外境)에 대한 갖가지 자의적인 상념들을 인식론적으로 분석 · 천착하여 '유식무경(唯識無境)' 이요 '만법유식(萬法唯識)' 임을 밝혀냄으로써 소박한 자의적 사념들

43) 同上.
44) 『大乘入楞伽經』 卷五 (16) pp. 616-617.

이 한갓 망상에 의한 무명에 불과함을 증시(證示)하는 이론으로서, 바로 이 점에서 유식론은 일상적으로 우리가 객관적 존재라고 믿는 대상들은 기실 의식에 의하여 구성(konstituieren)된 의식내재적 피사념체(das Gemeinte, Cogitatum, Noema)를 의식외적인 것처럼 객관화 내지 실체화(Hypostasierung)한 것에 불과하다는 것을 해명한 현상학과 전적으로 그 궤를 같이 하고 있음을 인정할 수 있다.

Ⅲ. 현상학과 유식론의 내용상의 비교고찰

1. '현상학적 환원'과 '반본환원(返本還源)'

가. 자연적 태도와 무명

나는 일상적으로 '사상세계'(事象世界, Sachenwelt)를 대할 때, 내가 특별히 주의·관심을 가지고 의식하는지 여부와 상관없이 그 세계는 '나에게 대하여 단적으로 거기에 현전'(für mich einfach da vorhanden)해 있으며, 그것이 나에게 정시(呈示)되는 대로 객관적으로 현존하는 것(Daseindes)으로 믿고 살아간다. 그뿐 아니라, 나는 이러한 세계를 단순히 사상(事象)의 성질을 지닌 사상의 세계로 보는데 그치지 않고, 그 위에 미추(美醜), 호오(好惡) 등의 가치성격을 갖춘 '가치세계'(價値世界, Wertwelt)나 '재화세계'(財貨世界, Güterwelt), 혹은 용도의 성격 내지 실천적 성격을 지닌 '사용객체'(使用客體, Gebrauchsobjekte)나 '실천적 세계'(實踐的 世界, Praktische Welt)로서 현존한다고 보기도 한다. 우리가 누구나 일상적으로 취하고 있는 이와 같은 소박한 행동양식을 현상학에서는 '자연적 태도'(natürliche Einstellung)라고 부른다.[45)]

자연적 태도의 특징은 한마디로 사상(事象)의 존재를 의식과 무관

45) Ideen., S. 48.

한 객관적인 것으로서 정립하는 데 있다. 그러나 예컨대 내가 외적 지각에 의하여 하나의 공(球)을 대상으로서 직관할 경우, 나의 의식에 직접적, 현재적(顯在的, aktuell)으로 정시되는 것은 공의 전면뿐이오, 후면이나 내면은 잠재적(potentiell)으로 음영(Abschattung)에 싸인 채 직접적으로 정시되지는 않는다. 여기서 만일 공을 180° 돌려본다면, 이제까지 현재적(顯在的)으로 정시되어 있던 것은 '방금'(soeben)이라는 과거 형태로 의식류 속에 침잠하여 잠재적 모습으로 의식 속에 파지(Retention)되어 있게 되며, 이에 반하여 이제까지 잠재적으로 음영에 싸여 있다가 의식에 현재적(顯在的)으로 정시되는 새로운 전면은 혹은 구면형일 수도, 혹은 평면형일 수도 있고, 혹은 또 속이 빈 요면형(凹面形)일 수도 있다. 그럼에도 불구하고 나는 직관에 주어진 대상을 '전면과 꼭 같이 후면도 가지고 있고 중심으로부터 모든 방향으로 반경이 같은 둥근 공'이라고 여기는 동시에, 이 공이 나의 의식과는 상관없이 초월체로서 존재한다고 믿는다. 그러나 엄밀히 말한다면, 이러한 '둥근 공'이라는 대상은, 우리의 선험적 주관성 내지 선험적 의식이 '사유작용'(Noesis)에 의해서, 의식에 정시된 현재적(顯在的)인 면과 정시되지 않은 잠재적인 면과의 두 '질료'(Hyle)를 종합하여 구성한 '피사유체'(被思惟体, Noema)에 지나지 않으며, '전면과 같이 후면도 가지고 있고 중심으로부터 모든 방향으로의 반경이 같은 것'이란 곧 우리가 이 노에마(Noema)에다 그것의 내용으로서 부여한 '의미'(Sinn)이다. 이처럼 선험적 의식이 노에시스(Noesis)에 의해서 현재적(顯在的)·잠재적인 다양한 질료로서의 체험내용들을 종합하여, 그것에다 '의미를 부여'(sinngeben)하고 '생기를 불어넣어'(beseelen) 하나의 동일자로서의 노에마를 구성하는 것을 훗설은 '동일화의 종합'(Synthese der Identifikation)이라고 부른다.[46] 노에시스는 이와 같이 의식체험의 선험적 주관성의 작용으로서, 체험류의 내용이 되는 감각내용과 더불어 '순수체험의 내실적

46) Ibid., S. 75.

구성분'(內實的 構成分, reelles Bestandstück)을 이루며, 이 중에서 전자는 '의미부여층' 내지 '노에시스적 층'을, 후자는 '질료층' 또는 '소재(素材)층'을 이룬다. 노에마는 따라서 노에시스에 의하여 의미부여로써 통일된, 이를테면 노에시스의 지향적 상관자로서의 객체요, 의미에 의하여 대상으로서의 존재양상이 규정되고 있는 초월적 객체라 하겠다. 그러나 노에마는 초월적 객체라고 해서 의식과 무관하게 실재하는(real) 초월체가 아니라 역시 의식에 내재하는 것임은 물론이오, 다만 노에시스와 질료처럼 의식의 내실적(reell) 구성분이 아니라 질료적 여건들로부터 형성된 이념적(ideell)인 것, 구태여 말하자면 '내재(內在)에 있어서의 초월체'(Transzendenz in der Immanenz)라고 할 수가 있다.[47] 따라서 앞서 예시한 바와 같이 '둥근 공'이라는 대상이 의식과 상관없이 초월적으로 존재한다고 믿는 것은, 의식 내에서 구성된 내재적인 노에마를 자의로 객관화 내지 실체화하는 소박한 자연적 태도의 소치이며, 이와 같은 의식초월적 대상의 존재정립은 명증성을 결여한 허구일 수밖에 없다.

유식론의 시각에서도 이러한 자연적 태도에 따르기 마련인 대상의 객관적 정립은 한낱 망상이요, 무명과 망집의 근원이 된다. 사실 우리의 세속생활에 있어서는, 전(前) 5식(識)을 통해서 섭입(攝入)된 5경(境)의 바탕 위에 제 6 의식(意識)이 '분별사식(分別事識)' 또는 '분별식'(分別識, Vastuprativikalpa-vijñāna ← vastu: 事物, prativikalpa: 分列·虛妄分別, vijñāna: 識)으로서 작용하여 사유, 추리, 판별, 망상에 의해서 대상을 구성하고, 부지 중에 그것을 의식초월적 존재로 정립하게 된다. 이는 곧 유식삼성(唯識三性: 遍計所執性·依他起性·圓成實性)의 하나인 '변계소집성'(遍計所執性, Parikalpita-svabahāva ← pari: 두루, kalpita: 妄計·妄執, Svabahāva: 性質), 즉 주관적인 억측과 계탁(計度)에 사로잡혀 허망한 집착을 하게 되는 의식의 성실의 소지라

47) Ibid., S. 110.

하겠으며, 여기에 우리는 중생이 무명에 쌓인 채 허상에 사로잡혀 탐(貪)·진(瞋)·치(癡) 삼독(三毒)의 번뇌를 벗어나지 못하는 까닭을 볼 수 있다.

나. 현상학적 환원과 반본환원(返本還源)

상술한 바와 같이 현상학과 유식론의 양측이 모두 우리의 소박한 일상적·자연적 태도를 각기 '명증성의 결여' 내지 '무명'으로 규정짓고, 그 까닭을, 앞서 예시한 '둥근 공'의 경우와 같이, 의식내재적인 노에마적 구성체를 의식초월적 존재로 실체화하는 데 있다고 보았다. 훗설에 의하면, 온갖 형식의 '초월체'(Transzendenz)란 선험적 의식 내지 선험적 주관성 안에서 구성되는 '내재적 존재성격'(immanenter Seinscharakter)[48]이며, 따라서 선험적 의식의 '밖'(Ausserhalb)이라는 것은 '배리'(背理, Widersinn) 내지 '무의미'(Unsinn)이요, 참된 존재의 세계를, 의식할 수 있는 세계 밖에 있는 어떤 것으로 파악하려고 함은 '무의미한 일'(Nonsens)이다.[49] 이와 같은 주장은 물론 유식론에서도 볼 수가 있다. 즉, 의식은 그 기능면에 보건대, 한편으로 전술한 '분별사식(分別事識)'과, 또 한편으로는 명경(明鏡)과도 같이 대경(對境)의 상(像)을 현현하는 '현식'(現識, Khyāti-vijñāna ← Khyāti: 顯現·能現)으로 구분되거니와, 원효(元曉)가 『대승기신론별기(大乘起信論別記)』에서 '현식(現識)이 현현하는 것은 의식의 밖에 있는 것이 아니다. 그것은 나의 마음[意識]에 의하여 통섭(統攝)된 소산이기 때문'[現識所現 不在識外 自心所攝故]이라고 한 말은, 구태여 말하자면, '현상학적 유식론'의 바탕 위에 무명의 비롯한 바를 척결하여, 그것이 다름 아닌 의식내재적인 노에마적 대경을 의식초월적인 존재로 실체화하는 망상에 있음을 설파한 말이라 하겠다.

이리하여 유식론과 현상학 양자는 모두 밖으로 객관적 세계를 향

48) Hua. I. S. 32.
49) Ibid., SS. 32-33.

한 집착을 멈추고, 이 세계를 그것의 형성원천인 의식내재적 영역으로 돌아가서 의식작용과의 연관에서 밝힐 것을 주장한다. '너는 밖에서 찾지 말고 오직 안에서 하나를 지켜라. [대경(對境)에 대한] 반연(攀緣)의 지각(知覺)이 유동(流動)하는 것은 모두 망상(妄想)으로부터 생긴다' [汝勿外尋, 但內守一. 攀覺流動, 皆從妄生.]고 한 『종경록(宗鏡錄)』에 보이는 말이나, 훗설이 그의 저서 『데카르트적 성찰』(Cartesianische Meditationen)의 말미에서, '밖으로 나가려 하지 말고, 너 자신의 안으로 돌아가라. 진리는 사람의 마음속에 깃들어 있다' (Noli foras ire, in te redi, in interiore homine habitat veritas. De vera religione.)는 아우구스티누스(Augustinus)의 명언을 인용함으로써 자신의 결론을 대신하고 있다는 사실에서, 바로 유식론과 현상학의 그와 같은 공통된 소신의 피력을 볼 수 있다.

이 때문에 현상학과 유식론에 있어서는 각기 '현상학적 환원(phänomenologische Reduktion)과 '반본환원(返(=反)本還源)'이 절대적 의의를 가지며 탐구의 기점이 된다. 대승교전(大乘敎典)에는 '반본환원' 이외에 '환원반본(還源反本)', '반망귀진(反(=返)妄歸眞)', '종말향본(從末向本)', '종외입내(從外入內)' 등 다양한 표현이 보이며, 원효도 『기신론소(起信論疏)』와 『기신론별기(起信論別記)』에서 그것을 '환귀심원(還歸心源)', '환귀본원(還歸本源)', '종귀심원(終歸心源)', '귀일심원(歸一心源)', '환귀기본심지원(還歸其本一心之源)' 등 다양한 말로 표현하고 있다.

선험적 의식 내지 선험적 주관성에로의 이러한 현상학적 환원을 위해서는, 자연적 태도에 의한 객관적 대상의 존재정립의 '배제'(Ausschaltung)가 선행되어야 하거니와, 이것이 훗설의 이른바 현상학적 '판단중지'(epoché)이다. 유식론에서도 이와 같은 취지를 보여주는 말로서 『대승의장(大乘義章)』에 나오는 '식외귀내(息外歸內)', '식망귀진(息妄歸眞)', '식망현진(息妄顯眞)', 또는 원효의 『기신론소(起信論疏)』에 나오는 '영식만경, 수환일심지원(永息萬境, 遂還一心之原)' 등을 예시할 수 있다. 다만 현상학은 시종 인식론적 시각에서, 객관적 존재정립의 연원에 대한, 사상자체에 즉한 합리적 정초를 위하여, '판단중지'가 함축한 특유한 의의를 상술하고 있다. 즉 정립의 배제 내지 판단중지는 '정립을 반정립으로, 긍정을 부정으로' 바꾸려는 것이 아니라, 정립 · 판단을 이를테면, '괄호 안에 넣어'(einklammern) 정립 · 판단으로서의 '활동을 정지'(ausser Aktion setzen)시키려는 것이요, 그럼으로써 이제까지 관심을 오로지 밖으로 돌려 명증성이 결여된 의식초월적 대상에 사로잡혀 있던 자연적 태도의 의식은 본연의 선험적 의식으로 환귀하여, 괄호 안의 정립 내지 판단을 '냉담한, 중립적인 관찰자'(uninteressierter, unbeteiligter Zuschauer)[50]로서 바라보며, 정립의식과 정립된 대상과의 관계를 밝힐 수 있게 된다.

2. 의식의 특성과 종류

가. 지향성과 반연(攀緣)

훗설의 선험적 의식연관의 해명에서 기본적 관건이 되고 있는 것은, 그가 스승 브렌타노에게서 이어받은 '의식의 지향성' 및 '내재적 지각'의 이론이다. 브렌타노는 일반적으로 심적 현상과 물적 현상의 구별을 연장성의 유무에서 보아 온 종래의 철학자들과 달리, 심적 현상을 물적 현상으로부터 구별짓는 특징은 '대상의 지향적 내재'(intentionale Inexistenz eines Gegenstandes), 즉 '대상을 지향적으로 자신 속에 간직함'에 있다고 보았다. 그는 또한 물적 현상은 다만 외적지각의 대상이 되는 데 반하여, 심적 현상은 내적지각(innere Wahrnehmung)의 대상이 되며, 이 내적지각만이 직접적인 확실한 명증성(Evidenz)을 갖는다고 주장하였다.[51] 브렌타노가 이처럼 참신한 주장을 제기하게 된 까닭은 인식론적인 관심에서가 아니라, 심적 현

50) Hua. I. S. 73-75, Hua. Ⅷ., S. 92-107.

51) F. Brentano, Psychologie, I. Leipzig, 1924, S. 124-125.

상을 표상 · 사랑 · 미움 · 욕구등과 같이, 지향작용의 근본양식에 따라 분류하려는 심리학적 관심에서였다.

그러나 훗설은 브렌타노가 소박하게 심리학적으로 해석하였던 이 지향성의 사상을 도입하여 인식론적 문제를 해결하는데 전용하였다. 상술한 바와 같이 우리는 현상학적 환원에 의하여 현상학의 영역으로서의 선험적 순수의식을 확보하게 되거니와, 이 선험적 의식에도, 그것이 의식일진대, 작용과 대상과의 지향관계가 여전히 남게 되며, 자연적 태도에서의 의식초월적 대상은 의식작용의 상관자로서 선험적 의식 속에 지향적으로 내재하게 된다. 그러므로 선험적 의식에 있어서의 작용과 대상과의 관계는 자연적 태도에 있어서의 작용과 대상과의 초월적 관계와 달리 어디까지나 내재적인 관계다. 따라서 훗설은 선험적 의식에 있어서의 작용적인 면과 대상적인 면을 각각 자연적 태도에 있어서의 작용 및 대상으로부터 구별하여, 전자를 노에시스(Noesis), 후자를 노에마(Noema)라 부르고 이 노에시스와 노에마의 상관관계를 인식론적 문제해결의 기반으로 삼고 있다.

의식의 지향성은 일반적으로 '어떤 것에 대한 의식'(Bewusstsein von etwas)이라는 형식으로 표기된다. 유식론에서도 심식(心識)은, 마치 덩굴이 나무와 같은 사물에 감기어 비로소 활동을 하듯이, 대경(對境)에 의지하고서만 작용하게 된다고 하여, 이를 '반연(攀緣)'(ālambana ← ā: ~에, ~에게, lambana: 依持)이라고 하거니와, 이는 곧 현상학의 지향성과 같은 의미를 갖는 것으로서, '심식(心識)이 진경(塵境), 6진(六塵), 즉 6경(六境)을 소연(所緣)으로 삼고 의지함을 반연이라고 한다' [心緣塵境曰攀緣][52]는 것이 그 단적인 표명이라 하겠다.

유식론은 앞서 말한 바와 같이 '현식소연, 부재식외(現識所現, 不在識外)'이며, '삼계허위, 유심소작(三界虛僞, 唯心所作)'임을 밝혀주었으나, 이 점에서 현상학과 궤를 같이 하였다. 따라서 유식론은 '모름지기 밖으로 사물을 반연하여 이에 집착하지 말며' [不須向外, 攀

52) 『楞伽跋多羅經註解』 卷二. (39) p. 368.

緣取法][53], '현상을 반연하여 집착하는 것은 망상의 시작이며, 병(煩惱)의 근원이라' [攀緣取相, 是妄想之始, 病之本][54]고 설파한다.

나. 의식류(현상학)와 의식의 분류(유식론)

'나'는 자연적 태도로 살아가는 일상생활에서는, 가령 한 채의 '집'을 지각하며, '집이 있다'고 정립 내지 판단을 한다. 이 때 나의 지각에 직접적으로 정시된 '집'은 집의 표면적 형체인 데 반하여, '집이 있다'는 판단에 의해서 정립된 '집'은 그 안에 방 · 정원 · 창문 등이 갖추어져 있는 거처로서의 '집'이다. 이것은 우리의 의식이 본성적으로 직접적인 소여를 넘어서 그 소여보다 '더 많은 것을 생각'(Mehrmeinung)하는 '자기초출적(自己超出的) 사념작용'(Über-sich-hinaus-Meinen)을 하기 때문이다.[55] 그러함에도, 집을 지각하면서 '집이 있다'고 판단하는 정립에는 그 정립작용을 하는 의식주체로서의 '나'는 '은폐된 채'(latent) 드러나 있지 않다. 그러나 마치 내가 한 일을 스스로 반성할 때 이제까지 가려져 있던 내가 부상해 나오듯이, 판단을 중지하고 선험적 주관성 내지 선험적 의식으로 환원하여 '괄호 안에 넣어진 정립'을 중립적인 관망자로서 바라볼 때, 은폐되어 있던 '나'라는 정립주체로서의 선험적 주관성 자체가 '분명하게'(patent)[56]드러남과 아울러, 정립되고 있는 대상은 곧, 앞서 말한 바와 같이 의식 내재적인 영역 안에서 구성되어, 노에시스와 내재적 지향관계에 있는 '내재적 초월체'(immanente Transzendenz)[57]로서의 노에마임이 명증적으로 밝혀지게 된다.

훗설이 대상을 의식초월적 존재로서 정립하고 확신해오던 온갖 자연적 태도를 현상학적 환원에 의하여 배제한 끝에 확보한, 더 이상

53) 『大乘義章』 卷二十 (44) p. 870.
54) 『維摩經義疏』 卷四 (38) p. 959.
55) Hua. Ⅰ. S. 84. Cf. Hua. Ⅵ. S. 160.
56) Hua. Ⅷ. S. 90.
57) Hua. Ⅰ. S. 138, 140.

배제될 수 없고, 절대적 명증성을 지닌, 이른바 '현상학적 잉여' (phänomenologisches Residuum)[58]는 다름 아닌 선험적 의식 내지 순수 자아(reines Ich)로서의 선험적 주관성이었으며, 따라서 이 선험적 주관성은 그가 제일철학으로서 표방한 선험적 현상학에 있어서의 궁극적인 시원(Anfang)이요, 철학과 여타의 학문들의 궁극적 · 절대적인 정초의 기반이 되었다. 여기에 우리는, 앞서 언급한 바 있듯이, 역시 제일철학으로서의 철학의 확립이라는 이념 밑에, 방법적 회의에 의하여 도달된 에고(ego)를 그 정초의 궁극적 시원으로 삼은 데카르트와의 유사성을 볼 수가 있다. 훗설이 '선험철학의 맹아를 역사상 데카르트에서 발견'하고, 그를 '선험철학의 선구자', '현상학의 진정한 종주(宗主)'라고까지 찬양[59]한 동시에, 현상학을 '20세기의 데카르트주의'[60]라고 부른 까닭도 여기에 있다.

그러나 데카르트는 자신이 발견한 '에고'가 지니고 있는 선험적 주관성으로서의 의의를 깨닫지 못하고, 에고를 '세계의 일부'를 이루는 구체적 자아로서의 '사유실체'(substantia cogitans · res cogitans)로 봄으로써, 객관주의에서 벗어나지를 못하였다. 이 때문에 스스로 '아르키메데스의 지렛목'에다 비유해서 자찬하였던 데카르트의 에고는 단순히 방법적 회의로 말미암아 상실한 세계를 이성적 추리에 의하여 재확립하는 데 이용된, 문자 그대로 '지렛목' 이상의 구실을 하지 못하였으며, 따라서 그는 에고를 지렛목으로 하여 정초된 인식에다 명증성을 인정할 방도를 잃을 수밖에 없었고, 이 난점을 해결하기 위하여 '신의 존재'를 도입함으로써, 엄밀한 학적 탐구의 범위를 넘어선 신학적 명증이론을 원용하는 궁여지책[61]을 쓸 수밖에 없었다. 이리하여 훗설은, 'ego cogito'를 바탕으로 하여 모든 학문을 통일하고 궁극적으로 정초하고자 한 데카르트의 기도(企圖)'는 실패

58) Ideen., S. 59.
59) Hua. Ⅶ. S. 340.
60) Hua. Ⅷ., S. 4.
61) Hua. Ⅶ., S. 300.

로 돌아갔으며, "그는 역설적인 '선험적 실재론'의 아버지가 되었다"고 데카르트를 비판한다.[62]

그러나 훗설에 있어서의 선험적 주관성은 데카르트에 있어서와 같은 '객관적 체계확립을 위한 합리적 추리의 시발점으로서의 〈아르키메데스의 지렛목〉에 불과한 것'이 아니었다. 그것은 오히려 모든 다른 존재영역의 존재근거를 자신의 내재적 존재영역 안에 간직하고 있는 절대적 존재로서, 이를테면 '존재일반의 근원범주(Urkategorie) 내지 근원영역(Urregion)'[63]이라고도 할 수 있다.

이처럼 선험적 주관성은 절대적 존재인 만큼, 비록 그것을 지칭하는 표현은 '선험적 의식', '순수의식', '선험적 자아', '순수자아' 등과 같이 다양할지라도, 오직 하나의 '의식류'로서 존재할 뿐, 유식론에서와 같이 등위에 따르는 분류가 없다.

불교 초기부터 교리상 의식의 문제에 관해서는 6식(識), 곧 전(前)5식과 제6 의식(意識)이 기조를 이루어 왔다. 그러나 유식사상이 대두하여 대승 교리의 기반을 이루게 됨과 더불어, 온갖 의식활동에 수반하여 집요하게 자아의식을 조장하는 제7의 '마나식'(末那識, Manasvijñāna ← manas: 思念 · 作意 · 欲望, vijñāna: 識 · 意識) 및 의식의 가장 심층에 위치하여 '과거로 낙사'하는[落謝過去] 의식들을 종자(種子)로서 내장하고 있는 한편, 모든 인식의 원천, 일체의 만법을 형성함에 있어 궁극적 근원이 되는 제8의 '아뢰야식(阿賴耶識), 일명 장식(藏識)' (Ālayavijñāna ← ālaya: 室 · 處所 · 藏 · 攝藏)이 유식론의 중심 개념이 되었다.

3. 의식의 구조

선험적인 순수의식은, 앞에서 언급한 바와도 같이, 노에시스적 층

62) Ibid., S. 192.
63) Ideen., S. 141.

과 질료적 층을 '내실적 구성요소'(reelles Bestandstück)로서 간직하고 있는 의식류(Bewusstseinsstrom) 내지 체험류(Erlebnisstrom)이며, 노에시스는 질료(hyle)를 종합하고 통일적 '의미'(Sinn)를 부여하여 '내재적 초월체'로서의 '이념적'(ideell)인 노에마 내지 cogitatum을 구성함으로써 내재적인 지향관계를 갖게 된다. 여기서 노에마의 형성에 있어서는, 비단 직접적으로 직관에 정시되는 현재적(顯在的)인 의식 여건뿐만 아니라 갖가지 종류의 잠재적인, 혹은 정시됨이 없이 '음영에 싸여' 있는 여건들도 질료로서의 작용을 한다.

과연 우리가 자연적 태도를 취하며 살아가고 있는 이 세계는, 그 안에서 우리가 직접적인 경험의 바탕 위에 부단히 판단 · 평가 · 의욕 · 결단 등의 활동에 의해서 온갖 형태의 의미를 구성하며, 더 나아가 학문이나 예술을 위시한 갖가지 형태의 문화를 형성해가는 기반이다. 그러나 이 세계는 또한, 우리가 이미 전달 · 학습 · 전통 등을 통하여 경험의 성과나 심지어 학문의 성과를 서로 전수하면서 판단 · 인식 · 평가 · 실천 등의 활동을 수행하여온 많은 침전물이 스며 있는 세계이기도 하다. 그러므로 우리가 노에시스에 의해서 구성하여 내재적 객체로서 지향하는 노에마의 의미는 비단 현재적(顯在的)인 여건만을 의미계기로서 지니고 있는 것이 아니라, 이러한 침전물들도 잠재적 여건으로서 함축하고 있기 마련이다. 현재의 의식생활에 있어서, 지금까지의 생의 체험들은 '죽은 침전물들'(tote Sedimentierungen)[64]이 아니라, 비록 바라보고 있는 시선에 의해 주의되고 있지는 않을지라도, 언제나 부수적으로 의식되는 배경으로서, 잠재적 효력을 가지고 현재적(顯在的)인 계기들과 함께 작용하기 때문이다. 우리의 의식의 특성은 현재적(顯在的)으로 정시되는 여건들을 넘어서 '더 많은 것을 사념'하는 '자기초출적 사념작용'을 하는 데 있다고 앞에서 지적한 까닭도 여기에 있다.

의식의 본성에 대한 이와 같은 현상학의 해명은 유식론에 있어서

64) Hua. Ⅵ., S. 152.

도 마찬가지로서, 제 6 의식은 전5식을 통해서 직접적으로 주어지는 5경(境, 色·聲·香·味·觸)을 질료적 여건으로 하여 분별·사량·계탁·판단 등의 활동을 하는 만큼, 자기를 초출하여 직접적인 소여보다 더 많은 것을 사념하게 됨은 불가피한 일이라 하겠다.

의식이 갖는 이와 같은 특성 때문에 노에시스 내지 Cogito가 구성하여 '사념'하는 대상적 의미로서의 노에마 내지 Cogitatum에는, 반드시 잠재태로서 침전해 있는 의미발생의 '내역'(Genesis), 즉 의미형성의 역사가 지향적으로 함축되어 있기 마련이다. 그러므로 우리가 지향하고 있는 대상적 의미를 명확하게 해명하여 그에 대한 진정한 인식을 갖고자 할진댄, 우리는 그 의미 속에 잠재적으로 간직되어 있는 지향적 함축들을 밝히지 않으면 안 된다.

그러나 우리가 이처럼 구성된 의미의 세계를 객관화한 채 그 속에 몰입하여 자연적 태도로 살아가는 한, 그 의미의 세계는 '구성된 것이면서도 구성된 것으로서 이해되고 있지 않은 대상극'(對象極, Gegenstandspole)[65]으로 머물러 있을 뿐이요, 따라서 이러한 지향적 대상 그 자체에 소박하게 몰두해서 그것의 징표나 특성 등을 설명하는 데 그칠 경우에는, 그것을 구성하여 객관화하고 지향하는 주체와 그 작용들은 익명의 상태로 은폐된 채 드러날 길이 없다. 그러므로 이처럼 은폐된 채로 있는 주체적인 것들을 드러내기 위하여 요구되는 것이, 다름 아닌, 소박한 자연적 태도를 변경하여 존재자들과 그 총체로서의 세계를 괄호에 넣고, 이를테면 중립적인 관망자의 태도로써 그 비롯된 바를 근원적 반성에 의하여 성찰할 수 있도록 하는 선험적 환원이다.

여기에 우리는 선험적 주관성 내지 선험적 의식의 구조를 해명함에 있어서는 두 가지 시각에 따르는 접근의 필요성을 짐작할 수 있다. 그 하나는 의식의 내용 여하를 사상하고, 의식을 형성하는 노에

65) Hua. Ⅵ., S. 213.

시스층과 질료(Hyle)층과의 층 구조, 노에시스에 의한 노에마의 구성, 노에시스와 노에마의 내재적 지향관계 내지 양자 사이의 함수적 상관관계 등, 훗설이 선험적 현상학을 창도하기 시작한 『이념들』에서 주로 천착한 분야로서, 훗설은 이것을 '정태적 현상학'(statische Phänomenologie)이라고 지칭하고 있다. 다른 한편, 우리의 의식 속에는 자연적 생활을 영위하면서 편력한 다양한 체험들이 잠재의식으로서 침전되어 있으며, 노에마(Cogitatum)로서의 대상적 의미의 구성에 있어서는 현재적(顯在的) 체험의식과 더불어 이와 같은 무수한 잠재의식들도 질료적 요인이 되기 마련이다. 한마디로 말해서 노에시스(cogito)가 구성하는 의미의 세계는 이제까지의 체험의 역사의 침전을 함축하게 되는 것이다. 그러므로 세계에 대한 참된 인식을 위해서는, 현재의 경험세계의 의미 속에 침전해 있는 모든 잠재의식들을 척결하여, 그 침전된 잠재의식을 낳게 한 주관적 원천을 반문해야 한다.[66] 훗설이 『이념들』 이후에 주력한 현상학적 탐구는 주로 이와 같은 시각에서의 탐구로서, 그는 이것을 상술한 정태적 현상학에 대비하여 '동태적 현상학' 또는 '발생론적 현상학'(dynamische od. genetische Phänomenologie)이라고 부르고 있다[67]. 물론 그렇다고 이들 양자는 주제를 달리하는 것이 아니라, 선험적 주관성에 의한 노에마적 의미의 구성이라는 동일한 사상(事象)을 다만 서로 다른 시각에서 고찰할 뿐이다. 즉, 정태적 현상학은 의식류 내지 체험류를, 이를테면, '가로로 절단'(Querschnitt)하여 그 횡단면에 나타나 있는 구조를 고정된 모습에서 고찰하는 것이요, 동태적 현상학은 같은 의식류를 '세로로 설개'(Längsschnitt)하여 종단면에 나타나는 침전된 체험들을 유동적인 모습에서 고찰하는 것이라고 할 수 있다.[68]

현상학은 이처럼 선험적 주관성으로서의 의식류를 각각 그 횡단

66) Husserl, Erfahung und Urteil, Hambung, 1954, S. 47.

67) Hua. XI., S. 336 f.

68) Antonio De Almeida, Sinn und Inhalt in der Genetischen Phänomenologie E. Husserls, 1972, Haag, S. 7-8.

면에서 정태적으로 척결함과 아울러 종단면에서 동태적·발생론적으로 척결함으로써, 그 본질적인 구조 내지 기능들을 밝히고자 한 데 대하여, 유식론에서는 일반적으로 의식을, 전5식은 차치하고, 제 6 의식, 제 7 마나식, 제 8 아뢰야식으로 구분하는 것이 통례로 되어 있다. 그러나 『대승입능가경(大乘入楞伽經)』((16) p.593)에서는 '현식(現識)'과 '분별사식(分別事識)'과의 두 종류로, 그리고 『현식론(顯識論)』((31) p.878)에서도 역시 '현식(顯識)'과 '분별식(分別識)'과의 두 종류로 나누고 있다. 여기서 "현식(顯識, 現識)은 곧 '본식(本識)'(즉 제 8 아뢰야식)이며, 이 본식은 5진(五塵, 色·聲·香·味·觸)과 4대(四大, 地·水·火·風) 등을 조작하여 제법(諸法)을 구성한다. 분별식(分別識, 分別事識)은 곧 제 6 의식을 지칭하는 것으로서, 이것은 현식(顯識)의 내재적 영역 속에서 인천(人天)·장단(長短)·대소(大小)·남녀(男女)·수등(樹藤) 등과 같은 다양한 일체법의 분별작용을 수행하며, 이처럼 이 의식은 법(法)·진(塵)을 취합·분별하기 때문에 분별식이라고 부른다. … 이와 같이 현식을 소의연(所依緣)으로 함으로써 분별식은 생기할 수가 있는 것이다."[69] 이 현식, 즉 아뢰야식에 의해서 전작(轉作)·구성(構成)된 것들은 내재적인 대상, 구태여 말하자면 현상학에 있어서의 노에마에 대비되는 '내재적 초월체'로서의 대상이요, 구성하는 작용은 노에시스에 대비된다고 볼 수가 있거니와, 유식론에서는 아뢰야식의 내재적 영역 안에서의 이 작용적 측면을 '견분'(見分, dṛṣṭi), 대상적 측면을 '상분'(相分, nimitta)이라고 부르는 한편, 이 견분과 상분 사이의 상관적 인식관계는 아뢰야식의 내재적 직관의 영역인 만큼, 훗설이 내재적 직관 내지 지각에다 명증성을 인정한 바와 같이, 확실한 명증성을 지닌다고 보고 이것을 '자증분'(自證分, svasaṃvitti ← sva: 自體, self; saṃvitti: 明知)이라고 부르고 있

69)「顯識者, 卽是本識. 此識轉作五塵四大等. 何者分別識. 卽是意識. 於顯識中分別作人天長短大小男女樹藤諸物等, 分別一切法. 此識聚分別法塵, 名分別識. … 如是緣顯識分別識得起」『顯識論』(31) p.878.

다.

본식(本識) 즉 아뢰야식이 물(物)·심(心)의 제법의 현상을 전작(轉作)·구성(構成)함에 있어 질료적인 바탕을 이루는 것은 비단 앞서 예시한 바와 같은 현재적(顯在的)인 6진·4대 등 뿐만이 아니다. 유식론에 의하면, 아뢰야식이 만유제법의 발생원천이 되는 까닭은, 아뢰야식의 원어가 '장식(藏識)'을 뜻하는 바와 같이, 자체 안에 발생의 잠세력으로서의 각기 '종자'(種子, bīja)[70]를 내장하고 있기 때문이다. 종자는 '본유종자(本有種子)'와 '신훈종자(新熏種子)'의 두 종류로 구분된다.[71] 전자는, 가령 진여(眞如)를 스스로 깨닫게 되는 것과 같이, 그 종자를 아뢰야식이 이를테면 선천적으로 간직하고 있음을 말하며, 후자는 예컨대 신(身)·구(口)·의(意) 3업이나 또는 자연적인 경험·체험 등이 과거로 낙사(落謝)하여 후천적으로 아뢰야식에 훈부(熏附)되는 종자를 지칭한다. 아뢰야식이 일명 종자식('種子識')이라고 일컬어지는 까닭이기도 하다.

여기에 우리는 이 장식(藏識) 내지 종자식(種子識)으로서의 아뢰야식 이론은, 선험적 의식류에 대한 현상학에서의 동태적·발생론적 이론, 즉 우리의 모든 의식체험은 시간이 지나면 의식류의 심층에 지향적 함축으로서 침전하여 노에시스에 의한 노에마의 구성에 있어서 잠재적인 질료의 구실을 하게 된다는 이론에 비견될 수 있음을 볼 수가 있다. 다만 여기서 현상학의 이론은 오로지 인식의 명증적인 정초를 지향하는 인식론적 관심의 표출인 것과 달리, 유식론의 이론은 향외반연(向外攀緣)의 망상(妄想)을 타파하고 유식무경(唯識無境)의 진실을 해명하려는 인식론적인 의의와 더불어, 인과응보의 핵

70) [편집자 주] 『攝大乘論』((31) p.137)에 따르면 종자 혹은 習氣는 언어와 개념적 인식을 종자에서 생겨난 종자인 名言 습기, 중생이 자신에 의해 생겨난 我執 습기, 중생이 업에 의해 생겨난 有支 습기의 셋으로 구분된다.

71) [편집자 주] 종자의 本有/新熏 논쟁과 관련하여 護月(Candrapala)의 본유설과 難陀(Nanda)의 신훈설, 그리고 양자를 회통한 護法(Dharmapala)의 본유신훈 合生說 등의 논쟁이 전개되었다.

심적 교리에 관한 이론적 정초의 의의를 겸해서 가지고 있다는 점에서 양자의 차이를 인지할 수가 있다. '식(識)의 전변(轉變)에는 두 가지가 있으니, 그 하나는 식이 전변하여, 미계(迷界)의 번뇌를 안고 살아가게 되는 중생의 길이요, 다른 하나는 식이 전변하여 진실(眞實)을 깨닫게 되는 법(法)의 길'[72]이라고 한 말은 곧 유식론에 담겨져 있는 그와 같은 양면의 의의를 표명한 것이라 하겠다.

상술한 바와 같이 유식론은 의식을 현식(顯識)과 분별식(分別識), 즉 아뢰야식과 제 6 의식으로 대별하고, 분별식은 현식을 소의연(所依緣)으로 함으로써 생기할 수가 있거니와, 이는 제 7 마나식의 경우도 마찬가지로서 이 역시 현식 즉 아뢰야식에 의지하여 발동하는 자아의식이다.[73] 즉 우리가 '자아(나)'라고 부르는 것은, 사실은 5온(蘊, 色 · 受 · 想 · 行 · 識)의 화합체를 단지 개념적으로 생각한 것일 뿐 그 실체가 공무(空無)함에도 불구하고, '아뢰야식의 내재적 종자로부터 전생(轉生)'한 '염오의[식]'(染汚意[識], kliṣṭa-manas)이 아뢰야식의 내재적 구성작용으로서의 '견분'을 반연하여 이를 자내아(自內我)라고 사량 · 집착함으로써 발생하게 되는 심층적인 자아의식이 곧 세친(世親)이 그의 『유식삼심론송(唯識三十論頌)』에서 'manas(意)라는 이름의 의식(意識)'(manonāma-vijñāna)이라고 부른 의식, 즉 제 7 마나식으로서, 아치(我癡) · 아애(我愛) · 아집(我執, 我見) · 아만(我慢) 등 4종의 번뇌(煩惱)를 위시한 모든 미망(迷妄)의 근본이 된다.[74]

유식론은 현상학의 경우와 달리, 의식을 8종으로 구분하고 있음은 앞에서 언급한 바 있다. 그러나 이들 8종은, 상술한 바와 같이, 그 구조적인 상호연관에서 보건대, 제 8 아뢰야식을 근간으로 하고 여타 7종의 의식은 이 제 8 식을 소의연으로 하여 전변(轉變) · 전생(轉生)한 소산임을 알 수 있다. 아뢰야식에 대하여 다른 식들을 '전식'

72) 「識轉有二種. 一轉爲衆生, 二轉爲法」『轉識論』(31) p.61.

73) 「第七意識俱有所依但有一種, 謂第八識」『成唯識論』卷四 (31) p.20.

74) cf. 「意者, 謂從阿賴耶識種子所生, 還緣彼識, 我癡愛我我所執我慢相應」「顯揚聖敎論」卷一 (31) p.480.

(轉識, pravṛtti-vijñāna ← pravṛtti: 轉生, 生起)이라고 부르는 까닭이 여기에 있으며,[75] 더 나아가 이들 의식의 특징을 셋으로 나누어, 제 8 아뢰야식은 '심'(心, citta)을 가리키고, 제 7 마나식은 '의'(意, manas)를 가리키며, 여타 6종의 의식은 '식'(識, vijñāna)을 가리킨다고도 말하고 있다.[76] 이로써 미루어 보면, 비록 유식론이 여덟 종류의 의식을 구분하고 있지만, 이는 기실 본식(本識)인 아뢰야식과 다른 별개의 의식을 구분하고 있는 것이 아니라, 아뢰야식(心)이 지니고 있는 '의(意)'와 '식(識)' 등 다양한 기능을 따라 명명한 명칭이라고 보아도 무방하지 않을까 추측된다. 만일 이처럼 다양한 종류의 의식이 아뢰야식으로 일원화될 수 있다면, 이는 다름 아닌 현상학에 있어서의 선험적 의식 내지 선험적 주관성과의 철저한 유사성을 갖는다고 보아도 무방할 것이다.

Ⅳ. 결 어

이상에서 우리는 현상학과 유식론을 다각적인 관점에서 대비적으로 고찰하였다. 이들 두 사상은, 서론에서 언급한 바와 같이, 비록 1500여년이라는 장구한 시대차를 가지고 대두한 사상들일 뿐 아니라, 전자는 진정한 의미의 합리주의의 정통성을 자부하는 철학이요, 후자는 대승불교 교리의 이론적 기반이 되어온 사상임에도 불구하고, 거의 일치에 가까운 유사성을 보여주고 있다. 이는 양자가 같이 의식(현상학에서는 선험적 순수의식, 유식론에서는 아뢰야식)을 중심주제로 삼고 있되, 각기 아전인수의 주관적·독단적인 이론체계의 창출을 배제하고, '사상자체에 충실'이라는 신조 밑에, 이를테면 반성을 통한 '의식내재적 직관'에 의하여 의식의 본질적 작용 및 의식과 대

75)「… 略有二種, 一者阿賴耶識, 二者轉識」『瑜伽師地論』卷六二 (30) p. 651.
76)「… 諸識皆名心意識 … 阿賴耶識名心 … 末那名意 … 餘識名識」同上. p. 651.

상과의 연관성 등에 대한 명증적 · 자증적 분석 · 해명을 수행해 가고 있기 때문이다.

훗설은 현상학을 '선험적 순수의식의 영역을 순전한 직관에 의해서 탐구하는 순수기술적(純粹記述的) 학문' 이라고 정의를 내리고, '의식 그 자체에 즉해서, 곧 순수내재에 있어서 통찰할 수 있는 것 이외에는 어떠한 것도 요구하지 않음' 을 자신의 규범적인 철칙으로 삼았다.[77] 그 까닭은 '직접적인 봄(Sehen · noein), 비단 감성적, 경험적인 봄뿐만이 아니라, 어떠한 종류의 것이건 본원적 정시의식(呈示意識)으로서의 봄 일반은 모든 이성적 주장들의 궁극적 권리원천' [78]이기 때문이라는 것이다. 이리하여 훗설은, 아리스토텔레스(Aristoteles)와 데카르트가 각기 형이상학을 모든 다른 학문들의 바탕이 되는 '제일철학' 이라고 표방한 것과 같이, 자신의 선험적 현상학을 여타 제학문의 정초의 기반이 되는 '제일철학' 으로서 정위시키고자 하였으며, 이러한 기도의 일환으로서 구현된 그의 탐구의 산물이 곧 형식논리학을 선험적으로 정초하고자 한 『형식적 및 선험적 논리학』[79] 및 기하학의 연원을 해명한 『기하학의 기원』[80]이었다.

훗설이 이처럼 선험적 현상학을 학적 정초의 기반으로 삼아 모든 여타 여러 학문과의 획기적인 새로운 정초연관의 정립을 도모한 것은 현상학을 '구원(久遠)의 철학' (philosophia perennis)[81]으로 자부한 그의 소신의 발로라고 할 수 있음직하다. 과연 유식론이 지금까지 1500여년간이나 대승불교 교리의 이론적 기반이 되어왔음을 감안한다면, 그리고 유식론이 현상학과 다름없이 합리적 명증성을 지닌 이론이라 할 수 있을진대, 훗설이 현상학을 '구원의 철학' 이라 자부하

77) Husserl, Ideen. S. 113.
78) Ibid., S. 36.
79) Formale und Transzendentale Logik, 1929. Hua. XVII.
80) Die Frage nach dem Ursprung der Geometrie, 1936. Hua. VI. S. 365-S. 386.
81) Hua. VII. S. 56.

는 것도 수긍할 수가 있을 성싶다. 훗설이 선험적 현상학의 주저인 『이념들』(1913)의 출산을 위하여 한창 산고를 겪고 있었음직한 1912년 이후로는 도무지 남의 신간저서들을 읽지 않았다고 하는 것도,[82] 어쩌면 자신의 선험적 의식의 내재적 영역을 반성적으로 천착하여 기술만 하면 족할 것이오, 구태여 남의 저서에서 조언 같은 것을 구할 필요가 없다고 여겼기 때문인지도 모른다.

훗설이 세계와 그 안의 모든 존재자들을 괄호에 넣어 배제하고 이처럼 선험적 의식의 영역으로 침잠하여 갔기 때문에, 하이네만(Heinemann)은 그의 철학을 '고독한 선험적 자아의 철학'이라고 평하고, 자연적 테도로부터 현상학적 태도에로의 환원을 다름 아닌 '자기소외의 표현'이라고 지적하고 있다.[83]

훗설 자신도 현상학적 태도에로의 환원을 가리켜 '종교적 회심'에다 견줄만한 '완전한 인격의 변화'요, '최대의 실존적 변화'라고 말하고 있다[84]. 그러나 그에게 있어서는 이 말이 자신의 고독한 심회의 토로는 아니었다. 왜냐하면, 그에게 있어서는 '일체를 포기하여 버리는 것'이 다름 아닌 '일체를 획득하는 길'(Alles preisgeben heisst alles gewinnen)[85]이었기 때문이다.

이런 의미에서 현상학적 환원을 통한 자아의 고독화는 도리어 세계를 자아 속으로 수렴하여 포용해 가는 절차요, 따라서 객관주의, 특히 근대적인 수학적 자연과학의 객관주의야 말로 선험적 의식 내지 선험적 주체성의 자기소외이며, 환원은 바로 이 자기소외로부터의 귀향이라고 하여도 좋을 것이다.

---

82) F. Heinemann, Existenzphilosophie, Lebendig oder Tot?, Stuttgart, 1954. S. 53.
83) IIbid. S. 53.
84) IHusserl, Hua. Ⅵ. S. 140.
85) Husserl, Hua. Ⅷ. S. 166.

자연과 인간의 관계에 대한 사상적 변천

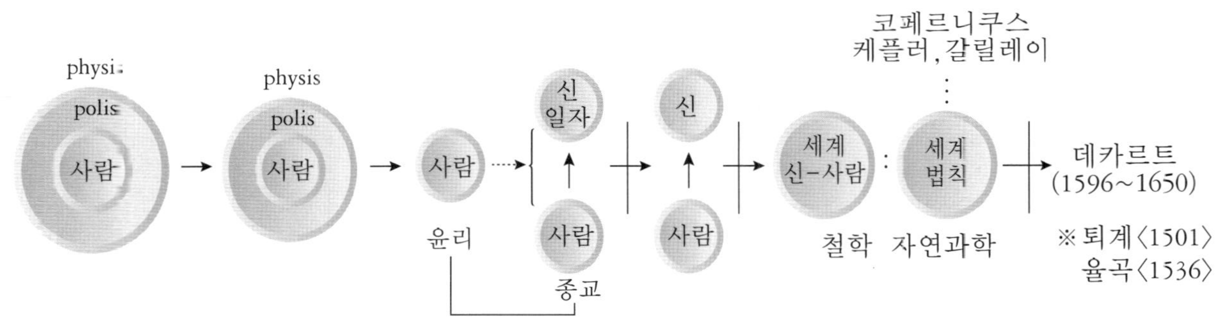

(자연철학시대)
B.C 600~450

탈레스(B.C 624)
석가(B.C 565)
공자(B.C 551)

※ Achsenzeit B.C 500
(야스퍼스)
헤라클레이토스→로고스(Grome)
와 노모스

(아테나이시대)
B.C 450~322

소피스트
~아리스토텔레스

(헬레니즘시대) (중세)
B.C 300~A.D 260

· 플로티누스死 A.D 269
· 유스티니아누스 황제의 아카데미아 폐쇄 A.D 529

(르네상스 시대)
15.16C~17C전반

쿠자누스(1401)
세계-explicatio dei
contractum multi-plicatio
개체=유한한 무한
그통합체=세계=deus sensibilis

Bruno(1600화형)이탈리아
causa immanens=신

데카르트: 신 / 자연 = res extensa, 정신 = res cogitans

스피노자: 신 — 연장 → 자연, 사유 → 정신

칸트: 자연 → 필연, 정신 → 자유 :자연과학의 정초

합목적성
?

헤겔: 자연 ← 정신 (외화) :자연과학의 정초

유물론
실증주의

자연 → 정신

포크트, 포이에르바흐,
(Voigt)
마르크스, 콩트

신칸트
학파
(서남학파)

자연 → 정신 (문화 · 역사)
탐구
방법

: Zurück zu Kant !
정신활동의 결과인 역사 · 문화를
탐구
→Kant의 자연과학정초 방법적용
빈델반트
자연과학→nomothetisch
역사학→idiographisch
→가치의 관점에 선택기술.
→재생 · 재구성
리케르트

심리학

자연 → 정신
탐구의
방법이용
(분석적 · 원자존적)

:원자론적심리학, 구성심리학
-분트(1832~1920)

→ Sache에서 유리

물질현상=2+2=4
정신현상=2+2=4+α →
Prinzip der schöpferischen synthese

Sache자체 파악

생의철학 자연 | 정신 딜타이: 정신생활(생)은 요소로 나누어 쪼갤수 없는 구조연관 (현재는 과거를 간직. 미래는 현재를 전제로 발전)

자연과학 정신과학

→ Sache에서 유리

내실=체험→표현(出)=Irrationales
→이해=추체험=해석(Auslegung)
→해석의 기술 또는 규칙 등 논구=해석학
(생의 본질→시간성 목적 · 이상 · 가치 · 발전 등)
=생의 범주(?)

※체험 ↗ 의식화층 / ↘ 무의식심층 → 표현→이해: 철학=세계관학

실존철학 자연 | 생 단독자

현상학 자연 정신 Region
|
제일철학 선험적 주관성 Urregion

Ⅰ.Husserl의 철학의 이념 – 제1철학으로서의 선험적 현상학

1.근대이후, 특히 19세기말 → 실증적 자연과학이 발전 → 철학은 적극적·긍정적 입장에서든, 소극적·부정적 입장에서든, 그 영향 밑에 전개 → 상대주의적 혼돈
→ 이는 철학이 그 자체의 확고한 기반을 확보하지 못하고 각기 선취된 입장에서 출발하기 때문 → 이는 자신의 권리포기
∵철학은 본래 "제1철학"을 이념으로 하고 탄생(Aristotles, Descartes) 현대에 와서 제1철학으로서의 철학의 지위를 확보, 이것을 자신의 선험적 현상학에서 구한 사람이 훗설
2."철학은 절대적으로 정당성이 입증된 학문이 됨과 동시에 〈보편적〉이 되고자 하는 목적이념에 의해 주도되어 왔다" → 이 이념실현을 위해서는 모든 "진리 산출"을 위한 확고한 "이론적 시원(始原)"(Anfang)을 가져야 한다 → 이 시원에 대한 철학적 부문 = 제1철학
∴훗설은 자신의 철학을 제일철학으로서 정위(正位)시키기 위해서 이 시원을 구(求)함 → "내가 절대적으로 의지할 수 있는 아르키메데스(Arkimedes)의 지점" → 즉 모든 진리로 하여금 진리로서의 권리를 갖게 하는 원천 – ∴이 시원 자체가 의심 불가능한 진리여야 한다 → 그 기준 = 명증(Evidenz) (특히 필증적, 충전적, 직접적) – ∵"일체의 권리의 본원(Urquelle)"

Ⅱ.현상학적 환원

1.자연적 태도

: 소박한 관습적·일상적 태도. 세계일반은 내가 주의하건 말건 시

공(時空)적으로 현전하는 사물의 세계(Sachenwelt)이며, 더 나아가 가치세계, 재화세계, 실천적 세계로서 존재(da ist)한다고 믿고 → 이에 몰입하여 생(生)을 영위 = 일반정립(Generalthesis) → 이는 세계에 대한 Seinsglauben → 그 안에서의 제(諸)소여(所與)는 그 존재를 의심 또는 부정하기도 하지만 일반정립에는 영향을 주지 않는다.

제 과학의 태도도 동일(同一) ∵"더 확실, 완전, 포괄적으로 세계 인식을 시도할 뿐, 역시 세계를 immer daseiende Welt로 여김"

그러므로, 이처럼 정립된 세계는

① 어떤 면은 aktuell한 지각에 의해서 명료하게 현전, 다른 면은 막연히 의식(意識)된 배경으로서 음영(陰影)에 쌓임

② 현재는 생생하게 지각됨, 과거와 미래는 희미한 배경

∴정립된 세계에는 "완전하게 규정되지 못한 불투명한 Horizont"가 따름

∴직접경험에 주어진 명료한 세계 = das Stück von der Welt ≠ die Welt → 불구하고 만인 공통의 die Welt를 정재(定在)한다고 의식초월적으로 정립 → 명증이 다음

2.현상학적 태도

자연적 태도의 변경 - epoché = Einklammerung

→ 정립을 반정립, 긍정을 부정으로 또는 추측, 회의로 변경함이 아니다. (∵자의로 불가능) (Descartes와 다름) → 정립을 괄호에 넣어 효력정지 시킨 채 바라봄 - 무관심한 관조자 (uninteresierter Zuschauer)

알려진 것 → 의식초월적 존재로 정립된 것 = 의식 내에서 aktuell한 면과 potentiell한 면이 종합되고 이것이 객관화되어 존재정립된

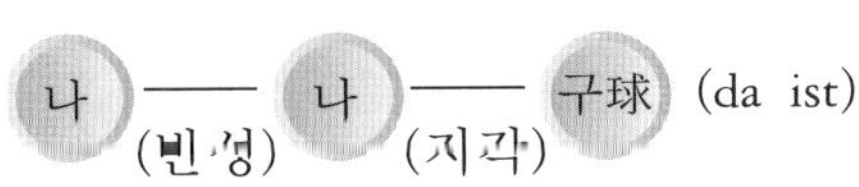

(Wahrnehmung höhrer Stufe)

것 → 즉 의식내재인 것이 초월적인 것으로 객관화된 것

∴의식초월적 세계 = 의식 안에서 구성된 내재적 세계 → 순수의식, 선험적 의식, 선험적 주관성
∴의식과의 상관관계를 떠나서는 있을 수 없음 → cogitatum → "의식 밖에"라는 말은 無의미 → 의식과의 상관상(相關像)에서 보고 그 비롯된 바를 선험적 주관성에서 구함 = 현상학적 태도
이 내재적 지향관계는 명증적 → (ego-cogoto-cogitatum)
Man muss erst die Welt durch epoché verlieren, um sie in universaler Selbstbesinnung wiederzugewinnen
"선험적 주관성 밖이란 Widersinn" - "나에게 의식되고 있지 않거나 의식될 수 없는 것은 나에게 있어서는 Nichts" - 참된 존재의 세계를 가능적 의식의 세계 밖에 있는 어떤 것으로 파악하려고 함은 nonsense"
(心如工畵師; 永息萬境遂還一心之源, 還歸心源, 還源, 息外歸內, 返妄歸眞)

선험적 주관성(의식)
Descartes → ego를 제1철학의 궁극적 Anfang으로 확보 → "현상학의 종주", "현상학은 20세기의 데카르트주의"

∴데카르트의 ego = 구체적 자아로서의 ego ; 정신적 주관 = "세계의 일부"로서의 res cogitas
→ 객관주의를 면하지 못함 ∴ ego를 지점으로 한 인식에 명료성을 인정할 길이 없음 ∴신(神)의 존재를 도입 → "신학적 명증이론을 원용" ∴"데카르트는 실패"(현상학적 잉여)

훗설의 선험적 주관성은 일체의 존재영역이 의려(依厲)하고 있는

절대적 존재 = "존재일반의 원영역(原領域)", "세계의 Urgrund" – "초월체", "세계의 자체존재"는 ego안에서 그러한 의미가 부여된 "내재적 존재성격"(immanenter Seinscharakter)에 다름 아님

이처럼 선험적 주관성은 모든 존재 내지 세계가 그 안에 선험적으로 대상화(cogitatum)되는 원천이므로 → 이 주관성에 대한 탐구 없이는 세계에 대한 완전한 인식은 얻을 수 없음

Ⅲ. 선험적 현상학의 의의(意義)

세계나 그 안의 존재자는 → 선험적 주관성에 의하여 갖가지 의미, 내용규정이 부여됨 → 이 의식내재적 형성을 객관화하여 존재정립 → 의식초월적 세계의 존재확신이 생김

그 위에,

① 혹은 이론적 의식으로 작용 → 이론을 형성

② 혹은 가치평가 의식으로 작용 → 가치적 의미를 줌

③ 혹은 실천적 의식으로 작용 → 행동을 일으킴

이리하여 생긴 현상이 세계, 문화, 과학 등

∴이들은 의식이 의미부여하여 구성한 것 → ∴이를 소박하게 의식초월적인 것으로 봄은 독단

∴이 정립을 괄호 안에 넣고, 그 비롯된 바를 밝힘 = 현상학 → 즉, 경험세계를 반성적으로 의식의 상(相)에서 바라보고 파악

∴선험적 주관성으로 환원한다고 해서 → 풍부한 경험세계를 조금도 잃지 않음

∴현상학의 의도는: 생멸하는 개별적 체험(의식)의 파악이 아님 → 개별적 의식체험을 유례(類例)로 하여, 본질직관으로써 의식의 본질을 파악 → 기술(記述)(기하학이 개별의 원, 삼각형, 선 등을 유례로 하여 본질직관함을 기하학의 기초로 삼듯이)

∴현상학은: "선험적 순수의식의 영역을 순수한 직관에 의하여 탐구하는 기술학(記述學)", "Eidetische Wissenschaft, Wesenslehre des transzendental gereinigten Bewusstseins"

∴Man: "의식 자체에 대해서 순수한 내재에 있어 본질적으로 통찰할 수 있는 것 이외에는 어떠한 것도 요구하지 않는다"

Ⅳ. 선험적(또는 순수)의식의 구조

예) "내가 탁자를 보고 있다"

*자연적 태도에서는:

1. 탁자는 의식초월적, 공간적으로 정재(定在)하는 실재

2. '나'는 세계 안에 탁자와 더불어 그 일부로서 실재

이 양자 사이에는 초월적 지향관계가 성립

*현상학적 태도에서는:

순수의식과 의식되고 있는 것 사이에 내재적 지향관계가 성립

작용적 측면 – Noesis

대상적 측면 – Noema

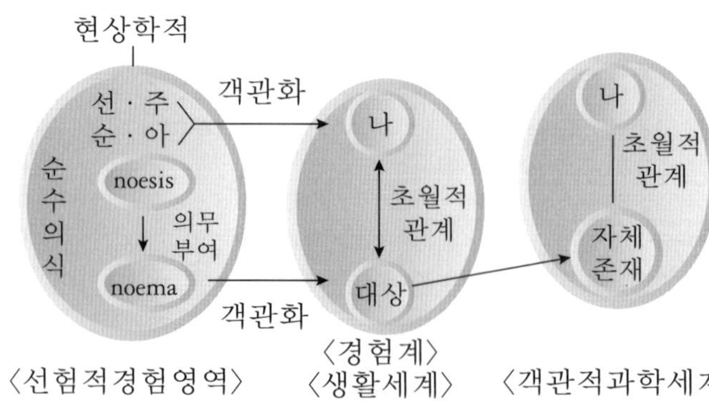

적: 687㎛
청: 484㎛

1. 선험적 순수자아와 Noesis

순수의식 = 직관 또는 체험된 내용들(예. 감각, 정서 등)을 간직한 "Strom der Bewusstseinserlebnisses"

이 내재적 체험 내용은 → reell(≠real) → 생멸부유(生滅浮流)

∴내용의 생멸에도 불구하고 → 의식류 자체는 순수자아의 의식작용으로 일관

∴순수자아는 → 생멸하는 체험내용처럼 reell한 요소가 아니라 → 의식내재적이면서 의식류를 초월해 있는 동일자 = Transzendenz in der Immanenz → 현재적(顯在的), 잠재적 다양한 체험내용들을 종합하여 통일적 내용규정으로서의 의미를 부여(sinngeben) → Noema 형성 → 이 작용이 Noesis, 체험내용들은 hyle(희랍어 표기: 휠레)

2. 정태적

(statisch) 현상학과 발생적(dynamisch) 현상학

의식류를 양면에서 고찰

a) 정태적 고찰: 의식류를 횡으로 절단하여 횡단면(Querschnitt)에 나타나 있는 구조를 고정된 모습에서 고찰(앞에서 기술한 구조)

b) 발생적 고찰: 종단면(Längsschnitt)에 나타나는 것을 유발적(流發的)인 모습에서 고찰

가령 사물을 볼 경우, 직접적으로 정시(呈示)되는 지각상(知覺相)은 그것의 한 면에 불과하지만, 우리는 그것이 현재적(顯在的)으로 정시되는 내용들을 넘어서 "더 많은 것을 생각"(Mehrmeinung), "자기초출적(自己超出的) 생각"(Über-sich-hinaus-meinen)함 → 이는 잠재적 내용들이 결부되기 때문

→ 즉, 의식류 속에는 관습·학습·전통 등을 통한 다양한 경험, 혹은 학문의 성과가 잠재적으로 침전(沈澱)해 있다. → 이것들이 현재적(顯在的)인 것들과 더불어 cogitatum 또는 noema 구성

∴ego cogito는 이미 세계생활(世界生活)을 편력(遍歷)하여 온 역사성을 걸머진 것 → cogito로서의 noesis가 구성하는 cogitatum 내지 noema적 의미의 세계는 역사적 침전(沈澱)을 잠재적으로 함축

∴"현재(現在)의 경험세계에 의미로서 침전해 있는 것들을 척결하여, 이 침전으로부터, 그것을 낳게 한 주관적 원천을 거슬러 물을 수 있다"

∴『이념들』 이후에 생활세계를 많이 거론하고:

① 현전하는 세계(의미침전, 과학, 과학적 규정 등을 지닌)로부터 근원적 생활세계로 환귀(還歸)

② 생활세계로부터, 이 생활세계를 발현케 한 주관적 작용에로 되물어감

이로써: "형식논리학과 선험적 논리" ; "기하학의 기원"을 저술

Ⅵ. 현대적 위기와 현상학

현상학 = 제일철학 → 학문인식일반을 근원적 기반 위에 정초 → 인식에 궁극적 절대성인 명증과 합리성을 부여함과 아울러 세계 내지 존재일반의 의미를 해명

∴초역사적 또는 몰역사적인 순수한 이론적 의미를 지닌 학

· 말년에 『위기(Krisis)』를 저술 → 역사적 조명을 통하여 현대 서구의 인간성의 붕괴를 가져온 연원을 척결, 현상학을 이 위기극복의 길로서 정위(定位)시키고자 함

→ 그 연원은:

① 객관주의: 근세 초 서구인의 이상(理想) → 고대의 이성(理性)적 인간 +생(生) (일체의 선입견 탈피, 자유로운 이성적 통찰로 세계와 인간에 대한 보편적 철학을 확립하고, 이 원리에 따라 자기를 형성함과 동시에, 정(政) · 사(社) · 문(文)도 새로이 형성) → 이성주의가 풍미 → 이성에 대한 신뢰

· 이러한 상황 속에서 Galilei의 "수학적 자연과학" 탄생 → 자연의 수학화 → Sein an sich로서의 세계는 수학적 구조를 가짐 → ∴수학화에 의해서만 파악된다고 봄

→ 19세기 실증과학으로 발전 → 철학은 소외 = "철학을 enthaupten" 하고 철학을 대신

→ 19세기 말, 1차대전기부터 과학의 의의에 대한 평가 전환, 불신

→ 철학, 과학, 인간성의 통일이 분열 → 이성불신, 인간의 자기신뢰 붕괴

→ 그 저인(這因)은 갈릴레이의 수학화적인 객관주의적 자연과학 → 세계로부터 인간적, 정신적 요소들을 사상(捨象)하고 남는 순수한 물건적 세계에 "이론의 의상(衣裳)", "기호(記號)의 의상", "기호적 · 수학적 이론의 의상"을 입히고, 이를 그 자체에 있어 실재적 완결세계로 봄 → ∴이는 "우리의 경험의 Urboden(先·主)에서 이완화(理完化, Idealisierung), 객관화되어 생긴 인위적 세계 – ∴수학적 이론형상을 낳게 한 "근원적 의미부여 활동"을 외면한 것은 갈릴레이의 "치명적 태만" → "발견의 천재인 동시에 은폐의 천재"

② 非합리주의: 근세의 전통적 합리주의에 대한 生의 반항에 싹틈 → 철학을 "위대한 예술가의 예술작품처럼 보는 세계관철학(Dilthey), 혹은 종교와 동일한 평면에 정위(定位)시키려는 실존철학" 등

→∴이는 학문성을 포기하고 나온 한낱 신화(神話)이지, 학문이 아니다

· 훗설도 전통적 합리주의는 객관주의와 결부되어 있으므로 반대 → 진정한 합리주의 실현을 기도(企圖) = 자신의 선험적 현상학 → 진정한 이성의 회복 → "정신의 자기귀환" → 철학 · 과학 · 인간의 통일회복이라 부를 수 있음 – "인식론이 등장하고, 진지한 선험철학의 시도가 대두한 이래, 철학의 역사는 객관주의적 철학과 선험적 철학과의 격렬한 긴장이 역사다"

자연과 인간의 관계에 대한 사상적 변천(육필수고)

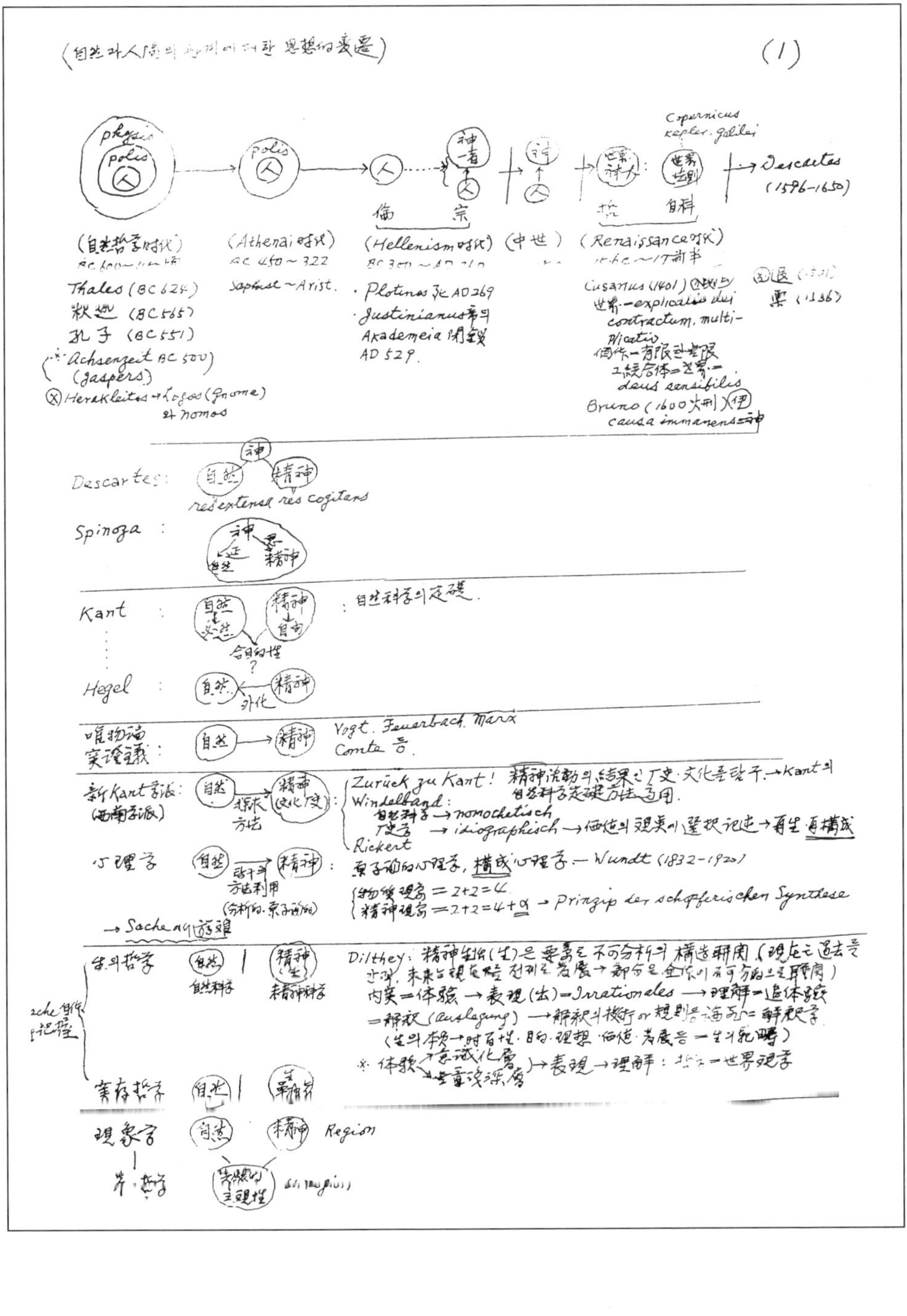

(2)

I. Husserl의 哲學의 理念. — 第一哲學으로서의 先驗的 現象學.

1. 近世 以後, 특히 19C 以來 → 實證的 自然科學이 發展 → 哲學은 積極的·肯定的 立場에서든, 消極的·否定的 立場에서든, 그 영향 밑에 展開 → 相對主義的 混迷
→ 이는 哲學이 그 自體의 확고한 基盤을 확보하지 못하고 各其 先取된 立場에서 出發하기 때문. → 이는 哲學이 自身의 權利 抛棄.
∴ "第一哲學"을 理想으로 하는 것. (Aristoteles. Descartes)
現代에 와서 第一哲學으로서의 哲學의 地位를 확보, 이것을 自身의 先驗的 現象學에서 求한 사람이 Husserl.

2. "哲學은 絶對的으로 正當性이 立證된 學問이 됨과 동시에 <普遍學>이 되고자 하는 目的理念에 의해 主導되어 왔다" → 이 理念 實現을 爲하여는 모든 "眞理產出"을 爲한 확고한 "理論的 始原"(Anfang)을 갖어야 한다. → 이 始原에 대한 哲學的 部門 = 第一哲學.
∴ Husserl은 自身의 哲學을 第一哲學으로서 定位시키기 爲해서 이 始原을 求 → "내가 絶對的으로 의지할 수 있는 Archimedes의 支點" → 即 모든 眞理로 하여금 眞理로서의 權利를 갖게 하는 源泉. — ∴ 이 始原 자체가 不可疑의 眞理이어야 한다. → 그 基準 = 明證(Evidenz) (특히 必證的. 充全的. 直接的) — ∴ "一切의 權利의 本源(Urquelle)"

II. 現象學的 還元

1. 自然的 態度: 素朴한 慣習的·日常的 態度. 世界 一般은 내가 注意하건 말건 時空的으로 現前하는 事物의 世界(Sachenwelt)이며, 더나아가 價値世界, 財貨世界, 實踐的 世界로서 定在(da ist)한다고 믿고 → 이에 沒入하여 살은 普通. = 一般定立(Generalthesis)
→ 이는 世界에 대한 Seinsglauben. → 그 안에서의 諸所與는 그 存在를 疑心 or 否定하기도 하지만 一般定立에는 영향 안준다
諸科學의 態度도 소: ∵ "더 확실·완전·포괄적으로 世界認識을 試圖할뿐, 亦是 世界를 immer daseiende Welt로 여김"
然 이처럼 定立된 世界는 { 어떤 面은 aktuell 한 知覺에 의해서 明瞭하게 現前. / 他面은 막연히 意識된 背景으로서 陰影이 쌓임 / 現在는 生生하게 知覺됨 / 過·未는 희미한 背景.
∴ 定立된 世界에는 "完全하게 規定되지 못한 不透明한 Horizont"가 따름
∴ 直接 經驗에 주어진 明瞭한 世界 = das Stück von "der" Welt ≠ "die" Welt.
→ 不拘하고 万人共通의 "die" Welt를 定在한다고 意識超越的으로 定立 → ∴ 明證이 없.

2. 現象學的 態度
自然的 態度의 變更 — epoché = Einklemmerung
→ 定立을 反定立, 肯定을 否定으로, or 推測·懷疑로 變更함이 아니다. (∵ 恣意로 不可能)
(Descartes와 다름) → 定立을 ( )에 넣어 효력 정지시켜 바라봄 — "無關心한 觀望者" (uninteressierter Zuschauer)

나 ——(反省)—— 나 ——(知覺)—— 球 (da ist)
(Wahrnehmung höherer Stufe)

알려진 것 → 意識超越的 存在로 定立된 것 = 意識內에서 aktuell 한 面과 potentiell 한 面이 綜合되고 이것이 客觀化되어 存在定立된 것. → 卽 意識內在的인 것이 超越的인 것으로 客觀化된 것.

(3)

∴ 意識超越的世界 = 意識안에서 構成된 內在的世界 → 純粹意識, 先驗的意識 · 先驗的主觀性.

∴ 意識과의 相關關係 떠나서는 不可有 → cogitatum → "意識밖에"라는 말은 "無意味"

→ 意識과의 相關係에서 보고 그 所從來를 先驗性主觀性에 求 = 現象學的態度

이 內在的志向關係는 明證的. → (ego-cogito-cogitatum)

Man muß erst die Welt durch epoché verlieren, um sie in universaler Selbstbesinnung wiederzugewinnen.

"先驗的主觀性밖 이란 Widersinn" — "나에게 意識되고 있지 않거나 意識될 수 없는 것은 나에게 [illegible]" — 참된 存在의 世界를 [illegible] 世界밖에 있는 어떤 것으로 把握하려고 함은 Nonsens"

(心如工畫師; 永息萬境遂還心之源, 還歸心源, 還源, 息外歸內, 返妄歸眞)

先驗的主觀性 (意識)

Descartes → ego를 第一哲學의 궁극적 Anfang으로 確保 → "現象學의 宗主", "現象學은 20C의 Descartes主義"

∴ D.의 ego = 具体的自我로서의 ego; 精神的主觀 = "世界의 一部"로서의 res cogitans

→ 客觀主義를 不免. ∴ ego를 支点으로 한 認識에 明證性 인정할 길이 없음. ∴ 神의 存在를 導入 → "神學的明證理論"을 援用. ∴ "D는 失敗" (現象學的剩餘)

Husserl의 先驗的主觀性은 → 一切의 存在領域이 依屬하고 있는 絶對的存在 = "存在一般의 原領域", "世界의 Urgrund" —— "超越体", "世界의 自体存在"는 ego 안에서 그러한 意味가 부여된 "內在的存在性格" (immenenter Seinscharakter)에 不外.

이처럼 先驗的主觀性은 모든 存在 내지 世界가 그 안에 先驗的으로 対象化 (cogitatum)되는 源泉이므로 → 이 主觀性에 대한 탐구없이는 世界에 대한 完全한 認識은 不可得.

IV. 先驗的現象學의 意義

世界나 그 안의 存在者는 → 先驗的主觀性에 의하여 갖가지 意味, 內容規定이 부여됨

→ 이 意識內在的形成을 客觀化하여 存在定立 → 意識超越的世界의 存在確信이 生.

그 외에 { 或은 理論的意識으로 作用 → 理論을 形成; 或은 価値(評価)意識으로 作用 → 価値的意味를 줌; 或은 實踐的意識으로 作用 → 行動을 일으킴 } → 이리하여 생긴 現象이 世界 · 文化 · 科學 등.

∴ 이들은 意識이 意味附與하여 構成한 것. → ∴ 이를 素朴하게 意識超越的인 것으로 봄은 獨斷.

∴ 이 定立을 ( )안에 넣고, 그 所從來를 밝힘 = 現象學. → 即. 經驗世界를 反省的으로 意識의 相에서 바라보고 把握.

∴ 先驗的主觀性으로 還元한다고 해서 → 豐富한 經驗世界를 조금도 不失.

∴ 現象學의 意図는: 生滅하는 個別的体驗(意識)의 把握이 아님 → 個別的意識体驗을 類例로 하여 本質直觀으로서 意識의 本質을 把握 → 記述. (幾何學이 個々의 円 · 三角形 · 線 등을 類例로 하여 本質直觀함을 幾何學의 기초로 삼듯이)

∴ 現象學은: "先驗的純粹意識의 領域을 純粹한 直觀에 의하여 探求하는 記述學", "Eidetische [illegible]."

∴ Norm: "意識自体에 대해서 純粹한 內在에 있어 本質的으로 洞察할 수 있는 것 以外에는 어떠한 것도 要求하지 않는다."

(4)

V. 先験的(or 純粋)意識의 構造

e.g. <내가 卓子를 보고 있다.>

○ 自然的 態度에서는:

1. 卓子는 意識超越的·空間的으로 定在하는 実在.
2. "나"는 世界内에 卓子와 더불어 그 一部로서 実在.

> 両者사이에는 超越的 志向関係가 成立.

○ 現象学的 態度에서는:

純粋意識과 意識되고 있는 것 사이에 内在的 志向関係가 成立.

{ 作用的側面 → Noesis
{ 対象的側面 → Noema

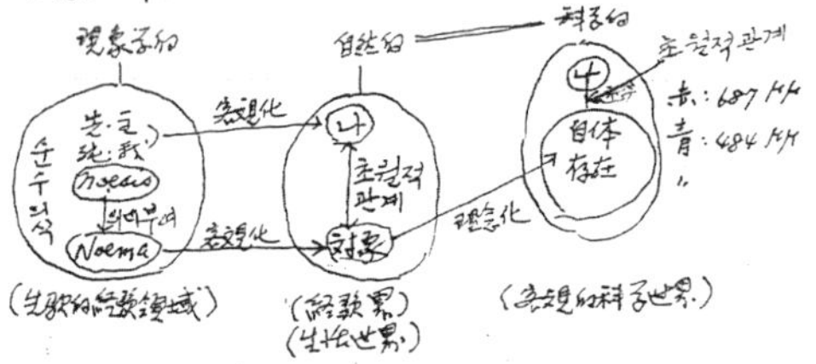

1. 先験的 純粋自我와 Noesis.

純粋意識 = 直観 or 体験된 内容들(e.g. 感覚·情緒등)로 간주한 "Strom der Bewußtseinserlebnisse"
이 内在的 体験内容은 → reell (≠ real) → 生滅·浮流.

然 内容의 生滅에 不拘하고 → 意識流 自体는 純粋自我의 意識作用으로 一貫.

∴ 純粋自我는 → 生滅하는 体験内容처럼 reell 한 要素가 아니라 → 意識内在的이면서 意識流를 超越해 있는 同一者 = Transzendenz in der Immanenz → 顕在的·潜在的 多様한 体験内容들을 綜合하여 統一的 内容規定으로서의 意味를 附與(sinngeben) → Noema 形成
→ 이 作用이 Noesis, 体験内容들은 hyle (힐레).

2. 静態的(statisch) 現象学과 動態的(dynamisch) 現象学.

意識流를 両面에서 考察

a) 静態的 考察: 意識流를 横으로 切断하여 横断面(Querschnitt)에 나타나 있는 構造를 固定된 모습에서 고찰.
(→ 上述한 構造)

b) 動態的 考察: 縦断面(Längsschnitt)에 나타나는 것을 流動的인 모습에서 考察.
가령 事物을 볼 경우, 直接的으로 呈示되는 知覚相은 그것의 한 面에 不過하지만, 우리는 그것이 우리에게 呈示되고 있지 않은 面들도 가지고 있는 것으로 생각하듯이 → 意識作用(Noesis)는 顕在的으로 呈示되는 内容들을 넘어서 "더 많은 것을 생각(Mehrmeinung)", "自己超出的 생각"(Über-sich-hinaus-Meinen") 함 → 이는 潜在的 内容들이 結付되기 때문.
→ 즉 意識流 속에는 관습·학습·전통 등을 통한 多様한 経験 或은 学問의 成果가 潜在的으로 沈澱해 있다 → 이것들이 顕在的인 것들과 더불어 Cogitatum or Noema 구성.
∴ ego cogito는 이미 世界生活을 通过하여 온 歴史性을 걸머진 것 → ∴ cogito로서의 Noesis가 구성하는 Cogitatum 내지 Noema의 意味의 世界는 歴史的 沈澱을 潜在的으로 含蓄.
∴ "現在의 経験世界에 意味로서 沈澱해 있는 것들을 剔抉하여, 이 沈澱으로부터, 그것을 낳게 한 主観的 源泉을 거슬러 물을 수 있다."

(5)

∴ "Ideen" 以後에 生活世界를 많이 爭論하고:

① 現前하는 世界(意味沈澱, 科學, 科學的 規定 등을 지닌)로부터 根源的 生活世界로 還歸)을 必要視

② 生活世界로부터, 이 世活世界를 發現케 한 主觀的 作用에로 되돌아감

이로써: "形式論理學과 先驗的 論理"; "幾何學의 起源"을 述.

VI. 現代的 危機와 現象學.

現象學=第一哲學 → 哲學 및 學問的 認識 一般을 根源的 基盤 위에 定礎 → 認識에다 궁극적, 絶對根據인 明證과 合理性을 부여함과 아울러 世界 내지 存在一般의 意味를 解明

∴ 超歷史的 or 後歷史的인 純粹한 理論的 意味를 지니는 學

○ 末年에 「危機論」(Krisis)을 著述 → 歷史的 照明을 通하여 現代西歐의 人間性의 崩壞를 가져온 淵源을 闡明하고, 現象學을 이 危機克服의 길로서 定位시키고자 함

→ 그 淵源은:

① 客觀主義: 近世初의 西歐人의 理想 → 古代의 理性的 人間性 (一切의 先入見 脫皮, 自由로운 理性的 洞察로 世界와 人間에 대한 普遍的 哲學을 確立하고 이 原理에 따라 自己를 形成함과 同時에, 政·社·文도 새로이 形成) → 理性主義가 풍미. → 理性에 대한 信賴.

· 이러한 狀況 속에서 Galilei의 "數學的 自然科學" 탄생 → 自然의 數學化 → Sein an sich로서의 世界는 數學的 構造를 가짐 → ∴ 數學化에 의해서만 把握된다고 봄

→ 19C 實證科學으로 發展 → 哲學은 疎外 ═ "哲學을 enthaupten" 하고 哲學을 代身.

→ 19C 末, 특히 一次大戰 後부터 科學의 意義에 대한 評價 轉換, 不信.

→ 哲學·科學·人間生의 統一이 分裂 → 理性不信. 人間의 自己信賴의 崩壞.

→ 그 遠因은 Galilei의 數學化的인 客觀主義的 自然科學 → "世界로부터 人間的, 精神的 要素들은 捨象하고 남는 순수한 物体的 世界"에다 "理念의 衣裳", "記號의 衣裳", "記號的 數學的 理論의 衣裳"을 덧입히고 이를 그 自体에 있어 實在的 完結世界로 봄 → 然 이는 "우리의 經驗의 Urboden (先·主)에서 理念化(Idealisierung), 客觀化되어 생긴 人爲的 世界. ─ ∴ 數學的 理念形象을 낳게 한 "根源的 意味附與 作動"을 外面한 것은 Galilei의 "致命的 怠慢" → "發見의 天才인 동시에 隱蔽의 天才"

② 非合理主義: 近世의 傳統的 合理主義에 대한 生의 反抗에 따름 → 哲學을 "위대한 藝術家의 藝術作品처럼 보는 世界觀哲學"(Dilthey), 혹은 "宗教와 同一한 平面에다 定位시키려는 實存哲學 等.

→ 然 이는 學問性을 抛棄하고 나온 한낱 神話요, 學問이 아니다.

○ Husserl도 傳統的 合理主義는 客觀主義와 結付되어 있으므로 反對 → 眞正한 合理主義 實現을 企圖 ═ 自體의 先驗的 現象學 → 眞正한 理性의 回復 → "精神의 自己歸還" → 哲學·科學·人間의 統一 回復이라 可謂. ─ "認識論이 登場하고, 眞摯한 先驗哲學의 試圖가 擡頭한 以來, 哲學의 歷史는 客觀主義的 哲學과 先驗的 哲學과의 격렬한 緊張의 歷史다".

학으로서의 철학과 Aporetik의 의미

학으로서의 철학과 Aporetik의 의미

1. 철학과 체계

우리는 철학사를 일별할 때 「모든 철학자들이 저마다, 그리고 특히 저명한 철학자들일수록, 마치 자기 이전에는 다른 철학자들이 전혀 존재하지 않았던 것처럼 노작을 하고 있고」[1], 그 결과 〈주의〉(ismus)라고 불리워지는 잡다한 사상체계들이 수없이 산출되어 왔음을 볼 수 있다. 이러한 경향은 철학의 탐구에 뜻을 둔 사람들로 하여금 조급하게 각기 독자적인 철학체계를 형성하는데 급급하도록 만들어 왔으며, 급기야 Kant의 독백[2]과도 같이 철학이란 「배울 수 없는 학문」이라고까지 규정짓게 하였다. 이리하여 철학은 마땅히 각자의 개성에 입각하여야 하며, 이처럼 개성적인 특색을 지닌 철학체계만이 진정한 의미에 있어서의 철학이라고 평가를 받아 왔다. 「사람이 어떠한 종류의 철학을 선택하는가는 그 사람이 어떠한 종류의 사람인가에 달려 있다」(Was für eine Philosophie man wähle, hängt davon ab, was man für ein Mensch ist.)고 한 Fichte의 말은 바로 철학의 이러한 경향을 단적으로 말하여 주고 있다.

그러나 과연 진정한 의미의 철학의 본령은, 각자 자기이전에는 철학자가 없었던 것처럼 노작하여 개성적, 독자적인 사상체계를 확립하는 데 있는 것일까? 오히려 온갖 철학적인 문제들이 그로부터 나오는 총체적인 세계(die Welt in ihrer Gesamtheit)는 객관적으로는 「언제나 동일한 것」(eine und dieselbe in aller Zeit)[3]일진대는, 이 세계에 대한

1) Windelband, Einleitung in die Philosophie, s. 10.
2) Kant. K. d. r. V. hrsg. von Cassirer, s. 560
3) N. Hartmann, Der philosophische Gedanke und seine Geschichte, 1936, s. 22

우리의 사상들 가운데서 참된 것들은 스스로 융합 상보하여 마침내는 하나의 연관(Zusammenhang)을 이루게 될 것이요[4], 결코 무질서한 난립이나 심지어 대립의 상태에 머물러 있는 일은 없을 것이 아닌가?

물론 철학은 그 본질상 우리의 제한된 인식으로써는 가장 포착하기 어려운 「전체, 궁극적인 것, 근본적인 것」(das Ganze, Letzte, Grundsätzliche)[5], 다시 말하면 「우리에게 대해서 최후적인 극한문제」(das προς ημας letzte Grundproblem)[6]를 추구하는 학임에는 틀림없다. 그러나 바로 그 때문에 철학은 또한 고래로 자유로운 「보완」(Ergänzen), 「구성」(Konstruieren), 「상상」(Phantasieren) 등, 주관적 활동을 허용하는 것처럼 여겨져 온 것도 사실이다.[7] 그리고 철학적 체계란 대부분의 경우 이와 같은 주관적 활동에 의해서 형성되는 「사상적 구축물」(Gedankenbauten)[8]이었다. 따라서 이렇듯 주관적인 보완, 구성 내지 상상의 소산인 「사상적 구축물」은 자의적인 허구나 선입견적인 왜곡에 그치는 것이 보통이요, 결코 진리의 인식일 수는 없다. 철학사상 각양각색의 철학체계 내지 주의들이 아무런 내면적 연관을 갖지 못한 채로 난립하고, 심지어 전적으로 불상용의 대립을 이루고 있는 것들이 허다한 소이가 바로 여기에 있다고 하겠다. 그러므로 철학에 있어서의 주관적인 왜곡을 배격하고[9], 엄밀한 학으로서의 철학[10]의 건설을 지향한 Husserl은, 「우리는 다만 philosophieren만을 배

4) Ibid. s. 22.

5) Ibid. s. 4

6) N. Hartmann. Metaphysik der Erkenntnis, 4 Aufl. 1949. s. 76. cf. Aristoteles, Anal. Post. 71 b 34~72b, Metaphysika, 1029 b3, Physika, 184 a17

7) N. Hartmann, Der Philosophische Gedanke, s. 4

8) Ibid. s. 4

9) Husserl은 Bolzano의 초월적 진리관(Wahrheit an sich의 사상)의 영향을 받아, 진리의 초월성, 이념성을 주장하고, 이러한 진리의 주관적 왜곡을 〈이념의 자연화〉(Naturalisierung der Ideen)라고 부르며, 이 왜곡된 태도를 심리주의라고 통칭하며 배격한다. cf. (주) 14. Ibid. s. 4

10) 〈엄밀학으로서의 철학〉(Philosophie als strenge Wissenschaft, 1910, in "Logos" I.)에서 Husserl은 철학에 있어서의 자연주의, 역사주의 및 세계관철학을 상대주의라 하여 비판하고, 이러한 경향이 철학의 엄밀성을 저해하고 있다고 단정한다.

울 수 있을 뿐, Philosophie는 배울 수 없다고 한 Kant의 말은 철학의 비과학성(Unwissenschaftlichkeit)의 고백」[11] 이외의 아무 것도 아니며, 「철학은 자신을 진정한 학으로 형성하지 못하고 있다」[12]고 주장하고, 그 까닭은 철학이 이제까지 「객관적으로 정초된 인식을 갖지 못하고, 개념적으로 확고하게 한계 지어진, 그리고 그 의미가 완전히 천명된 문제, 방법 및 이론을 결여하고 있기 때문」[13]이라고 말한다. 철학의 엄밀성을 강조하는 Husserl의 이와 같은 정신은, 주관에 의하여 객관적 진리를 왜곡하는 온갖 종류의 심리주의(Psychologismus)에 대한 비판[14]으로 나타남과 동시에, 후일 이른바 현상학적 환원(phänomenologische Reduktion)[15]을 통하여 자연적 태도(natürliche Einstellung)[16]를 배거(排去)하고 사상 자체(Sache selbst)[17]로의 육박을 꾀하는 현상학으로 전개되었음은 재언을 요하지 않는다. 한편 처음에는 Marburg 학파에 속해 있던 Hartmann도 Husserl의 영향 밑에, 인식을 대상의 창조 내지 산출로 보는 이 학파의 Cohen적인 개념론적 태도[18]에 반대하여, 「인식은 대상의 창조(Erschaffen), 생산(Erzeugen) 혹은 산출(Hervorbringen)이 아니라, 모든 인식에 앞서 그리

---

11) Husserl, Philosophie als strenge Wissenschaft, in Logos I. s. 290

12) Ibid. s. 290

13) Ibid. s. 290

14) 〈논리연구〉(Logishe Untersuchungen)의 제1권 〈Prolegomena zur reinen Logik, 1900〉은 전적으로 심리주의의 비판으로 일관하고 있다.

15) Husserl, Ideen zu einer reinen Phänomenologie und phänomenologischen Philosophie I 1913.
§27~32, §56~62.
Husserl, Nachwort zu meinen Ideen 1930,
Husserliana Bd. V., 1952 s.142

16) Husserl, Ideen, I, §27~30

17) Ibid.S. 19, 「사상자체에 따르라, 언설과 의견을 떠나서 사물 자체에로 돌아가라」는 것이 Husserl의 현상학이 표방하는 표어이었다.

18) Cohen은 사유에 대하여 독립적으로 외재하는 초월적인 것을 일체 배제하고, 감각적 여건은 사유에 앞서 직관에 주어짐으로써 그대로 인식내용이 되는 독립적 소여가 아니라, 오히려 인식내용을 가리키는 지표(Index)로서 순수사유에 부과된, 해결해야 할 과제 X에 불과하다고 보며, 순수사유는 이 부과된 과제를 해결하여 인식내용 내지 인식대상을 출산한다고 주장한다. cf. Cohen, Kants Theorie der Erfahrung.

고 그로부터 독립하여 있는 어떤 것의 파악(Erfassen von etwas)[19]」이라고 보고, 이를 위하여는 모든 예단된 입장을 버리고 아무 편견 없이 사상을 대하여야 한다고 강조하였다. 그 까닭은 예단된 입장에 서 있는 사상은 역사의 변천과 더불어 쇠망할 운명을 면할 수 없기 때문이다. 「철학에 있어 초역사적(übergeschichtlich)인 것은 반드시 초입장적(überstandpunktlich)이어야 하며, 따라서 그것은 또한 관념론과 실재론의 피안(diesseits von Idealismus und Realismus)에 있지 않으면 아니 된다.」[20] 사상이 영원성을 지니고자 할진댄, 그것은 결코 주관적 입장에서 세워진 사상적 구축적이어서는 안 된다. 주관적으로 구상된 체계 내지 주의-그것은 어떤 의미에서는 모두가 허구요, 시간의 흐름과 운명을 같이 하여야 할 시대의 아들에 지나지 않는다.

2. 체계적 사유방법의 상대성

대저 철학적 사유의 태도에는 체계적 사유방법(systematische Denkweise)과 문제론적 사유방법(aporetische Denkweise)과의 두 가지 유형이 있다.[21] 체계적 사유방법은 곧 예단된 입장에서 출발하는 사유로서, 모든 시대에 있어서의 매혹적인 체계들, 즉 후기 유명론자들을 도외시한 중세의 모든 Schola 철학자들, 고대의 Plotinos나 Proklos, 근세에 와서는 Bruno, Spinoza, Wolff, Fichte, Schelling, Hegel 등의 철학체계가 이에 속한다고 할 수가 있다.[22] 이 사유방법은 언제나

19) N. Hartmann, Metaphysik der Erkenntnis, Einleitung.

20) N. Hartmann, Diesseits von Idealismus und Realismus. (Sonderdrucke der Kantstudien), 1924, s. 162

21) N. Hartmann, Der philosophische Gedanke, s. 4.
N. Hartmann, Diesseits s. 163.
cf. Schwarz, Deutsche systeatimsche Philosophie, I. 1931. s. 285.

22) N. Hartmann, Diesseits, s. 164.
N. Hartmann, Der philosophische Gedanke, s. 4~5
Schwarz, a. a. O. s. 285.

전체로서의 체계에 대한 「구상」(Konzeption)을 사유의 시발점으로 삼고 오로지 「체계의 정합성」(Systemkonsequenz)[23]에만 보념(報念)하는 데에 특색이 있다. 따라서 그것은 시종 이 최초의 구상에 의하여 지배되고, 전체적인 체계의 견지에서 자의로 문제를 취사선택하게 된다. 그러나 모든 문제들은 그 자체의 생명과 법칙성을 지니고 있으며, 「역사적인 지속성」(geschichtliche Kontinuität)[24]을 가지고 있다. 다시 말하면, 「어떠한 문제이건 일단 나타나기만 하면, 그것은 해결이 시도되는 동안, 그리고 실제로 해결되어 버릴 때까지 지속하여 가기 마련이다.」[25] 그러므로 전체적인 하나의 「구상」 속에다 모든 문제를 인위적으로 흡수하여 해결하려고 한다면, 그것은 결국 그 문제들의 독자적인 생명 내지 법칙성을 체계의 매력 밑에 유난(蹂躪)하여 버리는 결과밖에 되지 않는다. 물론 「어떠한 구성적 체계에 있어서도 그 단초에는, 허식 없는, 그리고 자못 견실한 통찰, 즉 그 체계형성의 기저가 되었던 좁은 문제영역에 대하여서는 역사적으로도 지지를 받아온 통찰이 제시되었음」[26]이 사실이다. 「그러나 그 통찰은, 일반화되어 이질적인 문제영역(heterogene Problemgebiet)에까지 확대됨과 더불어 오류가 되어」[27] 버리기 마련이요 이것이 바로 사상사적으로 볼 때 모든 「체계」가 걸어온 길이었다. 요컨대 「역사상의 대부분의 〈주의들〉은, 처음에 어떤 부분영역에서 발견되어 그 영역에 있어서는 확실한 타당성을 지니고 있는 원리를 일반화함으로써 형성되었다」(Die meisten 〈Ismen〉 der Geschichte sind durch solche Verallgemeinerung von Prinzipien entstanden, die zunächst auf einem Teilgebiet entdeckt wurden und dort ihre unstreitbare Gültigkeit haben.)[28]고 할 수가 있다.

23) N. Hartmann, Der philosophische Gedanke, s. 5.
Schwarz, a. a. O. s. 284.
24) N. Hartmann, Der philosophische Gedanke, s. 5.
25) Ibid. s. 5.
26) Ibid. s. 20
27) Ibid. s. 20
28) Ibid. s. 20.

형이상학적 이설들은 대개가 이와 같은 도식에 따라서 확립되어 왔고, 또 확립되고 있다. 다시 말하면 전체적인 세계를 하나의 원리로부터 해명하려고 하는 것이다. 그리고 이 원리를 각기 독자적인 「기호에 따라 혹은 존재자의 최고의 층에서, 혹은 최하의 층에서」(mit Vorliebe entweder in der höchsten oder in der niedersten Schicht der Seidenden)[29]취택한다. 이리하여 Hartmann은 형이상학을 두 가지 유형으로 구별한다.[30] 즉 그 하나는 세계를 「위로부터」(von oben) 해명하려고 하는 것이요, 다른 하나는 「아래로부터」(von unten) 해명하려는 것이다. 그리고 「위로부터의 형이상학」(Metaphysik von oben)은 「개념론, 목적론, 범신론 내지 그것들의 융합체」(der Idealismus, der Teleologismus, der Pantheismus sowie deren Verschmelzungen)에 의하여, 「아래로부터의 형이상학」(Metaphysik von unten)은 「유물론, 생물학주의, 심리주의(der Materialismus, der Biologismus, Psychologismus) 등에 의하여 논구되어 왔다.」[31] 전자의 유형에 있어서는 정신적 존재영역의 해명원리밖에 될 수 없는 이성(Vernunft), 사유(Denken), 지성(Intelligenz) 등을 막연한 유추로서 일반화하여, 물질영역까지 포함한 전체의 실체(Substanz der Ganzen)로 삼고 있으며[32] 후자의 유형에 있어서는 물질계의 본질을 통찰하여 얻은 원리를 생명, 영혼, 정신을 가진 존재영역에까지 확대적용하고 있다.[33]

이처럼 체계적 사유방법은, 그것이 어떠한 방향으로 진행되건, 언제나 전체적인 체계의 정합성만을 중시하는 나머지 객관적인 사상이나 문제 자체의 법칙성을 자의적으로 왜곡하지 않을 수 없게 된다. 그러므로 어떤 의미에서는 모든 주의는 상대주의라고 하여도 무방할 것이다.

29) Ibid. s. 21.
30) Ibid. s. 21.
31) Ibid. s. 21.
32) Ibid. s. 21.
33) Ibid. s. 20

3. 문제론적 사유방법과 문제의 성격

문제론적 사유방법은 모든 점에서 체계적 사유와는 반대의 방향을 취한다. 즉 문제론적 사유방법은 체계의 정합성에 집착하는 체계적 사유방법과는 달리 오로지 「문제의 정합성(Problemkonsequenz)」[34]을 주안으로 삼으며, 따라서 「어떠한 세계상(Weltbild)도 예단하거나 전제함이 없이」[35], 해결하고자 하는 문제 자체에서 출발하여 그 문제를 끝까지 존중하고 그것의 추구 이외에 다른 목적을 품지 않는다. 이러한 문제론적 사상가의 안목으로 볼 때는, 어떤 예단된 입장에 서서 자신의 체계를 위하여 문제를 취사 첨삭하는 거조부터가 이미 「문제에 대한 모독」(Versündigung an ihnen)[36]이요, 이와 같이 인위적 체계를 위하여 문제의 정신을 모독함은 결국 「사상적인 부정직, 날조(gedankliche Unredlichkeit, Verfälschung)」[37] 이상의 다른 것이 아니다. 체계는 오히려 「모든 문제추구가 완결」(Abschluß aller Problemverfolgung)될 때 비로소 확립되어야 할 것이다.[38] 물론 우리는 결코 문제 추구의 완결에는 도달할 수가 없을는지 모른다. 그러나 그렇다고 해서 날조된 체계 속에다 문제를 함부로 용해시켜 왜곡하는 것은 정당화될 수 없다. 그 까닭은 문제를 아무리 웅장하고 화려한 체계 속에다 용해시켜 버린다 하더라도, 그 문제는 언젠가는 스스로의 생명에 의하여 되살아나서 체계로부터 받은 모독에 대하여 보복을 가하기 마련이기 때문이다. 이렇듯 문제는 독자적인 생명을 가지고 있기 때문에 문제론적 사유방법은 문제정합 내지 문제연관(Problemzusammenhang)의 필연성에 따라서 몇 번이고 입장을 바꾸거나 기성체계를 파기하는 데 주저하지 않는다.[39]

34) N. Hartmann, Der philosophische Gedanke, s. 5
35) Ibid. s. 5.
36) N. Hartmann, Diesseits, s. 164.
37) Ibid. s. 164
38) Ibid. s. 164
39) Ibid. s. 164
N. Hartmann, Der philosophische Gedanke, s. 5

이리하여 결과적으로 문제연관에 입각한 체계가 확립된다면, 그것이야말로 인위적 왜곡을 받지 않은, 말하자면 자연 그대로의 객관적 체계구성으로서 초역사적일 수가 있을 것이다.[40) 「자연적 체계구성은 철학자의 머리에서 솟아 나오는 것이 아니다. 그것은 철학적인 문제들 자체 속에 숨겨져 있다.」[41) 따라서 「그것은 구성되는 것이 아니라, 발견되어지는 것이다.」(Sie will nicht konstruiert, sondern entdeckt sein.)[42)

물론 우리는 문제론적 사유라고 해서 체계적 사유로부터 완전히 절연된 사유를 생각할 수는 없다. 미상불 사적으로 보더라도 대부분의 경우 동일한 철학자에게 있어서 이들 두 유형의 사유가 밀접하게 결합하여 진행되고 있는 것이 보통이다. 그러나 설령 동일한 철학자에게 두 유형의 사유방법이 공존하는 경우가 많다고 하더라도, 철학자마다 각기 개성에 따라 어느 한 유형이 우위를 점하기 마련이요, 따라서 우리는 이 우위를 점하는 사유방법에 의하여 철학자를 두 유형으로 구분할 수가 있는 것이다. 이러한 견지에서 Hartmann은 문제론적 사상가로서 첫째로 Platon을 들고 있다. 「그에게 있어서 이데아는 결코 체계의 기초가 아니라, 보편적인 문제개념이었다.」(Die Idee war ihm keine Systemgrundlage, sondern ein universaler Problembegriff)[43)고 하는 Hartmann의 확언은 논란의 여지가 불무하다 하더라도, 대화편에 있어서마다 새로이 제기되는 문제를 결과에 구애됨이 없이 충실하게 추구하여 나간 플라톤의 사색 태도를 감안한다면, 그를 문제론적 사상가로 보아도 좋음직하다. 그밖에 Hartmann은 Aristoteles, Descartes, Hume, Leibniz 및 Kant를 문제론적 사유가 우위를 점하는 사람들이라고 보고, 「이들 철학자가 완결된 체계를 제공해주지 못하고 있는 것은 결코 우연이 아니라」고 언명한다.[44) 과

40) Schwarz, a. a. O. s. 286.
41) N. Hartmann, Metaphysik der Erkenntnis, s. 10.
42) Ibid. s. 10.
43) N. Hartmann, Diesseits s. 165.
44) Schwarz, a. a. O. s. 285.

연 이들도 체계적 사유를 전적으로 배제하지는 못하였다고 할 수 있을지라도, 확실히 이들에게서는 모든 문제를 「어떠한 희생을 무릅쓰고라도 해결하려는 조급한 모습」(Ungeduld, Lösungen um jeden Preis zu sehen)[45]은 볼 수가 없다.

우리는 흔히 문제의 곤란성으로 말미암아 해결방도가 막힐 때, 불순한 정열을 개입시키고 이론적 폭력에 의해서 문제를 아전인수로 호도하여 강제적인 해결을 꾀하기가 쉽다. 그러나 「강제적인 해결은 조작된 해결」(Die erzwungene Lösung ist die konstruktive.)에 지나지 않는 것으로서, 「비철학적, 배리적」(unphilosophisch, vernunftwidrig)이라고 할 수밖에 없다.[46] 그 까닭은 강제적인 해결에 의하여 바로 문제 자체가 해소되어 버리는 것은 아니기 때문이다. 하물며 문제들 가운데는 인간적 사유로서는 결코 해결할 수 없는, 「본질적으로 형이상학적」(ihrem Wesen nach metaphysisch)[47]인 문제들이 있다. 사람들은 이러한 문제들을 「인공물」(Menschenwerk)에 불과하며 「그것을 제기하는가 아니하는가는 인간의 권능에 속한다」고 여길는지도 모른다.[48] 그러나 「해결의 가능여부를 불고하고 문제들이 강박하여 옴」(Die Fragen drängen sich auf, ganz ohne Rücksicht auf Lösbarkeit und Unlösbarkeit.)[49]을 생각한다면, 결코 문제를 인공물이라고 할 수는 없다. 이러한 문제를 강제적인 해결에 의하여 해소시키려고 함은, 마치 길가는 나그네가 들판에 놓여 있는 돌멩이를 땅 위에서 치워버리기 위하여 헛되이 공중으로 던지는 것과도 같다.[50] 결국 그 돌멩이는 되돌아와서 여전히 땅 위에 놓여 있기 마련이다. 이와 마찬가지로 문제는 아무리 우리가 조작된 체계에 의해서 처리하여 버린다

45) Ibid. s. 288.
46) Ibid. s. 288
47) N. Hartmann, Diesseits, s. 166
48) Schwarz, a. a. O. s. 289.
49) Ibid. s. 288
50) Ibid. s. 289

하더라도 결코 그로 말미암아 해소되는 것은 아니다. 시간과 더불어 생멸을 면할 수 없는 것-그것은 문제가 아니라, 오히려 문제의 해결을 강행하려고 형성해 놓은 체계다. 형이상학의 역사가 「학(學)의 확실한 진행」(sicherer Gang einer Wissenschaft)을 결여한 채 「암중모색」(Herumtappen im Dunklen)을 거듭해 온 까닭도 다름 아닌 이 「체계의 덧없음」(Flüchtigkeit der Systeme) 때문이었다.[51] 「문제는 결코 그 문제 위에 세워진 사상적 구축물처럼 고안되어 나온 것이 아니며, 생멸하는 체계들 속에 있어서의 영원한 것(das Ewige in der Flucht der Systeme)이요」,[52] 「모든 체계는 이 동일한 문제의 주위를 맴돌고」(Alle Systeme drehen sich um dieselben Probleme.)[53]있는 것이다. 이렇듯 물리치려 하여도 물리칠 수 없고, 그렇다고 해답을 내릴 수도 없는 문제들로 시달림을 받아야만 한다는 사실-이것은 바로 인간이 걸머진 특수한 운명이 아닐까?[54] 그렇다면 우리는 성급하게 어떤 예단된 입장에 서서 문제의 해결을 서두름이 없이 문제들을 허심탄회하게 받아 들여야 한다. 「참을성 있는 관망이야말로 철학자의 진정한 지자다운 덕이라.」(Zuwarten ist die eigentliche dianoetische Tugend des Philosophen.)고 하겠다.[55]

4. 철학의 예비학으로서의 Aporetik

우리에게 만일 초역사적, 이상적 철학체계가 있을 수 있다면, 그것은 앞서 말한 바와 같이 어디까지나 모든 문제들 자체의 객관적 연관에 기초를 두고 있는 체계이어야 한다. 자의적인 일반화에 의하여 형성된 체계는 세계에 관한 하나의 상상도에 불과할 뿐, 결코 진정한

51) N. Hartmann. Diesseits, s. 167.
52) Ibid. s. 167
53) Ibid. s. 167
54) cf Kant, K. d. r. V. Vorrede.
55) Schwarz, a. a. O. s. 288.

의미의 학적 체계는 될 수가 없다. 그러기에 설령 문제들 자체에 입각한 객관적 체계의 완성은 인간의 능력이 미칠 수 없는 영원한 이상으로 그칠는지 모른다고 하더라도, 적어도 철학이 학적이고자 한다면 문제론적으로 성실하게 사색의 길을 걷지 않을 수 없다. 이리하여 철학적 사유의 시발점을 「관념론과 실재론의 피안」에다 둠으로써 주관적인 왜곡을 극력 피하려고 한 사람이 곧 Hartmann이다. 그리고 이와 같은 정신에서 그가 취한 방법이 다름 아닌 현상학적 방법이었다.

그러나 현상학에 있어서는 다만 현상의 기술에 그친데 반하여 Hartmann은 이에 그치지 않고 주관에 의한 객관의 파악현상 내지 인식현상을 분석하여, 그 속에 내포되어 있는, 해결할 수 없는 불합리한 것, 즉 형이상학적인 Aporie를 찾아내려고 하였다. 그러나 모든 선입견적 입장을 배격하는 Hartmann에게 있어서는 물론 이러한 형이상학적인 것이 처음부터 예상되고 있는 것이 아니요, 어디까지나 현상을 분석하여 간 끝에 봉착되는 것이었다. 「철학은 어떠한 분야에 있어서든 그 시발에 있어서는 현상의 충실한 기술(getreue Beschreibung der Phänomene)이어야 하며, 그런 다음에 그때그때의 탐구의 입장에 따라서 문제들을 끌어내지 않으면 아니 되는 것」[56]이다. 이처럼 어떠한 선입견적 입장에도 섬이 없이 순수한 태도로 현상을 분석하여 Aporie를 발견하는 방법을 Hartmann은 「문제학」(Aporetik)이라고 불렀으며, 그 연원을 Aristoteles에게서 찾았다. 즉 그에 의하면, 「Aristoteles의 방법은 문제들을 이론적으로 논구하기에 앞서, 그리고 해결을 꾀할 수 있는가 어떤가에 관계없이 순수하게 그 자체로서 연구하여, 파악된 것과 파악되지 않은 것과를 분리하고 현상에 내포된 난점과 모순들을 그 자체를 위해서 이끌어 내는 방법이요」,[57] 따라서 Aristoteles야말로 Aporetik 즉 「순수한 문제의 학」[58](reine

56) Ibid. s. 292~293.

57) N. Hartmann, Metaphysik der Erkenntnis, s. 39.

58) Ibid. s. 39.

Problemwissenschaft)의 고전적 대표자라고 할 수가 있다는 것이다. 그런데 오늘날 이 방법은 너무나도 무시되고 있고, 거의 망각되다시피 하고 있으므로, 이것을 다시 예전과 같은 영광의 자리에다 앉혀 놓아야 한다고 Hartmann은 주장한다.[59]

그러나 그렇다고 해서 예전의 Aporetik의 방법을 그대로 답습하여서는 아니 된다. 그 까닭은 예전의 Aporetik은 현상의 분석이나 기술적인 예비작업에 기초를 둔 것이 아니라, 무계획적인 것이었기 때문이다. Aporetik은 어디까지나 사실적인 현상에서 출발하여 문제를 발견, 설정하여 나가야 한다. 이러한 의미에서 「현상학과 문제학은 불가분의 관련을 지니고 있다」(Phänomenologie und Aporetik hängen also unlöslich zusammen)[60]고 할 수가 있다. 즉 현상학과 문제학은 서로 제휴하여 문제들의 논구에 대한 예비과정을 이루는 것으로서, 「문제가 설정되는 곳에는 언제나 사실적으로 이미 현상학적 활동이 전제되고 있고, 또한 현상학적 활동이 보다 더 의식적으로 수행될수록 문제들은 보다 더 명확하게 포착되기 마련이다.」[61] 이리하여 Hartmann에 의하면, 철학이 진정한 의미의 체계적 사유가 되기 위해서는 현상학과 문제학 및 문제의 해결로서의 이설(Theorie)이라는 세 단계를 순차적으로 경유하여야만 한다.[62]

이처럼 Aporetik은 현상학과 제휴하는 만큼 현상학과 마찬가지로 「모든 이설의 피안에, 그리고 입장들과 그 위에 선 형이상학의 피안에서」(diesseits aller Theorie, diesseits der Standpunkte und ihrer Metaphysik)[63] 출발한다. 이와 같은 무입장적인 Aporetik에 의하여 설정되는 Aporie는 곧 〈길의 상실〉(Weglosigkeit)로서, 〈방법의 좌절, 무용화〉(Stocken oder Versagen der Methode)를 의미하며, 해결방도가

59) Ibid. s. 39.
60) Ibid. s. 39.
61) Ibid. s. 39.
62) Schwarz, a. a. O. s. 292~293.
63) N. Hartmann. Metaphysik der Erkenntnis, s. 40.

없는 난문을 뜻한다. 이 난분이야말로 진정한 의미의 형이상학적인 것이요, 여기에 종래의 형이상학[64]과는 다른 의미의 형이상학, 즉 「문제의 형이상학」(Metaphysik der Probleme)[65]이 성립되는 것이다. 이와 같이 인식론을 바탕으로 한 형이상학 즉 Hartmann이 이른바 〈인식의 형이상학〉(Metaphysik der Erkenntnis; Gnoseologie)만이 독단적인 입장 위에 세워진 형이상학과 달리, 무가내하(無可奈何)로 설정할 수밖에 없는 진정한 형이상학이다. 그리고 이와 같은 형이상학적 Aporie를 타개할 「새로운 방법을 개척하고 찾아내는 것이 다름 아닌 모든 이설이다.」[66] 따라서 Aporetik은 「이설의 문턱에까지 이끌어 가되, 결코 그것을 넘어서지는 않는 것」(Sie führt bis zu Schwelle der Theorie, überschreitet sie aber niemals.)[67]이다.

Aporetik은 이처럼 모든 예단된 입장을 배제하고 초입장적 태도로써 출발하는 만큼, 소재를 어떤 선입견에 의하여 취사함이 없이 소여를 최대한으로 받아들이는 동시에 형이상학적인 가정을 최소한으로 용인하려고 한다. 이리하여 Hartmann에 있어서는 「소여의 극대」(Maximum an Gegebenheit)와 「형이상학의 극소」(Minimum an Metaphysik)[68]가 그의 철학[69]의 근본원칙으로 되었던 것이다.

종래의 철학은 이와 반대로 그 출발에 있어 도리어 최소한의 것을 소여로서 받아들이는 경향이 지배적이었다. 그 까닭은 「출발의 기저

---

64) Hartmann은 종래의 형이상학을, 우주론, 심리학, 신학과 같이 각기 영역(Gebiet)을 설정하고 있는 영역형이상학(Gebietsmetaphysik)과 오직 사변에만 의거하는 사변적 형이상학(spekulative Metaphysik)으로 구분하고, 이들 양자가 모두 자신의 「문제의 형이상학」과는 상관이 없다고 한다.
cf. Met. der Erkenntnis, s. 11~12

65) N. Hartmann. a. a. O. s. 13.

66) Ibid. s. 40.

67) Ibid. s. 40.

68) Ibid. s. 8, s. 43.

69) 그는 인식관계에 있어서의 주축이 되는 Ansichsein으로서의 〈초객관〉(das Transobjektive)을 통하여 대상인식의 문제로부터 인식대상의 존재론적 문제에로 나가는 것을 올바른 철학으로 보고 이를 스스로 비판적 존재론(Kritische Ontologie)이라고 불렀다.

로 요구되는 것이 적을수록 근거 없이 가정을 세우는 오류(Fehler der unbegründeten Annahme), 즉 무의식적인 선결문제요구의 오류(unbewußte petitio principi)를 덜 범할 수 있다」[70]고 여겨져 왔기 때문이다. 이리하여 「소여의 극소」(Minimum an Gegebenheit)가 철학의 출발에 있어서의 가장 중요한 금언으로 여겨져 왔으며, 그 때문에 몇몇 이른바 위대한 체계적 사상가들은 심지어 그 소여를 단지 한 개의 명제에다 제한하기도 하였다.

Descartes가 〈cogito〉를, Fichte가 〈활동적 자아〉를, 혹은 Hegel이 〈Logos〉를 출발점으로 삼은 것들이 그 예라 하겠다. 그러나 이처럼 소여를 최소한으로, 혹은 심지어 하나의 명제로 국한하고 다양한 문제의 내용을 이로부터 연역하여 오로지 전체적 체계의 정합만을 꾀함은, 결국 「소여의 제한으로 말미암아 배제되었던 다양한 내용을 절취하는 소이」[71] 밖에 되지 않는다. 그 까닭은 이러한 태도에 있어서는 〈소여의 극소〉로서의 원리를 선택함에 있어 반드시 어떤 입장을 취하게 되기 마련이요, 따라서 이러한 입장에 따르는 선입견에 의해서 다양한 문제들의 내용에 대해서 자의적인 왜곡과 견강부회를 일삼게 되기 때문이다. 어떤 의미에서는 「미리 정해진 입장에서서 문제들을 접근하여 감은 그 문제들의 해결을 이미 예단하고 있는 것으로서 새삼스럽게 연구할 필요를 없게 만드는 것」[72]이라고 하여도 과언이 아니다.

철학의 열사를 점철하여 온 수많은 체계들은 마치 「비옥한 대지를 흘러간 뒤에 마침내 사막에서 고갈되어 버린 개울의 종단」(the dead end of a river that after flowing through fertile lands finally dries out in the desert)[73]이나 다름없다.

그것들은 한때 영광스러운 왕좌에 앉아 사람들을 흥분시키고 심취

70) Hartmann. a. a. O. s. 41.
71) Ibid. s. 41.
72) Ibid. s. 43.
73) Reichenbach, The Rise of Scientific Philosophy, S. 122

시키기도 하였지만, 결국 영고부침의 운명을 면치 못하였다. 이것은 그 체계들이 사상(Sache)으로부터 유리된 한낱 독단의 소산이기 때문이다. 대체로 현대 철학의 사조들, 즉 현상학을 위시하여 실존철학, 실증주의 및 Hartmann의 비판적 존재론 등이 〈체계〉에 반기를 들고 〈문제〉 자체에로 돌아가는 경향을 보이고 있는 소이도 바로 여기에 있는 것이 아닐까? 이러한 의미에서 「가능한 한의 소여의 극대」(das größ tmögliche Maximum an Gegebenheit)의 원리 밑에 모든 「선택의 입장」(Gesichtspunkt der Auslese)을 보류하고 소여를 최대한으로 「공평하게」(gleichwertig)[74] 받아들일 것을 강조하는 Hartmann의 Aporetik이, 그리고 더 나아가 그 연원이 된 Husserl의 현상학적 방법이 새로운 방향시사로서의 크나큰 의의를 지닌다고 하겠다.

74) N. Hartmann, Metaphysik der Erkenntnis. s. 43.

현상학에 있어서의 사유와 직관

현상학에 있어서의 사유와 직관[1)]

1. 머리말

일반적으로 한 철학의 성격을 규정짓는 계기에는 여러 가지가 있겠으나, 인식론적 시각에서는 우리의 넓은 의미의 인식 능력 중에서 직관의 기능을 어떻게 보는가, 그리고 사유와 직관의 관계를 어떻게 설정하는가가 그 주요한 계기를 이룬다고 하여도 무방할 것이다.

플라톤 이래 형이상학적 발상에 입각한 전통적인 합리주의적 철학들은 대체로 지성적 직관을 중시하고, 사유는 오히려 이 지성적 직관의 경지에까지 이끌어 가는 방법론적 과정이거나, 혹은 지성적 직관에 의하여 포착된 시원적 원리로부터 연역적 추론을 수행해 가는 과정으로 보았다고 할 수가 있다.

이러한 전통에 제동을 건 철학자가 다름 아닌 칸트로서, 그는 직관을 감성적인 직관에 국한하고 지성적 직관을 부정함으로써 전통적 형이상학이 학문으로서 성립될 수 없음을 강조함과 동시에, 인식에 있어서의 이른바 권리 문제의 해답을 사유의 영역에서 구하고자 하였다.

그러나 금세기에 이르러 자신의 순수 현상학을 엄밀한 본질학으로 표방하고 나온 훗설은 일종의 지성적 직관이라고도 할 본질 직관에 입각하여 현상하을 전개해 감으로써, 이를테면 칸트에서의 권리 문제의 해결을 직관의 영역에서 구하였다고 할 수 있다.

따라서 대체로 칸트 이전의 전통적인 합리주의적 철학의 특징을 직관 우위의 철학이라고 한다면, 칸트의 철학은 사유 우위의 철학이라고 할 수 있고, 훗설에 이르러서는 다시 직관 우위의 경향으로 선

1) 이 글은 1987년도 학술원 학술 연구 조성비에 의한 연구 논문으로 발표된 것이다.

회하였다고 할 수 있음직하다.

이 글의 의도는 먼저 사유와 직관의 관계에 관하여 피력된 위와 같은 견해들의 변천사를 일별(一瞥)하고, 이들과 대비하여 훗설의 현상학에서 주도적 위상을 점하고 있는 직관의 개념을 천착함과 아울러, 이것과 사유와의 관계를 밝히려는 데 있다.

2. 합리주의적 전통에서의 사유와 직관

플라톤은 《제7서한》에서[2], 인식 대상(gnoston) 또는 참된 존재자(alethōs on)[3]에 대한 지식에는 인식(epistēmē)과 nous와 참된 사념(alēthes doxa)이 있으며, 이 중에서 nous야말로 친근성(syngeneia)에서나 유사성(homoiotēs)에서나 인식 대상에 가장 가까이 근접해 있고, 그 밖의 것들은 그로부터 거리가 멀다고 하여 nous를 다른 지식 형태와 구별하고 있다. 여기서 nous란 흔히 번역되고 있는 바와 같이 사유(Denken)를 지칭한다기보다도 오히려 지성적 직관을 가리킨다고 보는 것이 마땅할 듯하다. 물론 그가 "참된 사념"은 설득에 의해서(hypo peithous) 생겨나는 무근거(alogon)하고 가변적인 것임에 반하여, nous는 교육을 통하여(dia didachēs) 생겨나는 것으로서 "참된 근거에 입각한"(meta alethous logou) 인식이요,[4] epistēmē도 역시 "근거의 추리"(aitias logismos)에 의하여 정초(desmos)된 인식[5]이라고 한 말들을 보면, nous와 epistēmē는 거의 같은 뜻으로 사용되었다고 여겨질지도 모른다. 그러나 그가 이른바 상기설(想起說)의 입장에서 "가상체(noēton)는 영혼이 직접 직관하는(horaō) 것"[6]이며 학습은

2) Platon, Epistoles, VII, 342b.

3) 이는 Idea 내지 Eidos를 가리키는 것으로서, 플라톤은 이것을 예지체(noumenon, Timaios, 51d; Politeia, 509d) 또는 가상체(noeton, Phaidon, 83b; Politeia, 509d, 511c) 등 갖가지 명칭으로 부르고 있다.

4) Platon, Timaios, 51e 참조.

5) Platon, Menon, 98a.

6) Platon, Phaidon, 83b.

"영혼이 전생에 직관한 것의 상기"7)라고 한 말은 차치하고라도, 참된 존재자는 "영혼의 지배자인 nous만이 볼 수(theatē) 있고, 또한 그것에 관해서는 참된 종류의 인식(to tēs alethous epistemes genos)이 있다"8)고 한 말이나, "존재자 내지 가상체에 대한 변증법적 인식(tou dialegesthai epistēmē)을 통하여 직관되는 것(theoroumenon)은 명증적"9)이라고 한 말은 곧 변증법적 사유에 의한 인식활동을 지성적(이성적) 직관의 경지에 도달하는 과정으로 본 그의 직관 우위의 입장을 보여준 것이라고 할 수 있지 않을까?

한편 아리스토텔레스는 현상과 본질, 개별자와 보편을 초월적 관계에 있는 것으로 본 플라톤의 사상을 비판하고, 양자가 동일한 현실적 사상(事象)의 세계를 학문적 탐구의 영역으로 삼아야 한다고 보았다. 그러나 그렇다고 해서 아리스토텔레스 역시 감성적 직관에 의한 경험을 그대로 학문적 인식으로 여긴 것은 아니다. 그에 의하면 "감각은 개별자들에 관계하는 반면, 학문은 보편적인 것들에 관계하는 것"10)이며, 학문적 인식이란 결국 "우리 자신에게 대하여 앞서며 더 명백한 것(즉 감각에 나타나는 개별적 · 우연적 현상)에서 출발하여, 본성에 있어서 앞서며 더 명백한 것(즉 보편적 본질)을 우리 자신에게 명백한 것으로 되도록 하는 일"11)이다. 이는 바로 그가 플라톤과 달리 개별적 사상(事象)의 세계를 학문적 탐구의 시발점으로 삼되, 그 목표는 이성적 사유(dianoētikē)12)에 의한 보편적 본질의 파악에다 두었음을 의미한다. 즉 그는 논증(apodeixis)의 방법에 의하여 개별적 사상(事象)을 보편으로서의 원리 내지 원인에다 포섭시켜 그 사상(事象)이 "달리 있을 수 없음"(mē endechesthai allōs echein)13)을 파악하

7) Platon, Menon, 81c~81d.
8) Platon, Phaidros, 247c~247d.
9) Platon, Politeia, 511c.
10) Aristoteles, De Anima, 417b23.
11) Aristoteles, Metaphysika, 1026b8~1026b9; 같은 저자, Physika, 184a17 이하.
12) Aristoteles, Anal. Post., 71a1.
13) 같은 책, 71b11.

고, 이 논증의 단계적인 수행에 의하여 개별자와 보편, 현상과 원인 사이에 연쇄적으로 맺어져 있는 필연적 연관을 파악함으로써, 현실적 세계의 존재론적 구조를 밝히는 것이 곧 학문적 탐구의 본령이라고 보았던 것이다. 그러나 이처럼 논증은 보편으로부터 진행되는 것인 만큼 논증에서 전제가 되는 보편적인 원리는 논증된 지식보다 더 명증적이어야 할 것이요, 따라서 연쇄적인 논증의 계열에서 궁극적 전제가 되는 제1원리 내지 제1전제는 그 자체가 논증의 소산일 수는 없다. 만일 이 궁극적인 제1원리도 논증된 인식이어야 한다면, 이 논증에서 전제가 되는 원리는 제1원리보다 더 명증적이어야 한다는 모순에 봉착하게 되기 때문이다. 그러므로 아리스토텔레스에 의하면, "제1원리의 학문적 인식(tōn archōn epistēmē)은 있을 수 없으며"[14], 제1원리는 논증적 사유에 의해서가 아니라 개별자들로부터 진행되는 귀납(epagōgē)에 의하여 파악될 수밖에 없다. 그리고 이들 개별자를 파악하는 것은 다름 아닌 감성적 직관이니만큼 감성적 직관이 없이는 귀납을 수행할 수 없음은 물론이다.[15] 그러나 감성적 직관은 어디까지나 다만 개별자들을 파악하는 능력에 불과하므로 귀납을 통하여 보편적 제1원리를 파악하는 것은 감성적 직관일 수는 없으며, 따라서 그것은 지성적 직관(nous)일 수밖에 없다. "지성적 직관 이외에는 학문적 인식보다 더 정확한 것이 없기 때문"이다. 이리하여 아리스토텔레스는 지성적 직관을 "인식의 시원"(epistēmēs archē)으로 보고, 논증적 사유에 의한 모든 인식 활동은 이 시원으로부터의 연역이라고 여긴 점에서[16] 역시 직관 우위의 입장을 취하였다고 할 수가 있다.

지성적 직관을 중시한 이러한 사상은 그대로 아우구스티누스나 토마스 아퀴나스 등 중세의 철학자들에게로 전승되어 갔고, 다시 데카

14) 같은 책, 100b11.
15) 같은 책, 81b5이하.
16) 같은 책, 100b.

르트를 위시하여 스피노자, 라이프니츠 등과 같은 근세의 합리주의 철학자들에게로 계승되어 감으로써, 서양 철학의 전통적인 주류를 형성하여 왔을 뿐만 아니라, 더 나아가 서구 문화 일반의 내면적인 기조를 이루어 왔다고 하여도 무방함직하다.

3. 칸트에서의 사유와 직관

칸트는 그의 비판 철학기에 앞서 쾨니히스베르크 대학 교수 취임 논문인 "감성계와 예지계의 형식과 원리"(1770)에서는, 감성계(mundus sensibilis)와 예지계(mundus intelligibilis)에 각각 대응하는 감성적 직관과 지성적 직관, 감성적 인식과 지성적 인식을 구별하고, 후자에 입각한 형이상학을 인정하였다.

그에 의하면 감성계는 감성적 직관에 "나타나는 대로"(uti · apparent)의 세계, 즉 현상계(phenomenon)이며, 이는 소재(materia)로서의 감각의 잡다와 이 소재를 질서 짓는 형식(forma)으로서의 공간, 시간으로 성립된다. 이 공간, 시간은 객관적 · 실재적인 것이 아니라, "인간 심성의 자연적 법칙"(lex naturalis animi)이요, 현상계를 성립시키는 "필연적인 주관적 조건"(subjectiva conditio necessaria)이다.[17] 따라서 칸트는 "대상의 직관을 가능하게 하는 감성적 조건은 대상 자체의 가능성의 조건"이라고 단정하고 있거니와,[18] 이것은 뒤에 《순수이성 비판》에서 "경험 일반의 가능성의 조건은 동시에 경험 대상의 가능성의 조건이다"[19]라는 종합 판단의 최고 원리로 나타났다.

감성적 직관에 대하여 지성적 직관은 "있는 그대로"(sicuti sunt)의 예지계를 파악하는 직관이며, 이 예지계는 "순수 지성적 개념"들만으로 성립되는 것이므로 여기에는 공간, 시간과 같은 감성계의 형식

17) I. Kant, De mundi sensibilis atque intelligibilis forma et principiis, in Kant Werkausgabe, 제5권(Frankfurt, 1982), 4, 14절.

18) 같은 책, 26절.

19) I. Kant, Kritik der reinen Vernunft, 197면.

이 적용되지 않는다. 그러므로 지성적 직관은, "어떤 것이 우리의 감관을 촉발하는(afficere) 한에서만 가능"한 수동적인 감성적 직관과는 달리 "어떤 것에도 의존하지 않는 본원적인(archetypus) 직관"이요, "신적인 직관"(divinus intuitus)이다.[20] 이러한 지성적 직관에 의거하여 "순수한 지성 사용의 제1원리들(prima principia usus intellectus puri)을 다루는 철학"이 바로 형이상학이다.[21] 따라서 칸트는 형이상학에서는 "감성적 인식의 고유한 원칙들이 자신의 한계를 넘어 지성적인 것에 영향을 주지 않도록 경계하지 않으면 안 된다"[22]고 하여 형이상학의 순수성 보호를 역설하였다.

그러나 칸트는 그의 비판 철학기에 이르러 우리의 인식 능력에서 지성적 직관을 배제하였고, 따라서 학문으로서의 형이상학의 성립을 부정하였다. 만일 가상체(Noumenon)를 "감성적 직관의 대상이 아니라"(nicht Objekt unserer sinnlichen Anschauung)는 소극적 의미에서가 아니라, "비감성적 직관의 대상"(Objekt einer nichtsinnlichen Anschauung)이라는 적극적 의미에서 생각할 경우에는, 우리는 그것에 대한 "특별한 직관 방식", 즉 지성적 직관을 상정하여야 하겠으나,[23] 이러한 직관은 근원존재(Urwesen)로서의 신의 직관은 될지언정 인간의 직관일 수는 없다. 이리하여 칸트는, 인간에게는 오직 시간과 공간의 제약 밑에서 이루어지는 감성적 직관만이 있을 수 있고, 이 감성적 직관을 통하여 주어지는 소재의 잡다가 a priori한 통일 형식을 갖추고 있는 사유에 의하여 종합 통일됨으로써 비로소 인식이 성립된다고 하여, 이른바 선험적 방법에 의한 인식 구성설을 창도하였거니와, 이는 곧 칸트에 이르러 우리의 인식 활동의 중심이 직관에서 사유로 전위(轉位)하여 간 것이라고 할 수가 있다.

스스로 자신의 철학을 선험적 관념론이라고 일컬은 칸트의 이러한

---

20) Kant, De mundi sensibilis atque intelligibilis forma et principiis, 10절.
21) 같은 책, 8절.
22) 같은 책, 24절.
23) Kant, Kritik der reinen Vernunft, 72, 308면.

사상은 독일 관념론의 모태가 되었거니와, 헤겔의 사후 급격하게 대두한 유물론, 자연주의 등의 풍조로 말미암아 철학은 혼미에 빠져들게 되었고, 이러한 혼미 속에서 칸트 철학의 부흥을 표방하고 등장한 신칸트학파는 선험적 방법을 근간으로 하여 칸트 철학을 새로운 방향으로 개화시켜 감으로써 19세기 후반의 주도적인 철학 사조를 이루었다. 즉 그 중 코헨, 나토르프 등을 중심으로 한 마르부르크 학파는 칸트와 같이 수학 및 자연 과학의 정초를 철학의 기본 과제로 삼았으되, 선험적 방법을 논리적으로 순화하여 칸트의 인식 구성설을 인식 생산설로 철저화함으로써 일종의 사유 일원론으로 진전하였으며, 이에 대하여 빈델반트, 리케르트 등을 중심으로 한 서남독일 학파는 선험적 방법에 의하여 가치 개념을 바탕으로 하는 역사 과학 내지 문화 과학의 정초를 시도함으로써 학문의 새로운 영역을 개척하였다.

4. 훗설의 직관주의

칸트 및 신칸트 학파가 제시한 선험적 방법에 의한 과학의 정초란 요컨대 우리의 인식 주관이 사유 형식 또는 가치 개념에 의하여 감성적 소재들을 통일함으로써 학문적 인식을 구성하는 것이었다. 그러나 이처럼 구성된 인식은 설령 그것을 구성하는 주관이 개인적·심리적 주관이 아니라 보편적·논리적 주관이라 할지라도 잡다한 소여로부터 조작적 통일에 의하여 산출된 주관적 소산임에는 틀림없는 만큼, 엄격히 말하면 주관적으로 왜곡된 상대적 인식이오, 객관적 사상(事象)으로부터 유리된 인식이라고 할 수밖에 없다. 훗설이, 이와 같은 칸트류의 발상은 인간이라는 종족의 유 이성(類理性, Gattungsvernunft)을 인식 성립의 기반으로 삼고 있는 것이라는 의미에서, 이를 종적(種的) 상대주의(spezifischer Relativismus) 또는 인류주의(Anthropologismus)라고 비판하는 까닭이 여기에 있다.[24)]

24) 《논리연구 I》 (Halle, 1913), 123~124면.

이리하여 20세기에 이르러 심리주의에 대한 비판이 고조됨과 더불어 철학계의 일반적인 경향은 이와 같은 주관적 사유의 간여와 왜곡을 배제하고 직관을 통해서 사상 자체에 육박하여 직접적으로 이를 포착할 것을 표방하는 직관 존중의 방향으로 나아가게 되었다. 훗설은 바로 20세기의 이러한 직관주의의 입장을 대표하는 전형적인 철학자의 한 사람이라고 할 수가 있다.

훗설은 학문을 사실학(내지 경험학)과 본질학(내지 형상학)으로 구분하고 있다. 사실학은 시공적으로 현존하는 개별적 · 현실적인 실재나 사상(事象)을 탐구하는 학문이며, 본질학은 필연성과 보편성이 지배하는 본질 또는 본질 사태를 다루는 학문이다. 형식적 논리학 내지 형식적 존재론과 같은 형식적(formal) 본질학 및 질료적 존재론 내지 이른바 영역적 존재론과 같은 질료적(material) 본질학이 이 본질학에 속한다.[25] 사실학과 본질학 사이에는, 전자는 후자에 의존하고 있되 후자는 전자로부터 독립하여 존립한다는 일방적인 의존 관계가 있다. 훗설이 창도한 순수 현상학 내지 선험적 현상학도 이러한 학문 구분에서 보면 본질학의 범주에 속하기는 하지만, 그러나 이들 형식적 및 질료적 본질학과는 근본적으로 차원을 달리하는 본질학이다. 단적으로 말하면 사실학, 본질학을 불문하고 그 모든 학문적 인식의 정초에 있어 궁극적 지반이 되는 근원 영역(Urregion)으로서의 선험적 의식의 구조적 본질을 해명하고자 하는 학문이라고 할 수 있다.

학문은 이처럼 사실학과 본질학의 두 종류로 대별되거니와, 훗설은 그 학문적 인식들의 진리의 기준을 스승인 브렌타노와, 더 거슬러 올라가서 데카르트를 따라 명증(Evidenz)에다 두고, 이것을 두 측면에서 보았다. 즉 첫째로 학문적 인식은 술어적 판단의 형식으로 표명되는 것인 만큼, 그것은 논리적으로 모순을 지니지 않는 것이어야 한다. 이러한 논리적인 무모순성을 그는 “판명성의 명증”(Evidenz

25) 《이념들I》, 18면.

der Deutlichkeit)이라고 하였다. 둘째로 인식이 참된 것이 되기 위해서는 그에 대응하는 사상(事象)이 분명하게 주어져 있어야 한다. 사상의 이 분명한 소여성을 그는 "명석성의 명증"(Evidenz der Klarheit)이라고 불렀다.[26)]

이리하여 학문적 인식은 분명하게 주어진 사상을 모순 없이 술어적으로 진술할 때 진리로서 명증을 지니게 되거니와, 훗설은 이 인식의 명증의 근원은 직관의 명증에 있다고 보고 인식의 정당성의 권리 근거를 직관에서 구함으로써 직관주의의 입장을 표방하였다. 즉 사실학에서는 경험적 내지 감성적 직관이, 그리고 본질학에서는 본질 직관 내지 형상적 직관이 권리 근거가 된다는 것이다. 여기에서 우리는 인식의 권리근거를 직관에 대립되는 사유의 측면에서 구한 칸트와의 차이를 볼 수 있거니와, 훗설이 이렇듯 직관을 인식의 권리 근거로 삼은 까닭은, 직관에 의하여 주어지는 것은 은폐된 사상 자체 내지 물(物) 자체에 대한 한낱 현상이나 모상(模像) 혹은 기호가 아니라, 바로 사상 그 자체요, 객관의 측면에서 말한다면 사상 그 자체가 직관적 의식에다, 비록 충전 불충전의 차이는 있을망정, 스스로를 몸소 정시(呈示)한다고 보았기 때문이다. 그러므로 그는 학문의 각 영역마다의 대상을 이처럼 직접 정시하여 주는 직관을 정여직관(呈與直觀, gebende Anschauung)이라고 부르고, 이 직관에 몸소 주어진 것을 자체 소여(Selbstgegebenheit)라고 불렀다.

이러한 의미에서 그는 "불합리한 물 자체를 가지고 조작하는 소박한 형이상학", 통상적 의미에서의 "온갖 형이상학적 모험"과 온갖 "사변적 요설(饒舌)"[27)]을 배격하고, "순수하게 직관에 입각하여, 그리고 직관적으로 포착된 것의 테두리 안에서 해명하고 파악한 것"을 충실히 진술하면, 그 진술을 정당한 권리를 가진다고 주장한다. 여기서 구태여 그 진술을 하게 된 근거의 제시를 요구한다면 "내가 그

26) 《논리학》, 49~53면.
27) 《성찰》, 166, 182면.

것을 직관하기(ich sehe es) 때문"이라고 답할 수밖에 없을 것이요, 이 직관에다 아무런 가치도 부여하지 않는다면 이는 불합리한 일일 것이다.[28)]

물론 감성적 직관과 같이 그 본질상 불완전한 직관인 경우에는 동일한 대상에 관해서도 어떤 직관이 다른 직관과 상충되는 일이 있을 수 있고, 혹은 그 직관을 근거로 하는 어떤 주장이 경험의 진전에 따라 다른 직관의 우세한 반대권리(Gegenrecht)로 말미암아 폐기될 수밖에 없는 경우도 있을 수 있다. 그러나 그렇다고 해서 이것이 곧 직관을 권리 근거로 삼을 수 없는 이유가 되지는 않는다. 이는 훗설의 비유에 의하면 마치 어떤 힘을 다른 힘이 능가했다고 해서 전자의 힘을 힘이 아니라고 할 수 없는 것과도 같다.[29)]

이리하여 모든 직관은 사상(事象) 자체를 정시해 주는 작용임에는 틀림없되, 훗설은 이 직관을 넓게 해석하여, 비단 현재적인 직관뿐만 아니라 상기(想起), 기대, 상상과 같은 작용들도 이에다 포함시키고 있다. 따라서 정여 직관에는 사상의 소여 방식에 따라 명석성(Klarheit) 내지 직관성(Anschaulichkeit)의 정도의 단계적인 차이가 따르기 마련이거니와, 훗설은 이러한 정여 직관들 중에서 사상 자체를 현재적인 생생한 모습으로 정시하는 직관을 원본적(originär), 혹은 현신적(現身的, leibhaft) 정여 직관이라 하여 다른 직관 작용들의 근원태(Urmodus)로 삼았다.[30)] 이러한 의미에서 경험적인 사상을 정시하는 감성적·개별적 직관의 근원태는 다름 아닌 "지각"이요, 이에 대하여 상기나 상상 등과 같은 직관은 이 근원태인 지각으로부터 변양된 직관 양태로서, 비록 사상 자체를 정시한다는 점에서는 지각과 다를 바가 없으나, 지각과 달리 다만 그것을 눈앞에 보듯이 현전화(現前化, Vergegewärtigung)하는 직관 작용이요, 원본적·현신적으로

28) 《이념들I》, 36면.
29) 같은 책, 36~37면.
30) 같은 책, 126~127면.

정시하여 주는 작용은 아니다. 이것은 본질 직관의 경우에도 마찬가지로서, 이것에서도 본질을 현신적으로 포착하는 원본적 정여 직관과 단순한 현전화적 직관이 구별된나.[31] 앞서 언급한 바와 같이 사실학은 그 이론적 기초를 본질학 속에 두며, 따라서 전자는 후자에 의존할 수박에 없거니와, 이것은 경험에 주어지는 사실이란 곧 본질 내지 형상의 유례화(類例化, exemplizieren)된 것이기 때문이다. 이러한 의미에서 존재론적으로는 본질이 사실에 우선한다고 하겠으나, 바로 같은 이유 때문에 인식론적으로 우리가 본질을 직관하는 데는 그 유례로서의 사실에 대한 감성적 사실 직관을 바탕(Fundament)으로 삼을 수밖에 없다. 즉 개별적 사상(事象)에 대한 경험적 직관이나 혹은 비경험적·상상적 직관(einbildende Anschauung)에서 출발하여, 그 사상의 우연적인 가변소(Variante)를 상상에 의해서 자유롭게 변경해 가고, 이 자유 변경에 의하여 산출되는 다양한 가변소들을 중첩시켜 봄으로써, 비로소 그 속에서 우연성이 배제된 필연적·보편적 본질 내지 형상으로서의 불변자(Invariante)가 원본적으로 간취(看取)될 수 있다.[32]

이처럼 존재론적으로는 본질이 사실에 우선하되 인식론적으로는 본질 직관을 감성적 직관에 의거하는 기저(基底)지어진(fundiert) 작용이라고 본 점에서 훗설의 철학사적 위상은 스승 브렌타노와 더불어, 존재론적으로 "본성에 있어서 앞서는 것"을, 인식론적으로는 "우리에게 대하여 앞서는 것"에서 출발해서 파악해 나가야 한다고 주장한 아리스토텔레스의 계보에 선다고 하겠다. 그는 상술한 바와 같이 이 본질을 형이상학적으로 실체화하여 이에 대한 사변적 이론을 날조하는 전통적 형이상학을 배격하고 있지만, 그렇다고 본질 및 본질학을

31) 같은 책, 11면.
32) 같은 책, 12면; 《경험과 판단》, 410~421면; 《심리학》, 72면 이하. 이처럼 본질 직관은 상상 속에서의 자유 변경에 의하여 수행되므로, 훗설은 "상상(Fiktion)은 현상학 및 모든 형상학의 생명소이며, 영원한 진리의 인식이 영양을 취하는 원천"이라고 한다(《이념들I》, 132면).

철학적 환상이나 허구적 학문이라 하여 부정함은 사상을 바로 자연사상(自然事象, Natursache)과 동일시하는 경험주의적인 선입견의 소치라고 단정하고, "형상의 맹목은 일종의 심혼(心魂)의 맹목"(Ideenblindheit ist eine Art Seelenblindheit)이라고 주장한다.[33]

이리하여 직관주의의 입장에 선 훗설에게는 "어떤 이론이건 그 진리 자체는 오직 원본적 소여로부터만 획득할 수 있다"는 것이 그의 신념이요, "모든 원본적 정여 직관은 인식의 권리 원천이며, 직관 속에서 우리에게 나타나는 모든 것을 정시되는 그대로 순수하게 받아들여야 한다"는 것이 그의 철칙이었다.[34] 그가 "사상 자체로 돌아갈 것"을 표방한 의미도 다름 아닌 이 원본적 정여 직관으로 돌아가서, 즉 사실학은 개별적 사실을, 본질학은 본질을 각각 원본적으로 정시하는 경험적 직관과 본질 직관으로 돌아가서 그 원본적 자체 소여에서 인식의 진리성을 정초할 근거를 구할 것을 강조한 것이라 하겠다.

5. 선험적 현상학과 직관

훗설의 현상학, 더 정확히 말해서 선험적 현상학은 그의 학문 구분상으로 보면 본질학의 범주에 속한다. 그러므로 현상학도 역시 개별적·우연적인 사실이 아니라 보편적·필연적 본질을 본질 직관의 바탕 위에서 탐구한다는 점에서는 다른 일반적 본질학과 다를 바 없다. 그러나 현상학은 앞서 언급한 바와 같이 일반적인 본질학과는 근본적으로 차원을 달리하는 본질학이라고 할 수가 있다. 왜냐하면 현상학에서의 본질 및 본질 직관은 다른 일반적인 본질학에서의 그것들과 다만 유비적(類比的)으로 같다고 할 수 있을 뿐, 근본 성격에서는 판이하기 때문이다.

우리는 누구나 소박한, 이른바 자연적 태도로 살아가는 일상 생활

33) 《이념들I》, 35, 41면; 《상호주관성I》, 127면 참조.
34) 《이념들I》, 43면.

에서는 직관에 정시된 사상(事象)을 의식 초월적인 존재로서 정립하고 또 믿으며 살아가기 마련이다. 그러나 이러한 직관에 의한 사상의 정시는 설령 지각과 같이 사상을 원본적으로 정시하여 주는 경우라 할지라도, 결코 일면성을 면할 수 없으며, 따라서 이에 따른 명증은 불충전(不充全)한 것일 수밖에 없다.

이와 같은 사정은 사실학의 경우는 물론이요, 일반 본질학에 있어서도 다름이 없다. 그 까닭은 일반 본질학 역시 으레 소박한 자연적 입장에서, 본질 직관에 정시된 본질들을 의식 초월적인 것으로 정립하게 마련이며, 따라서 이러한 본질들은 "다만 일면적(einseitig)으로, 그리고 점차로 다면적(mehrseitig)으로 주어질 수는 있되, 그러나 전면적(allseitig)으로는 결코 주어질 수 없기"[35] 때문이다.

우리가 자연적 태도에 머물러 있는 한 이처럼 직관에 의하여 정시된 것은 그것이 감성적 직관에 의한 것이든 혹은 본질 직관에 의한 것이든 사상(事象)의 일면에 불과하건만, 우리는 그 사상을 직관에 정시된 면만을 가진 것으로 여기지 않고 정시되지 않은 면들도 가지고 있는 것으로 생각한다. 가령 우리가 앞에 있는 공(球)을 보고 있을 경우 우리에게 지각되고 있는 면은 공의 앞면뿐이오, 그 뒷면은 지각되고 있지 않다. 그럼에도 불구하고 우리는 지각되고 있지 않은 뒷면도 역시 앞면과 마찬가지로 중심으로부터 같은 길이의 반경을 가진 구면(球面)이라고 여기며, 따라서 앞에 있는 사상(事象)은 앞면만이 구형(求刑)을 이루고 있는 반구(半球)가 아니라 "구형의 공"이라고 믿고, 이러한 "구형의 공"으로서 존재 정립을 하는 것이다. 이는 훗설에 따르면 우리의 의식이 본성적으로 직접적인 소여를 넘어서 그 소여보다 "더 많은 것을 생각"(Mehrmeinung)하는 "자기 초출적(自己超出的) 사념 작용"(Über-sich-hinaus-Meinen)을 하기 때문이다.[36]

그러므로 앞에 있는 사상을 우리의 의식 작용과 상관없이 의식을

35) 같은 책, 10면.

36) 《성찰》, 84면; 《위기》, 160면; 《수동적 종합》, 336면.

초월하여 "구형의 공"으로서 존재하는 것으로 정립함은 아무 명증성도 갖지 못한 소박한 자연적 태도의 소치라고 할 수밖에 없다. "구형의 공"이란, 사실은 우리의 의식이 한편으로는 지각에 직접적으로 정시된 현재적(顯在的) 위상과 다른 한편으로는 가령 과거의 경험 등의 결과로서 의식 속에 침전되어 있는 잠재적 위상을 사념 작용에 의하여 통일하고, 이를 객관화하여 "구형의 공"이라는 의미를 지닌 객체로서 지향하고 있는 하나의 지향적 객체일 뿐이다. 다시 말하면 그것은 우리의 의식 작용에 의하여 구성된 의미 구성체이며, 의식과의 상관 관계를 떠나서는 존립할 수 없는 지향적인 피사유체(被思惟體, Noema)요, 피의식체(被意識體, cogitatum)이다.

이로써 우리는 우리가 의식 초월적인 존재로서 소박하게 정립하며 또 믿고 있는 객관적 세계는 우리 자신의 의식 현상에다 그 근원을 두고 있음을 알 수 있거니와, 훗설이 "온갖 형식의 초월체(Transzendenz)는 자아 안에서 구성되는 내재적 존재 의미(immanenter Seinssinn)이다"[37]라고 한 말도 바로 이러한 사정을 지칭한 것이었다. 그러므로 객관적 세계에 대한 인식을 명증적으로 정초하기 위해서는, 우리는 이제까지 오로지 객관적 세계로 향해 있던 물음의 시선을 그 세계의 정립 원천인 선험적 의식 내지 선험적 주관성으로 전환하여, 반성적으로 이 선험적 주관성과의 상관적인 연관에서 고쳐 묻지 않으면 아니 된다. 자연적 태도에 따르는 소박한 존재 정립을 이른바 판단 중지(epoché)로써 정지시킴과 동시에, 정립된 객관 세계를 괄호에 넣고, 이 세계의 구성 원천인 선험적 의식과의 관계로 소원(溯源)하여 가는 현상학적 환원, 더 엄밀하게 말하면 선험적 환원이 요구되는 까닭이 여기에 있다.

일상 생활에서든 혹은 학문 생활에서든 우리의 시선이 오로지 객관 세계로 향하여 이에 몰입해 있는 한은, 이 세계를 객관화하거나 혹은 실체화(Substantialisierung)[38]하고 있는 의식 작용(cogitatio) 자체

---

37) 《성찰》, 117면.
38) 《시간 의식》, 126면.

는 의식 주관과 더불어 우리에게 의식됨이 없이 은폐된 채로 있기 마련이다. 그러나 언제라도 우리는 객관적 세계로부터 의식 작용에로 "반성적인 시선 전환"(reflektive Blickwendung)을 할 수가 있고, 시선이 반성적으로 전환됨과 더불어 이제까지 은폐되어 있던 의식 작용은 내재적 지각(immanente Wahrnehmung) 내지 체험 지각(Erlebniswahrnehmung)의 대상으로 된다.[39)]

이처럼 의식 작용 내지 의식 체험 자체가 반성적인 내재적 지각의 대상이 될 경우, 그 대상은, 사물을 일면적으로밖에 정시하지 못하는 초월적 지각(transzendente Wahrnehmung)과는 달리, 이른바 그늘지움(Abschattung)이 없이 충전한 명증을 가지고 정시된다. 왜냐하면 "내재적으로 향해진 작용, 더 일반적으로는 내재적으로 관계 맺어진 지향적 체험"의 본질은 "그것의 지향적 대상이 그 체험 자체와 동일한 체험류에 속한다"는 데에 있으며, 따라서 내재적 지각에서는 "그 지각이 지각된 것으로부터 다만 추상적으로만, 즉 본질상 비독립적인 지각으로서만 분리될 수 있을 뿐"이요, 지각과 지각된 것이 본질적으로 "매개 없는 통일"을 이루기 때문이다.[40)]

이리하여 "나"와 "세계"와의 인식적인 관계나 혹은 의지적 내지 정서적인 관계 등 갖가지 소박한 초월적 관계는, 이를 내재적 직관의 영역으로 환원하여 그 관계 정립의 근원을 내재적 관계에서 밝혀냄으로써 비로소 명증적으로 정초될 수가 있다.

이 때문에 현상학은 무엇보다도 현상학적 환원을 통하여 의식 초월적인 세계로부터 의식 내재의 영역으로 돌아가서, 그 세계의 의미 구조를 내재적인, 따라서 가장 직접적·명증적인 직관에 의거하여 선험적 의식의 본질적 구조 또는 기능에서 해명함을 본령으로 삼는다. 그러므로 현상학은 단적으로 말하면 "선험적으로 순화된 의식의 본질론"(Wesenslehre des transzendental gereinigten Bewußtseins)이라

---

39) 《이념들I》, 67~68, 81면.
40) 같은 책, 68면.

고 할 수가 있다.[41] 그리고 바로 이점에서 현상학은, 같은 본질학의 범주에 속하기는 하되 초월적 본질을 대상으로 하는 일반 본질학과 근본적인 차이를 가진다고 하겠으며, 또한 현상학이 다른 모든 학문을 정초하는 제1철학으로 자처하는 까닭도 여기에 있다고 하겠다.

6. 현상학에서의 직관과 인식

우리의 지각, 더 넓게는 우리의 직관은 어느 순간에 생겼다가 사라지는 시간적 · 개별적인 경험이다. 이와 같은 지각의 내용으로서의 내실적인 hyle를 통한 초시간적 · 보편적 통일체가 곧 의미이며, hyle를 하나의 의미로 통일하는 작용이 다름 아닌 Noesis(사유)의 의미 부여 작용이다. 이처럼 Noesis에 의하여 부여된 의미에다 언어적 의상을 입힌 것이 바로 언표요 표현이다.

그러므로 의미 부여 작용은 이를테면 지각을 로고스적 의미를 간직한 표현으로 옮기는 매개 작용으로서, 지각으로부터 독립된 하나의 작용이다. 우리가 동일한 지각을 바탕으로 하면서도 갖가지 다른 의미 표현을 할 수 있는 것은 바로 이 때문이다. 가령 나는 지금 정원을 내다보며 나의 지각을 통일하고 의미를 부여하여, 이것을 "한 마리의 새가 날고 있다"고 언표한다. 그러나 나는 같은 지각을 바탕으로 하여 "이 새는 검다" 등과 같은 갖가지 의미로 통일할 수도 있는 것이다.[42]

이처럼 동일한 지각에 관하여 다양한 의미 통일이 가능할 뿐만 아니라, 또한 반대로 서로 다른 지각에 입각하여 동일한 의미 통일이 이루어질 수도 있다. 예컨대 동일한 대상에 관하여 지각자의 위치가 달라질 경우 의미 통일은 동일하되 지각 자체는 그때그때 다르기 마련이요, 동일한 것을 동시에 지각하는 여러 사람들은 결코 동일한

---

41) 같은 책, 114면.
42) 《논리연구 II/2》, 114면.

지각을 갖는 일이 없으면서도 동일한 의미 통일체를 가질 수 있다.[43)]

이러한 사실들은 곧 지각과 의미 작용이 각기 독자적인 영역에 속하여 있음을 말해 주는 것이지만, 그러나 또한 이 양자 사이에 내면적 관계가 있음은 부인할 수 없다. 그 까닭은, 지각은 의미 형성의 바탕이 되며, 더 나아가 판단이나 인식에 토대를 제공하여 주는 것이기 때문이다.

요컨대 지각은 생멸하는 개별적·시간적 체험이요, 이에 관한 표현은 불변적·이념적 의미를 지니게 된다. 그리고 지각 체험을 의미로서 통일하는 매개적 작용이 곧 의미 부여 작용이다. 그러므로 이 의미 부여 작용은 의미 있는 표현의 본질적 계기를 이루는 것으로서, 그 의미로 하여금 지각의 변천, 생멸과 상관없이 항시 동일성을 유지하게 하는 작용이다.

이리하여 의미 부여 작용은 한편으로는 지각 작용으로부터 구별되는 동시에, 다른 한편으로는 표현 작용으로부터도 구별된다. 우리는 언표에 의해서 지각 체험을 표현하기에 앞서, 지각 체험의 어느 국면에서 의미를 통일하고 부여할 것인지를 먼저 결정하지 않으면 아니 된다. 이리하여 지각 체험에 의미가 부여될 때 의미 지향의 방향이 설정되며, 이 로고스적인 의미가 언표 작용과 결부됨으로써 여기에 의미를 함축하는 표현이 성립된다. 그러므로 의미 부여 작용은 언어적 표현 작용에 선행한다고 할 수 있거니와, 이 표현적 의미에 대한 전표현적(前表現的) 의미, 즉 언표에 의하여 표현될 수는 있되 아직 표현되지 않은 것이 곧 의미 부여 작용에 의하여 구성된 통일적 의미로서의 Noema이다. 그러므로 의미는 지각을 토대로 하여 선험적 주관성의 자발적 의미 부여 작용에 의해서 구성된 고차적인 Noema적 동일자(同一者)요, 지각 내지 일반적으로 직관을 넘어선 고차원적 사유 영역에 속하는 이념적 통일체이다.

43) 같은 책, 14~15면.

의미가 지각 내지 직관을 토대로 구성되고, 의미 지향이 직관에 주어진 대상과 합일됨으로써 충실화될 때 인식이 성립된다. 그러나 의미 작용은 상술한 바와 같이 직관과 차원을 달리하는 것으로서, 경우에 따라서는 직관을 토대로 하지 않고도 이루어질 수가 있으며, 이러한 경우 그 의미 작용만으로써 인식이 될 수는 없다. 예컨대 우리가 어떤 말을 단순히 상징적 기호로서만 이해하고 있을 경우에는, 언어가 우리에게 무엇인가를 의미한 것인 이상, 의미 작용은 이루어지고 있되 그렇다고 해서 어떤 것이 인식되고 있는 것은 아니다.[44] 인식은 어디까지나 직관을, 그리고 궁극적으로는 지각에 의한 직관을 바탕으로 하는 것으로서, 보편적인 의미와 직관적인 대상, 로고스와 사실의 통일에서 이루어진다. 그러므로 훗설은 "대상의 인식이라는 말과 의미 지향의 충실화라는 말은 동일한 사실을 다만 각기 다른 입장에서 표현한 것에 지나지 않는다.

즉 전자는 사념되고 있는 대상의 관점에서 표현한 것이요, 후자는 의미 작용과 직관 작용이라는 두 작용의 결합 관계에서 표현한 것일 뿐"이라고 말하고 있다.[45] 의미의 충실화야말로 "인식 관계의 본질"을 특징짓는 것이라 하겠다. 우리는 흔히 인식에 관하여 "직관의 대상이 이에 해당하는 개념에 의해서 인식된다"든가, 혹은 "해당되는 명사가 현출(現出) 대상에 적용된다"든가 하는 말을 하거니와, 이는 훗설에 따르면 다름 아닌 "의미 지향의 작용이 직관에 의하여 충실화됨"을 가리키는 말들이다.[46]

이 의미 충실화는 작용의 관점에서 보면 두 가지로 구분될 수 있다. 예컨대 우리가 눈앞에 있는 꽃을 "보면서" 이것을 "꽃"이라고 명명할 경우에는, 이 명칭이 지니는 의미는 그 자리에서 충실화된다. 이와 같은 의미 충실화를 훗설은 "의미와 직관의 정적(靜的) 합

---

44) 같은 책, 33면.
45) 같은 책, 같은 면.
46) 같은 책, 33~34면.

치" 혹은 "정적인 충실화 내지 인식 작용"[47]이라고 부른다. 이 정적 관계에서는 우리는 다만 의미와 직관의 통일 의식만을 가지게 되며, 의미 지향의 "충실화"는 충실화되어 가고 합치되어 가는 "과정"이 아니라, 충실화되어 있고 합치되어 있는 "상태"[48]를 뜻하게 된다.

이러한 정적 충실화와 달리 다만 상징적으로 사념된 의미 내지 상징적으로 작용하는 표현의 경우에는 그 지향된 의미가 동시적으로 충실화 되는 것이 아니니만큼, 앞서 말한 바와 같이 다만 의미 지향이 있을 뿐, 아무 것도 인식되고 있지 않으며, 시간의 경과를 기다려서 비로소 충실화가 이루어지게 된다. 이처럼 대응하는 직관이 동시적으로가 아니라 점차로 의미 지향과 합치하는 경우, 이것을 훗설은 의미와 직관의 "동적(動的) 합치 혹은 동적인 충실화 내지 인식 작용"[49]이라고 부른다. 그러므로 동적 충실화에서는 의미 지향과 그 충실화가 시간 폭을 가지며, 처음에는 상징적으로 단지 일정한 규정을 지닌 것으로만 생각되던 대상이 시간의 경과와 더불어 직관에 현전하게 되고, 우리는 그것이 같은 규정을 가진 것으로서 직관됨을 체험하게 된다.

이리하여 의미가 정적 관계에서든 동적 관계에서든 직관에 의하여 충실화됨으로써 인식이 이루어질 때, 대상적 관점에서는 우리는 의미와 대상과의 동일성을 확인하게 되거니와, 이것을 훗설은 "동일성의 체험" 또는 "동일성의 의식"이라고 부른다.[50] 이 체험은 곧 "직관의 대상이, 그 직관에 의하여 충실화되는 사유의 대상과 동일하다"는 체험으로서, 개념적 이해도 표현도 되지 않은 체험이요, 말하자면 직접적인 명증을 갖는 체험이라고 할 수가 있다.

47) 같은 책, 32, 34면.
48) 같은 책, 34면.
49) 같은 책, 32, 34면.
50) 같은 책, 34~35면.

7. 범주적 직관과 그 의의

훗설은 의미를 단순 의미와 복합 의미로 구분하였다. 그러나 이것들에 각각 단순 대상과 복합 대상이 반드시 대응하는 것은 아니다. 그 까닭은 가령 "단순 대상"이라는 표현 자체를 보건대, 그 의미는 복합적이되 그 의미에 의하여 표상되는 대상은 단순 대상인 것처럼 복합 의미가 단순 대상에 관계할 경우도 있고, "어떤 것"(Etwas)이나 "하나"(Eins)라는 표현은, 그 의미는 단순하되 그것의 무규정성으로 말미암아 모든 가능한 것, 따라서 모든 복합 대상과도 관계할 수 있는 것처럼 단순 의미가 복합 대상과 관계할 경우도 있기 때문이다.[51]

복합 의미를 간직한 표현은 물론 복합 표현이거니와, 여기에 복합 표현을 구성하는 모든 낱말이 각각 고유한 의미를 가지고 있는가 하는 문제가 제기된다. 이 문제에 관하여 훗설은 일체의 낱말에는, 심지어 접속사, 전치사, 조동사 등에까지도 고유한 의미가 간직되어 있다고 본 볼차노의 견해에 반대하고, 브렌타노와 마르티의 입장에 동조하여, 독자적으로 의미를 갖는 자의어(自義語, Kategoremata)와, 다른 낱말과 함께 사용되지 않고서는 의미를 갖지 못하는 공의어(共義語, Synkategoremata)를 구별하였다. 그는 더 나아가 비단 표현에서뿐만 아니라 의미의 영역에서도 자의적 의미와 공의적 의미를 구별해야 한다고 주장하고 있다.[52] 그러나 이와 같은 "자의적"인 것과 "공의적"인 것의 구별은 이를테면 문법적인 구별을 바탕으로 한 것이라고 할 수 있는 만큼, 그는 이러한 용어 대신에 "독립적 의미"와 "의존적 의미"라는 용어를 사용하는 것이 더 적절하다고 보았다.[53] 이처럼 그가 의미에서의 구별과 문법적인 구별 사이의 혼동을 피하려고 한 까닭은 어디까지나 이념적인 의미가 표현에 우선한다고 보았기 때문이다. 물론 우리는 문법적 표현의 구별을 탐구의 단서로

51) 《논리연구II/1》,295면 이하.
52) 같은 책, 305면.
53) 같은 책, 같은 면.

삼고 출발할 수밖에 없을는지 모르지만, 그러나 문법적인 구별의 근원이 되는 것은 역시 의미 영역에 있어서의 구별이요, 무법적 표현의 구별은 의미의 구별에 의하여 정초되고 있다고 보아야 한다. 그러므로 의존적 의미가 전체적인 복합 의미의 부분으로서만 의미를 가질 뿐, 독립적으로 의미를 가질 수 없다는 사실은 곧 그 의미 내용의 본질 속에 a priori하게 근거를 가지고 있는 것이요, 결코 문법적 표현이나 주관적 작용에 따라 좌우되는 것이 아니다.

요컨대 공의어, 가령 "~와", "또는" 등과 같은 말이 갖는 의존적 의미는 그것을 포함하는 총체적인 의미 연관 속에서 다른 의미들과 결합함이 없이는 직관에 의한 의미 충실화가 이루어질 수 없으며, 따라서 그 자체만으로는 아무 것도 인식될 수가 없다. 그러므로 예컨대 "~와"의 의미를 통하여 무엇인가를 인식하고자 한다면, 우리는 실제로 집합 작용을 수행하여 이로부터 표상되는 총괄로써 "a와 b"라는 형식의 복합 의미를 충실화하여야 한다.[54] 물론 우리는 다른 의미들과 결합된 총체적 의미 연관 속에서 그 의미를 보완하지 않고서도 "~와"는 "하나의 불변사"요 "하나의 접속사"라는 의미를 가지고 있음을 알고 있다. 그러나 "~와"가 갖는 이러한 "하나의 불변사" 혹은 "하나의 접속사"라는 의미는 스콜라 철학자들의 이른바 말의 질료적 전의(轉義)로서, 훗설은 이를 직접적 의미가 아니라 간접적 의미 또는 변칙적 의미라고 부르고 있다.[55] 그러므로 "~와"라는 표현은 "a와 b"라는 유형의 복합적 의미 연관 속에서 이해될 경우에만 비로소 그 직접적 의미를 구현할 수 있으며, "a와 b"의 복합 의미가 직관에 의하여 충실화되는 가운데 "~와"라는 의존적 의미도 더불어 충실화될 수가 있는 것이다.

훗설의 이와 같은 견해는 곧, 복합 의미의 충실화에 있어서는 우선 그것을 구성하고 있는 단순 의미들이 각각 개별적으로 충실화되

54) 같은 책, 314면.
55) 같은 책, 316면.

고 이것들의 종합으로써 복합 의미가 충실화되는 것이 아니라, 복합 의미 자체가 총체적으로 직관에 의하여 충실화된다고 보는 입장으로서, 인식론적으로 특별한 의의를 지닌다고 하겠다. 그 까닭은 이러한 관계가 판단에도 타당하기 때문이다.

훗설에 의하면 판단에 있어 판단되며 사념되는 것, 즉 판단 자체가 noema적 의미로서 지향하는 것은 주대상(主對象, Gegenstand-worüber)이나 술어 의미가 아니라, 이들 양자의 결합 관계가 가리키는 전체적인 "사태"(Sachverhalt)이다. 가령 우리가 "금은 황색이다"라고 판단을 내릴 때, 우리는 "금"이나 "황색"을 판단하는 것이 아니라 "금은 황색임"이라는 사태를 판단하는 것이다. 그러므로 판단은 "주대상에 대하여" "사태를" 판단하는 것으로서, 이를테면 두 대상을 갖는다고 할 수가 있으며, 훗설은 전자를 "판정 받는 것"(das Beurteilte), 후자를 "판단되는 것"(das Geurteilte)이라고 부르고 있다.[56] 이 사태는 주대상인 "금"과 그것의 규정으로서의 "황색"이 "~이다"라는 계사(繫辭)에 의하여 종합된 통일적 전체이거니와, 이러한 계사나 상술한 "~와", 그 밖에 "또는", "모든", "약간의", "만일 ~이면" 등등과 같이 사상적(事象的) 소재들을 종합 통일하는 형식어가 훗설의 이른바 범주적 형식이요,[57] 이 형식에 의한 통일이 범주적 통일이다. 여기서 "금"이나 "황색"은 물론 감성적 직관에 주어지지만, "이다"와 같은 범주적 형식은 아무런 사상관계(Sachbezüglichkeit)도 없는 공의어적 의미 계기로서, 말하자면 독립적 의미를 갖지 못하는 형식이요, 따라서 앞서 말한 "~와"가 그러하듯이 "사태"와 같은 통일적 전체 속에서만 그 의미가 충실화될 수 있을 뿐, 그 자체만으로는 직관적인 충실화가 이루어질 수 없는 것이다.

훗설은 이와 같은 범주적 형식에 의한 통일을 감성적 통일에다 대립시키고 있다. 감성적 통일은, 가령 음(音)들의 배열에 의하여 일정

56) 같은 책, 402면; 《이념들I》, 194면.
57) 《논리연구II/2》, 129, 139면; 《이념들I》, 297면.

한 멜로디가 형성되듯이, 부분 내용들이 통일을 위한 외적인 매개체가 없이 상호 침투(Durchdringung) 또는 상호 기저지음(Ineinander fundieren)에 의하여 직접적으로 통일을 이루는 경우를 말한다.[58] 이 경우에는 본래의 음들과는 성질을 달리하는 고음들이나 저음들을 배열하더라도 먼저의 멜로디와 동일한 멜로디가 형성되므로 이 멜로디가 바로 통일 형식의 구실을 하고 있다고 할 수가 있다. 그리고 이 통일 형식은 형태 심리학에서의 이른바 형태성(Gestaltqualität)에 해당되는 것으로서, 그 자체가 역시 감성적 직관의 대상이 된다. 이에 반하여 범주적 형식은 감성적 직관의 소여가 될 수 없으며, 이에 의한 범주적 통일도 감성을 초월한 고차적인 통일이다.

바로 이 때문에 전통적 철학에서는 범주적 형식에 의한 이러한 통일을 오성의 기능으로 보고, 직관의 작용이 아니라 사유의 작용이라고 여겨 왔다. 그러나 "금은 황색이다"라는 판단에 있어, 이것이 단지 사유되고 있는 데 그치지 않고 명증을 지닌 인식이 되기 위해서는 그 사유되고 있는 것이 직관에 주어진 대상과 합치하여야 한다. 따라서 만일 직관에 주어지는 것이 다만 "금"이나 "황색"과 같은 단일적 대상뿐이라면, 이 판단은 명증적 인식이 될 수 없다. 왜냐하면 이 판단에서 사유되고 판단되고 있는 것은 결코 "금", "황색"과 같은 개개의 단일적 대상이 아니라, "금은 황색이라는 것", 즉 "금"과 "황색"과의 두 사상(事象)을 "이다"라는 범주적 형식으로 종합한 통일적 사태이며, 인식의 명증은 사유되고 있는 이 사태가 직관에 의하여 충실화될 것을 요구하고 있기 때문이다.

이리하여 판단에 있어 사유되고 있는 것과 똑같이 범주적 형식에 의하여 통일된 사태가 직관에 주어질 때, 비로소 그 판단은 명증적인 인식이 될 수 있다고 하겠거니와, 훗설은 이와 같은 직관을 인정하고, 이것을 감성적 직관에 대하여 범주적 직관이라고 불렀다. 범

58) 《논리연구II/1》, 276, 279면.

주적 직관은 따라서, 예컨대 "금"과 "황색"에 대한 감성적 직관들을 바탕으로 하는 기저(基底)지어진 직관으로서, 역시 감성적 직관을 기저로 하는 본질 직관과 같이 고차원적인 직관이다. 훗설은 지각을 넓은 의미로 사용하여 이 범주적 직관을 범주적 지각, 초감성적 지각, 혹은 사태 지각이라고도 부른다[59]. 그러나 이 범주적 직관은 비록 그것이 감성적 직관의 바탕 위에 기저지어진 고차적 직관이기는 하지만, 역시 직관인 이상, 본질 직관이 그러하듯이 대상으로서의 사태 그 자체(selbst)를 직접적으로(direkt) 정시하여 주는 점에서는 감성적 직관과 다를 바 없다. 이리하여 "감성적 대상과 감성적 지각의 관계는 사태와 사태 지각의 관계와 같다"고 하겠으며, 그 자체만으로는 직관적 소여가 될 수 없는 "이다"와 같은 범주적 대상도 이 사태 지각에 의해서 주어지는 "금은-황색-임"(Gold-ist-gelb)이라는 통일적 사태와 함께 정시되는 것이다.[60]

이 범주적 직관은 문자 그대로 어디까지나 직관이요, 개념화된 술어로써 주어를 규정하여 이성적으로 정립하는 논리적 사유 이전의 세계이다. 그러므로 논리적 형성체로서의 판단의 명증은 이 범주적 직관에 의한 사태의 자체 소여성에서 그 근원을 구하여야 한다. 여기서 우리는 판단에서는 명증이 이중적 의미를 지니게 됨을 알 수 있다. 즉 그 하나는 "사태가 자체 소여성의 양태로 진정으로 존재하여야 함"을 의미하며, 또 하나는 "판단 사념이 전자의 명증과, 따라서 자체로서 주어지는 범주적 대상성과 부합됨으로써 정당성을 가져야 함"을 의미한다.[61] 여기서 후자의 의미에서의 명증은 전자의 명증을 바탕으로 하고서만 운위될 수 있는 만큼, 전자의 명증이 더 근원적인 의미를 가짐은 재언(再言)을 요하지 않는다.

59) 《논리연구II/2》, 140, 143, 144면.
60) 같은 책, 140면.
61) 《논리학》, 130면.

8. 맺음말

훗설의 현상학은 우리의 이성적 인식의 권리 근거를 직관의 명증에서, 고차적·간접적 의식 활동의 명증 근거를 근원적·직접적 명증에서 구하려고 한다. 이 점에서 그는 칸트와는 근본적인 차이를 보여주는 동시에 데카르트와 궤(軌)를 같이하고 있다.

그러나 훗설은 끝없이 "보다 더" 직접적·근원적인 직관 영역을 추구한 끝에 마침내 내재적 직관의 영역인 선험적 순수 의식에 이르러 이곳에서 일체의 세계 존립의 정초 원천을 찾음으로써 선험주의적인 관념론의 입장에 서게 되었다. 이 점에서 그는 칸트의 정신에 동조한 동시에, 이원론의 입장에 머무른 데카르트와는 길을 달리하였다고 할 수 있다.

물론 훗설 자신도 직접적인 직관의 영역으로 소원(溯源)하여 간다고 해서 논리적 인식이나 그것의 고차적 명증의 가치를 폄격(貶格)하려는 것은 아니요, Doxa로부터 Episteme로 상승함이 인식의 길이라는 것을 부정하려는 것은 아니라고 언명하고 있다. 그의 현상학이 의도하는 바는 오로지 그 고차적 명증이 의거하고 있고 그것의 의미를 규정하는 숨은 전제를 해명함으로써 고차적 명증에 도달하는 길을 밝히려는 것이요, 최종 목표에 정신을 빼앗겨 최저 단계의 근원과 그 고유 권리를 망각해서는 안 된다는 것을 천명하려는 것이다.[62]

그리고 훗설의 현상학의 이러한 기본적 방향이 브렌타노의 견해를 기조로 하고 있음은 의심의 여지가 없다. 그 까닭은 브렌타노도 판단과 표상의 관계에 있어 판단은 표상된 내용 내지 대상을 다만 "승인"(anerkennen) 또는 "부인"(leugnen)하는 의식 작용이요, 따라서 양자는 내용을 달리하는 것이 아니라, 동일한 내용에 대한 의식 양식을 달리할 뿐이라고 보았기 때문이다.[63] 즉 그에 의하면 모든 판단

62) 《경험과 판단》, 45면 이하.
63) F. Brentano, Psychologie vom empirischen Standpunkt, 제2권 (Leipzig, 1924), 38면.

은 "A ist"(또는 "A ist nicht")라는 형식을 지닌 존재 판단의 변형된 진술이요, 이 존재 판단의 내용은 A라는 주어와 술어로서의 존재(Existenz)와의 결합이 아니라 A 자체이며, "A ist"는 다만 A 자체를 승인하고 있을 뿐이다. 따라서 여기서 "ist"(또는 "ist nicht")는 단순히 A라는 표상 내용을 승인(또는 부인)하여 명제의 형식을 보완하는 구실을 할 뿐, 그 자체만으로는 아무런 독립적 의미도 갖지 않는, 이를테면 일종의 공의어(共義語)라는 것이다.[64] 이리하여 "A는 B이다"라는 형식의 일반적인 정언 판단은 "B인 A가 있다"는 존재 판단의 변형된 표현이요, 이 판단은 다만 "B인 A"라는 표상 내용을 승인하고 있을 뿐이다. 이와 같은 사상(思想)은, 다시 소원(溯源)하여 가면, "지각은 판단의 일종"이며, "지각하고 있는 사람은 어떤 의미에서는 판단을 하고 있다"고 하여,[65] 이미 진술의 형식을 갖춘 어떤 "사태의 지각"을 인정한 아리스토텔레스의 사상에서 그 연원을 볼 수가 있다.

여하간 브렌타노의 이러한 사상은 훗설로 하여금 모든 고차적인 의식 활동의 명증의 원천을 직관의 명증에서 찾게 하고, 특히 그에게 있어 중요한 의의를 갖는 범주적 직관의 이설(理說)을 세우게 한 계기가 되었음에 틀림없다. "표상 작용에 의하여 우선 사태가 표상되고, 새로운 작용으로서의 판단 정립은 이 표상된 것에 관계하게 된다"[66]고 한 훗설 자신의 말에서도 우리는 브렌타노와의 그와 같은 관계를 엿볼 수 있다.

물론 브렌타노의 내부 지각설에 대한 비판, 즉 내부 지각에서 말하는 반성적 의식은 "감성"이 아니라 "오성"이라고 주장하고 나온 팔라기 같은 사람의 비판은,[67] 훗설의 내재적 지각의 이설에도 해당

64) F. Brentano, Die Lehre vom richtigen Urteil (Bern, 1956), 98면.

65) Aristoteles, Topika, 111a19~20.

66) 《논리연구II/1》, 446면.

67) M. Palágyi, Der Streit der Psychologisten und Formalisten (Leipzig, 1902), 84면 이하.

되는 비판이요, 만일 이 비판을 수용한다면 훗설의 선험적 현상학은 존립의 기반을 상실할 수밖에 없겠으나, 이러한 문제에 관한 논란은 비단 훗설뿐만 아니라 독오학파 전체에 관련된 것으로서, 우리에게는 별개의 과제라 하겠다.

현대의 윤리적 상황과 철학적 대응

현대의 윤리적 상황과 철학적 대응

1.우리의 윤리적 현황

대저 시대의 변천을 발전사적인 시각에서 보면, 어느 시대이건 반드시 그 시대를 거쳐서 전 시대로부터 다음의 시대로 발전적으로 이행하기 마련인 만큼, 어떤 의미에서는 과도기가 아닌 시대란 있을 수 없다고 하여도 좋음직합니다. 그리고 각 시대마다에는 비록 그 심각성의 차이는 있을망정 그 나름의 과도기적 문제가 현재적으로이건 잠재적으로이건 배태되어 있다고 할 수 있습니다.

가령 예나 지금이나 일반적으로 기성세대는 수구적, 보수적 성향을 띠는 것이 보통이며, 이에 반하여 젊은 세대는 전향적, 진취적 기질을 지니는 것이 통례인 만큼, 어느 시대에 있어서나 음으로 양으로 세대 간의 갈등은 불가피하게 마련이요, 이 때문에 언제나 기성세대는 젊은 세대의 언동을 불안한 눈으로 보고 심지어 말세적인 작태라고 개탄하는가 하면, 반대로 젊은 세대는 기성세대를 가리켜 완고하고 진부하다고 책망하는 것이 상례입니다. 이는 오늘날의 젊은 세대와 기성세대와의 관계가, 지금의 기성세대의 젊은 시절과 당시의 기성세대의 관계와 얼마나 흡사한가를 돌이켜보면 짐작될 수 있는 일입니다.

물론 이러한 과도기적 현상은, 지난날의 농경사회에서와 같이 분명한 단속(斷續)이 없이 시대가 서서히 발전하면서 변천하여 갈 경우에는, 별반 심각한 문제로서 부각됨이 없이 지나가게 마련입니다. 이는 사회를 떠받히고 있는 장구한 전통의 힘이 뿌리 깊이 세세상전하여 우리의 생활을 지배하여 왔기 때문이라고 할 수 있습니다.

그러나 사회가 급격하게 변하고 획기적인 단속을 통하여 변천해

갈 경우에는 이제까지 전승되어 온 전통적인 생활규범은 지배력을 잃게 되며, 그 과도기에 나타나는 현상들은 심각한 문제로서 부각되어 나오고 그 시대를 살아가는 사람들은 정신적인 진통과 고뇌를 겪을 수밖에 없습니다.

오늘날 우리 사회는 냉혹하고 치열한 국제적 경쟁의 소용돌이 속에서 생존을 유지해 가기 위하여, 불가불 시대적인 추세에 맞추어 싫든 좋든 서구사회가 걸어온 전철을 따라 고도산업사회를 지향해 갈 수밖에 없게 되었습니다. 그리고 이제는 잠시라도 정지 · 정체함은 곧 후퇴요, 후퇴는 곧 쇠망의 길일 수밖에 없다는 절박한 강박관념에 사로잡혀 자신을 돌이켜 볼 겨를도 없이 끝없는 전진을 계속해 갈 수밖에 없게 된 것이 오늘의 우리의 현실입니다.

이와 같이 급격한 사회의 변화와 더불어 우리는 마치 직진하던 차량이 급격히 방향을 바꿀 경우 승객들의 자세가 자연히 흐트러지게 마련이듯이, 개인적으로나 사회적으로나 심각한 혼조(混調)와 허다한 문제들을 배태할 수밖에 없게 되었습니다.

첫째로, 개인적 차원에서는 우리의 삶에 있어서 물질적 · 경제적 생활 영역이 점하는 비중이 어느 때보다도 커지게 되었으며 그 결과로 세대나 계층 여하를 불문하고 사람들의 정신은 물질적 경제적인 성취욕에 사로잡혀, 가치관의 혼미 내지 전도를 초래하기에 이르렀습니다. 국제사회에서 선진국 · 후진국을 가리는 데에도 오로지 그 나라의 경제력을 평가의 척도로 삼고 있는 판국이니, 국가의 자존심과 체통을 위해서도 나라 전체가 온통 경제력의 신장에 정신을 빼앗길 수밖에 없게 되었고, 따라서 그 와중(渦中)에서 살아가는 개인들도 모든 가치의 중심을 경제적 · 물질적인 재화에다 두게 된 것은 어찌 보면 불가피한 추세라고도 할 수 있습니다. 이리하여 광복 후 건국의 이념으로 신봉되어 온 자유민주주의는 개인의 인권과 인권을 존귀하게 여기는 합리적인 개인주의로 개화하지 못하고, 개인적인 사리와 사욕의 추구에만 사로잡히는 이기적인 개인주의의 풍조를 낳게 하였습니다.

바야흐로 현대의 산업사회에서 살아가고 있는 우리는 과거의 어느 시대의 사람들보다도 물질적인 풍요와 생활의 편리를 구가하게 되었으며, 이러한 의미에서 축복된 시대에 살고 있는 사람들이라고 할 수도 있습니다. 그러나 이처럼 즉물주의(卽物主義)에 사로잡혀 재화의 추구에 맹목이 되고 물질생활의 풍요를 향유하면 향유할수록, 이와 반비례하여 우리는 정신적으로 황폐화되고 삭막해지는 심회(心懷)를 떨쳐버릴 수가 없고, '나'의 인간성이 미지의 병균에 의하여 잠식되어 가는 듯한 공허감을 금할 수 없게 된 것도 숨김없는 사실이라 하겠습니다.

둘째로, 사회적 측면에서는, 우리는 국제사회의 일원으로서 완전개방사회를 지향함과 더불어 불가피하게 홍수처럼 밀려오는 이방의 문물을 수용할 수밖에 없게 되었습니다. 그리고 이로 말미암아 겪게 된 고유의 전통문화와 외래문화의 위화(違和) 내지 상충은 산업사회가 초래한 사회구조의 변혁에 가세하여 갖가지 미증유의 사회문제를 야기하였습니다. 수구적인 세대와 전향적인 세대와의 극심한 마찰, 전통적인 가족개념의 와해와 핵가족화의 일반화, 그리고 이로부터 파생된 노인문제니 청소년문제니 하는 등등의 난제들은 바로 사회상의 격변이 가져온 시대적 소산이라 하겠습니다.

이상과 같은 개인적 및 사회적 문제들은 전통사회로부터 현대산업사회에로의 사회구조의 급격한 전환기에 대두한 과도기적인 문제들인 만큼 전통사회를 지배하여 온 사회규범은 이에 대하여 규제력을 상실할 수밖에 없게 되었습니다. 그리고 이 때문에 우리의 눈앞에는 이를테면 윤리와 도덕이 실종된 심각한 시대적 상황이 노정되기에 이르렀습니다.

오늘날 뜻있는 사람치고 여출일구(如出一口)로 이 땅의 윤리 · 도덕의 타락과 부정, 비리의 만연을 개탄하지 않는 사람이 없고, 정신생활의 황폐화를 우려하지 않는 사람이 없습니다. 조석으로 대하는 보도매체들은 패덕과 비리, 퇴폐와 부정 등 형형색색의 추악한 범법, 범죄의 소식으로 장식되지 않는 날이 없습니다. 이리하여 이제는 어지간한 대형사건이나 경천동지할 이색적인 사건이 아니면 별반 심각한 문제로 여겨지지 않는 지경에까지 이르렀으며, 심지어 사건 보도가 없는 날에는 도리어 은근히 아쉬움과 허전함을 느낄 정도로, 우리의 정신은 마비되고 윤리적 · 도덕적인 불감증에 걸려 있다고 하여도 과언이 아닐 듯합니다. 전통적으로 숭상되어 온 효(孝)의 덕(德)만 하더라도, 이는 어느 사회에 있어서나 시대를 초월하여 백행의 근본이라고 할 수 있겠거늘, 반포(反哺)의 정성은 고사하고 시부(弑父) · 기친(棄親)하는 수심(獸心) 이하의 행태를 종종 보게 된 것이 오늘의 우리의 현실입니다.

그러므로 오늘날의 이러한 세태를 바로 망국의 징조가 아닌지 불안한 눈으로 보고, 극단적인 비관론을 토로하는 사람들도 적지 않은 듯합니다. 과연 윤리적 · 도덕적인 의식이 마비되어 사회를 지탱하는 규범이 붕괴될 경우에는 그 사회는 파멸할 수밖에 없고, 한 국가나 민족의 흥망이 사회적 기강 내지 규범의 존폐에 의해서 좌우되어 왔음은 인류의 흥망사가 증언하여 주는 사실입니다. 그러므로 가령 전통적인 안목에서 볼 경우, 오늘날의 윤리적 상황이 망국의 조짐인 것처럼 비관적으로 여겨지는 것은 어쩌면 당연한 일인지도 모르겠습니다.

그러나 이러한 비관론에 대하여 이를 기우에 지나지 않다고 보고, 아직 낙관적으로 보려는 견해도 없지 않은 듯합니다. 국민 전체로 보면 윤리적 · 도덕적으로 건전하고 선량한 사람들에 비하여, 타락하고 사악한 사람의 수효는 창해일속(滄海一粟)에 불과하며, 마치 우리 사회 전체에 파륜(破倫), 패도(悖道)가 팽배해 있는 것처럼 여겨지는 까닭은, 건전하고 바른 사람들은 가리어진 채 현양(顯揚)되지 않고, 다만 부정과 패덕, 비리의 작태들만이 널리 보도되고 선전되고 있기 때문이라는 것입니다.

물론 오늘날의 윤리적 상황이 비관적인 수위에까지 이르렀는지 혹은 아직 낙관하여도 좋을 단계인지는 보는 시각에 따라 다를 수 있겠습니다. 그러나 만약 비관적이라 하여 체념해 버리든가 또는 낙관적이라 하여 방치해 두고자 한다면, 이는 곧 당면한 문제의 해결을 위한 노력을 태만히 하는 거조(擧措)라고 하지 않을 수 없습니다. 우리의 당면한 현 상황은 그 심각성 여하를 불문하고 결코 그대로 방치해 둘 수 없는 문제요, 우리 사회가 반드시 시급히 극복해야만 할 초미의 급선무라 하지 않을 수 없습니다. 더 이상 우리의 정신적 상황이 황폐화할 경우, 우리는 결국 병입고황(病入膏肓)하여 다시 회생할 수 없게 되겠기 때문입니다.

2. 인간의 이중성

인간은 그 의식활동의 측면에서 보면 이성과 비이성적 요소와의 이중적 구조를 지닌 존재라고 할 수 있습니다. 그리고 이중에서 이성이 인간의 도덕적 실천생활에서 불가결한 구실을 한다는 것은 재언(再言)을 요하지 않습니다.

그러나 인간의 실천생활에 보다 직접적인, 밀접한 관계를 갖는 것은 오히려 비이성적인 요소라고 할 수 있습니다. 아리스토텔레스(Aristoteles)가 우리의 행위의 직접적인 원동력이 되는 것은 '충동(衝動)'이라고 한 것도, 데카르트(Descartes)가 정신의 수동적 작용인 '정념'을 우리의 윤리와 밀접한 관계가 있는 것으로 본 것도, 혹은 칸트(Kant)가 유한한 인간의 실천생활에 있어서는 쾌·불쾌의 감정에 수반되는 '욕구와 혐오'에 의하여 의지가 규정된다고 본 것도 모두 이 때문이라 하겠습니다.

이러한 비이성적인 충동, 정념, 욕구 등은 인간이 갖는 이를테면 동물적 측면의 소질로서, 일반 동물이나 이성적 사려가 없는 어린이들에게서 볼 수 있듯이, 이성의 실천적 사려 없이도 혹은 이러한 사려에 앞서 각자의 목적을 추구하는 행동을 일으키게 마련입니다. 따라서 이러한 비이성적 소질에 따르는 행동들은 바를 수도 있고 바르지 않을 수도 있습니다. 퇴계(退溪)가 "四端發於理無不善 七情發於氣有善惡"이라고 한 것도 이러한 사실을 말해 준 것이 아닌가 생각됩니다.

그러나 이 차원에서의 행동은 선 · 악, 정 · 부정의 평가의 대상이 될 수 있는 행위는 아닙니다. 그 까닭은 인간의 비이성적 소질은 이를테면 미가공의 자연적 소질로서, 아리스토텔레스가 지칭한 바와 같이 '자연적 덕'이라고 할 수가 있으며, 따라서 이에 따르는 행동에 대하여 선 · 악의 평가를 내림은 무의미한 일이기 때문입니다. 이는 마치 동물의 행동에 대하여 우리가 선 · 악의 평가를 할 수 없는 것과 같다고 하겠습니다. 충동이니 욕구가 이성적 사려에 의한 자발적, 자각적 선택에 따라 행동으로 옮겨질 때 비로소 도덕적 평가의 대상이 되는 행위라고 할 수 있습니다.

그러나 윤리적인 덕은 이성적인 사려만으로 함양될 수는 없습니다. 그 까닭은 이성적 사려가 깊은 성인(成人)에 있어서 일지라도 비이성적 충동이나 욕구는 맹목적이라 할 만치 강력한 것이어서, 이성을 무력화하거나 이성에 앞질러 행동을 이끌어 가기 때문입니다. 아리스토텔레스가 '자연적 덕'으로부터 '참된 덕'이 형성되는 데는, 이성적 사려에 의하여 인도되는 바른 행위를 반복함으로써 습관화할 필요가 있다고 주장한 소이(所以)가 여기에 있다고 하겠습니다.

과연 욕구나 충동의 힘 앞에 이성이 얼마나 무력한가는, 우리 사회의 이기주의적 풍조를 보면, 그리고 특히 사려 있는 지도층의 사람들조차 반윤리적, 비도덕적 과오를 범하는 사례가 빈발하는 오늘의 우리 세태를 보면 짐작할 수 있는 일입니다.

사려 깊은 성인(成人)들에게 있어서도 그러하거늘, 하물며 사려와 분별력이 미숙한 연소층(年少層)에게 있어서 도덕적 행위의 습관화가 중요함은 재언(再言)을 요하지 않습니다. 데카르트도 인간의 정념은 이성이나 의지에 앞서서 정신을 좌우할 만큼 강력하며, 이 정념이 곧바로 행동으로 옮겨지는 것은 어린 시절부터의 습관에 의한다고 보았습니다. 따라서 이처럼 형성된 습관이 그릇된 습관일 경우, 어린이가 성장과 더불어 지니게 되는 이성적 사려의 힘만으로 스스로 시정하기를 기대할 수는 없습니다. 그러므로 욕구 · 충동 등의 정념의 지배를 벗어나서 그릇된 습관을 시정하는 데는, 정념의 발생이 바로 행동으로 이어지는 것을 저지하는 반대습관을 형성하는 길 밖에 없다고 데카르트는 강조합니다. 그리고 이것을 그는, 우리가 사냥개를 길들여 개로 하여금 그 자연적 습성과는 반대로 꿩을 발견하고도 뒤쫓지 않고 총성에도 놀람이 없이 주인에게 방향을 가리키도록 만들 수 있다는 사실에다 비유하고 있습니다.

이러한 의미에서 윤리 · 도덕의 함양을 위하여 무엇보다 중요한 것은 어린 시절부터의 학교교육뿐만 아니라 가정교육까지 포함한 윤리교육이라 하겠습니다. 그리고 여기에는 교육자와 부모들 자신의 투철한 윤리관의 확립이 전제가 됨은 두말할 나위도 없습니다.

그러나 오늘날의 산업사회에서와 같이 선전 · 광고의 홍수가 사람들의 향락적인 소비성향을 끝없이 부추기고 이로 말미암아 욕구와 충동이 극도로 조장되어 가는 때에는, 사람들은 이성적인 분별력을 잃게 되고 확고하다고 자부하던 도덕적 신념도 윤리적 실천의 뿌리 깊은 습관도 덧없이 무너지기 쉽다고 하겠습니다.

그러므로 건전한 사회가 되기 위하여 우선 확고한 윤리적 · 도덕적 의식의 확립이 필요함은 물론이되 그러나 그것의 실천이 보장되기 위해서는 욕구나 충동을 자제하지 않을 수 없게하는 강력한 당위의식(當爲意識), 즉 일종의 강제의식이 전제되어야 합니다. 윤리학상(倫理學上) 도덕적 규범의 소종래(所從來)를 신(神)이나 군주(君主) 등에게 있다고 보는, 이른바 도덕권위설(道德權威說) 같은 이설(理說)이 주장되기도 한 소이(所以)의 일단(一端)이 여기에 있다고 하겠습니다.

물론 이와 같은 권위설은 도덕생활을 타율적인 것으로 보는 주장으로서, 자율성을 윤리 · 도덕의 기본으로 보는 입장에서는 수긍할 수 없는 이설(理說)임에 틀림없습니다. 그러나 어떠한 윤리관이건 그것이 한갓 이념이나 구호로만 그치지 않고 일상적인 실천생활로 이어지기 위해서는, 그것을 실천하지 않을 수 없게 하는 강제의식 내지 외경의식(畏敬意識)이, 어떠한 형태로든지 우리의 심정 속에 전제되고 있어야 함도 부인할 수 없습니다. 이러한 사실은, 가령 서구인의 일반적인 윤리관은 장구한 기독교적 전통에 뿌리박고 있고 불교인의 윤리관은 응보(應報) · 윤회(輪回) 등의 교리에 연원을 가짐으로써, 그들의 도덕적 실천생활이 한결같이 종교적 외경의식과 밀접하게 관계되어 있다는 데서 볼 수 있습니다. 이 점에서는 부조전래(父祖傳來)의 우리의 전통적 윤리생활과 그 바탕에 깔려있는 유교의 천명사상(天命思想)과의 관계도 역시 다를 바 없다고 하겠으며, 가령 공자(孔子)가 "逆天者罪及五世"요, "獲罪於天無所禱也"라고 한 말 등은 유교의 이러한 외경사상을 보여주는 것이라 하겠습니다.

대저 종교는 발생론적으로 보더라도, 물론 각기 고유한 사생관 내지 내세관을 가지고 있되 이것은 어디까지나 현세에 있어서의 윤리적인 당위의식 내지 권선의식(勸善意識)과 관련하여 형성되기 마련이요, 따라서 어떠한 종교이든 주안점을 두는 목적의 하나는 의례히 현세에서의 생활을 착하고 바르게 하려는 데 있다고 하겠습니다. 『공자가어(孔子家語)』에 보면, 자공(子貢)이 사자(死者)가 무엇을 알 수 있는지 어떤지를 물은 데 대하여, 공자는 "사자(死者)도 알 수가 있다고 말하자니, 효자(孝子) · 효손(孝孫)들이 생존해 있는 사람들의 생활을 고려하지 않고 사자(死者)를 모시는 데만 골몰할까 두렵고, 사자(死者)는 아무것도 알지 못한다고 말하자니, 불효자들이 어버이를 버리고서 장례조차 지내지 않게 될까 두렵다. 그러니 사자(死者)가 무엇을 알 수 있는지 어떤지를 알려고 하지 말라. 이는 시급한 문제가 아니며, 장차 저절로 알게 된다"고 대답하였다고 합니다. 이는 곧 공자가 종교적 내세관과 현실생활을 조화있게 관련짓고자 한 그의 고충을 실토한 것이 아닌가 생각됩니다.

오늘날 우리나라는 유교와 불교, 기독교를 망라하면 거의 전인구가 종교적 배경을 가지고 살아가고 있다고 하여도 좋을 듯합니다. 그러므로 윤리 · 도덕을 진작(振作)하여 국민들로 하여금 이를 생활화하지 않을 수 없게 함으로써, 건전한 사회를 회복하고자 할진대, 학교교육이나 가정교육뿐만 아니라, 각 종교계도 그 책무의 중요한 일단(一端)을 감당해야 할 것으로 생각됩니다.

3. 새로운 윤리 확립의 문제

앞서 언급한 바와 같이 오늘날 우리 사회는 급격하게 변모하여 전통적인 윤리규범이 규제력을 상실함으로써 가치관의 혼조(混調) 내지 윤리부재(倫理不在)의 상황에 처하게 되었습니다. 그렇다고 우리는 시대를 다시 원점으로 되돌릴 수도, 또 그렇다고 윤리부재의 상황을 방치해 둘 수도 없는 노릇입니다. 그러므로 우리가 택할 길은 오직 새로운 사회에 부응하는 새로운 윤리규범을 확립하는 일일 수밖에 없습니다. 그리고 이러한 윤리규범의 확립을 위해서는 우선 그 기반이 될 보편적 원리의 정립이 필요하거니와, 이 원리는 동 · 서양을 막론하고 이미 옛 철인(哲人)들에 의하여 제시되고 있음을 볼 수 있습니다.

서양에서는 고대 희랍의 이소크라테스(Isokrates)가 기본적인 사회적 윤리규범으로서, "타인으로부터 그대가 당했을 때 그대를 노하게 할 일을 타인에게 행하지 말지며, 그대가 타인의 하는 일을 비난할 경우, 그대 자신도 그와 같은 일을 행하지 말라"는 원칙을 표방하였습니다. 그리고 이것을 각각 부자(父子)의 관계 및 강자와 약자의 관계에 적용하여, 전자에 대해서는 "그대의 자식들이 그대에게 행하여 주기를 바라는 대로 부모에게 행하라"는 규범을, 후자에 대해서는 "그대들이 강대국으로부터 대우받기를 원하는 대로 약소국을 대우하라"는 규범을 제시하였습니다. 플라톤(Platon)이 "아무도 그대의 물건을 건드리지 않게 하고 싶으면, 그대도 남의 물건을 건드리지 말라"

고 한 말이나, 아리스토텔레스가 "남의 봉사를 받으면 받은 만큼 되돌려 주어야 한다"고 한 말들도 같은 취지의 규범을 비근하게 표명한 것이라 하겠습니다. 또한 이것이 성경(聖經)에서는 "무엇이든지 남에게 대접받고자 하는 대로 너희도 남을 대접하라"는 이른바 황금률(黃金律)로 표명되어 있습니다. 그 후 근세에 와서 라이프니츠(Libnitz)는 모든 사람이 생득적으로 가지고 있는 보편적 경향 속에 이른바 미소표상(微小表象)으로서 잠재해 있는 도덕관념이 이성의 빛에 의해서 명료하게 의식화되어 나타난 것이 곧 "남이 그대 자신에게 해주기를 원하는 것 이외에는 남에게 행하지 말라"는 도덕법칙이라고 하였으며, 이것이 칸트에게서는 주지하는 바와 같이 "그대의 의지의 준칙이 보편적 입법의 원리가 되도록 행위하라"는 정언적 명령 형식의 도덕률로 표명되어, 그의 실천철학의 체계 확립에 있어 관건을 이루게 되었습니다.

이렇듯 서양에서는 도덕법칙에 대한 사상의 연원을 고대 희랍에서 볼 수 있거니와, 동양에서는 이미 그보다 2세기나 앞선 공자에게서 볼 수 있습니다. 공자는 '일이관지(一以貫之)' 하고 있는 자신의 '도(道)'를 '충서(忠恕)'라고 하였습니다. 여기서 충(忠)은 주자(朱子)의 해석에 따르면 "나의 마음을 다하여 추호도 거짓이 없음"(盡己之心無少僞妄)으로서 이를테면 개인적 윤리규범의 기본이 되는 것이요, 서(恕)는 "나로부터 미루어 타자(他者)를 대함"(推己及人)으로서 사회적 윤리규범의 기본이라 하겠습니다. 이 서(恕)를 다시 "평생토록 행하여야 할"(可以終身行之) 구체적 형식으로 부여한 것이 다름 아닌 "기소부욕물시어인(己所不欲勿施於人)"이라는 규범적 원리요, 이것을 일반적인 법칙의 형식으로 정식화한 것이 곧 "종심소욕부유구(從心所慾不踰矩)"라는 법칙이라고 여겨집니다. 여기서 우리는 이 후자의 법칙에서 이미 칸트의 도덕률 그대로의 표현을 볼 수 있고, 전자의 "기소부욕물시어인(己所不欲勿施於人)"에서는 서양의 황금률이나 도덕률의 연원이라고 할 이소크라테스의 윤리규범과 꼭 같은 표현을 볼 수가 있습니다.

사회적 윤리규범의 근거를 이처럼 추기급인(推己及人)에, 따라서 결국 '나'에게 두고 있다는 점에서 동·서양은 궤를 같이 하고 있습니다. 그러나 여기서 '나'가 어떤 존재이어야 하는가가 문제되지 않을 수 없습니다. 만일 옳지 못한 사람들의 추기급인(推己及人)에서 형성된 규범이 있다면, 그것은 결코 사회적 윤리규범이 될 수는 없겠기 때문입니다. 공자가 진기지심무소위망(盡己之心無少僞妄)의 충(忠)이라는 개인적 윤리규범을 恕에 우선하고 있는 까닭이 여기에 있으며, 바로 이점에서 유교의 특색이 있다고 하겠습니다. 진기지심무소위망(盡己之心無少僞妄)은 바로 하늘의 도(天之道)인 '성(誠)'을 구현함이오, 성(誠)에 합치되는 충심(忠心)으로써 추기급인(推己及人)할 때 나타나는 덕(德)이 다름아닌 '인(仁)'입니다. 주자가 "충재성인시성서재성인시인(忠在聖人是誠 恕在聖人是仁)"이라고 주석하고 있음은 이를 말한 것이라 하겠습니다. 유교에서 특히 '신독(愼獨)'을 덕의 근본으로 여기며, 윤리에 어긋남은 역천(逆天)으로서 천벌(天罰)이 따른다고 보는 것도 이 때문이라 하겠습니다.

요컨대 우리가 새로운 윤리규범을 확립함에 있어 원리가 되는 것은 단적으로 말하면 추기급인(推己及人)이라 하겠습니다. 물론 윤리·도덕 중에는 사회나 시대의 변천과 관계없이 결코 변하지 않는 근본적인 것들이 있습니다. 예컨대 아무리 시대와 사회가 바뀌더라도, 우리는 진기지심무소위망(盡己之心無少僞妄)의 충(忠)의 덕을 존중해야 할 것이요, 추기급인(推己及人)의 원리에 따라 남의 생명이나 자유·권리 등을 침해하여서는 안 되고, 대인관계에서는 신의(信義)를 공동생활에서는 공중도덕을 지켜야 하며, 또 세상이 아무리 변하여도 부자(父子)·형제(兄弟) 간의 천륜(天倫)이나 장유(長幼) 간의 질서 등을 파괴할 수는 없을 것입니다. 그러므로 이러한 불변적인 덕들 중의 주요한 것들은 대개 어느 종교에서나, 혹은 계율로서 혹은 성명(誠銘)으로서 공통적으로 숭상되고 있습니다. 그러나 사회가 민주적인 평등사회로 변모하여 수직적 질서보다도 수평적 질서를 중시하게 된 오늘날에 있어서는, 가령 과거에 절대적 가치로서 숭상되던 삼강오륜(三綱五倫) 중에서 '군위신강(君爲臣綱)', '부위부강(夫爲婦綱)' 혹은 '군신유의(君臣有義)', '부부유별(夫婦有別)'과 같은 규범은 의미를 상실하게 되었고, 충(忠)의 덕도 진기지심(盡己之心)의 본위를 수직적인 군신관계에 적용하여 '군의신충(君義臣忠)'의 규범으로서만 보아온 군주시대에서와 같이 오늘날도 이를 특정인과 수직적인 관계에다 적용할 덕으로 여긴다면, 공허한 덕이 되고 맙니다.

또한 윤리규범 중에는 덕으로서의 가치는 불변적이되 시대의 변화에 따라 그 실천양식은 달라질 수밖에 없는 것들도 있습니다. 가령 효(孝)의 덕은 이소크라테스가 "그대의 자식들이 그대에게 향하여 주기를 바라는 대로 부모에게 행하라"고 한 바와 같이, 군의신충(推己及人)의 원리에 의거한 보은(報恩)이라는 그 근본정신에서는 만고불변의 덕임에 틀림없습니다. 그러나 오늘날은 사람들의 생업이나 경제생활이 복잡 · 다양해지고 공간적인 이동이 심해짐으로써 생활양식이 자연히 편리위주의 부부중심으로 변모될 수밖에 없게 되었으며, 따라서 효의 덕도 지난날 부조전래(父祖傳來)의 생업을 이어가며 대가족을 이루고 살아온 농경시대에서와 같이, 조석문안(朝夕問安)과 반포보은(反哺報恩)의 형식으로 실천될 수는 없게 되었습니다.

이리하여 윤리적 규범 중에는 어느 시대, 어느 사회에서나 타당한 근본적인 것과 시대적 · 사회적 상황에 따라 변할 수 있는 것이 있음을 인정하지 않을 수 없습니다. 그러므로 우리는 전통적인 윤리규범 중에서 불변적인 것과 가변적인 것을 구별함과 아울러, 현실에 맞게 취사 · 검토하여, 새로운 시대 · 새로운 사회에 부응하는 실천적 윤리규범의 합리적 체계화를 모색하여야 하겠습니다. 그리고 새로운 규범을 정립함에 있어 의거할 원리는 다름 아닌 충서(忠恕)의 원리, 즉 추기급인(推己及人)에 의한 기소부욕물시어인(己所不欲勿施於人)의 원리일 수밖에 없습니다.

한국불교사상의 전개과정에서 나타난 융화정신(融和精神)

한국불교사상의 전개과정에서 나타난 융화정신(融和精神)

서 언

사람은 누구나, 서로 모순되거나 반대되는 두 주장 내시 사상을 대할 때는, 그 두 주장을 동시에 승인할 수 없는 데서 연유되는 일종의 내적 갈등을 일으킨다. 이리하여 이 갈등의 해결을 모색하게 되고 그 결과로서 대개 절충적 주장 내지 사상이 나오게 된다. 이것은 사람의 사유의 체제상, 논리적으로 모순·반대되는 것을 양립시킬 수 없는 지성의 본질적 속성의 소치(所致)라고 할 수가 있다.

그러기에 대립되는 두 사상이 대두하였을 때, 그 절충이 시도되곤 한 사례는, 동서양을 막론하고 사상사에서 흔히 볼 수 있는 일이다. 가령 중국에서는 맹자의 성선설과 순자의 성악설의 대립에 대하여 「人之性有貪有仁, 人貪之氣兩在於身」이라고 봄으로써, 인성의 비선비악(非善非惡)을 주장한 동중서(董仲舒)의 절충사상을 볼 수가 있고, 서양에서는 고대희랍시대에 단원론적(單元論的) 입장에서 우주생성을 주장한 일파와, 논리적으로 생성을 부정한 일파의 대립을 다원론(多元論)으로써 절충하고자 시도한 학자들, 혹은 근세에 와서는 이성론과 경험론의 대립을 종합적으로 절충한 칸트(Kant)를 들 수가 있다.

그러나, 이와 같은 사상적 절충은 여기서 주제가 되고 있는 융화의 정신과는 구별할 필요가 있다고 생각된다. 절충은 어디까지나 우리의 사유체제에 따르는 논리적 당위성에 의해서 착상되는 것임에 반하여, 융화는 논리 이전의, 그리고 논리보다 심층적인 심정적 성향의 발로라고 할 수가 있다. 물론 그 연원이 논리적 당위성에 있든지 혹은 심정적인 융화정신에 있든지 간에, 대립을 지양(止揚)

하는 사상은 한결같이 일종의 절충적 형태를 띠기 마련이다. 그러므로 절충적 형태로 표출된 사상을 그 상층적(上層的)인 사상형태의 관점에서만 볼 경우에는, 미상불(未嘗不) 그 사상이 단순히 논리적 당위성의 소산인지, 혹은 보다 심층적인 융화정신의 소산인지 판별하기가 곤란하다 하겠다. 그러나, 가령 우리는 칸트가 이성론과 경험론을 종합·통일하여 자신의 이른바 선험철학을 확립한 것이나, 동중서가 성선설과 성악설을 절충하여 인성의 비선비악설을 주장한 것을 가리켜, 그들의 융화정신의 소산이라고 말하지 않는 것만은 사실이다.

그러므로 우리는 여기에 절충적 형태로 표출된 사상의 연원이 그 어느 쪽에 있는지 구별할 수 있는 기준을 설정할 필요가 있다. 그리고 그 기준은 다름 아닌「표출된 사상형태를 그 사상 이외의 심층문화의 표출형태와 아울러 고찰함」에 둘 수밖에 없을 성싶다. 그 까닭은 한 민족의 생활양식이나 예술형태와 같은 심층문화는 우리의 삶과 직결된 심정적인 바탕 위에서 형성되기 마련이오, 따라서 만일 이러한 심층문화 일반의 형태 속에 다른 심층문화와의 절충적 요소가 발견될 수 있고, 더구나 그 문화형태가 독특한 통일적 조화를 이루고 있을 경우에는, 우리는 그것을 심정적인 심층에 뿌리박고 있는 융화정신의 발로라고 할 수 있으며, 더 나아가 같은 절충적 형태를 띤 사상이라도, 이와 같은 심정적 심층문화를 바탕에 깔고 있는 사상은, 단순히 논리적 당위성에서 나온 절충사상과 달리 깊은 융화정신의 표출이라고 볼 수가 있겠기 때문이다.

이러한 시각에서 볼 때, 우리는 본래 외래사상이었으면서도 우리의 전통사상으로서 소화되어 우리의 독자적인 고유문화의 근간을 이루고 있는 불교나 유교의 사상 속에서, 허다한 대립적인 주장내용들을 통일·절충하고자 시도한 선인들의 많은 노력을 찾아볼 수 있음은, 그것이 선인들의 단순한 개인적인 논리적 당위의식에서 나온 표층적 절충에 그치는 것이 아니라, 바로 우리 민족의 심층적인 심정 속에 흐르고 있는 융화정신의 발로임을 말해주는 것이라고 할 수 있음직하다. 왜냐하면, 우리의 선인들은 외래문화를 수용함에 있어 단순히 그것을 답습한 것이 아니라, 반드시 우리 자신의 심정적인 용광로에 일단 용해하여, 그 본래의 원형문화와는 다른 우리의 고유한 생활규범, 조화 있는 생활양식, 독특한 예술 등을 창출하여 왔고, 근대에 이르러 서구문화를 수용함에 있어서도, 오늘날 우리의 규범의식이나 생활양식에서 보는 바와 같이, 선인들과 꼭 같은 수용형태를 우리는 보이고 있거니와, 이는 다름 아닌 우리 민족의 심층적인 심정 속에 융화의 정신이 맥맥히 흐르고 있다는 증좌(證左)라고 할 수가 있기 때문이다.

필자가 문외(門外)의 입장에서나마, 불교가 수용되고 전개되어 오는 과정에서, 대립되는 사상들을 통일·융합시키고자 노력한 많은 선인들의 시도를 살펴보고, 이것을 우리의 융화정신의 구현으로 보는 소이(所以)가 여기에 있다.

Ⅰ. 불교사상의 수용기

1. 승랑(僧朗)의 이제합명중도의(二諦合明中道義)

삼국이 각기 중국으로부터 불교를 수용한 후 고구려의 승랑(僧朗, 5-6 세기)은 역으로 중국에 들어가서 대승불교의 기초를 정립하는데 큰 역할을 하였다. 그는 중국 땅에서 입적하였으나 고구려의 실(實) 법사, 인(印) 법사 등의 계승자를 낳게 하였고, 또 고구려의 혜자(惠慈), 혜총(慧聰), 혜관(惠灌), 도등(道登) 등이 삼론(三論)을 일본에 전하여 일본 삼론종을 성립케 하였다. 따라서 승랑은 중국 삼론종의 성립과 고구려 삼론사상의 전파 및 일본 삼론종 성립의 기초를 이루어 놓았다고 할 것이다.

당시 중국은 북쪽의 비담종(毘曇宗)[1]의 유사상(有思想)과 강남의 성실종(成實宗)[2]의 공사상(空思想)에 각기 집착하여 『공즉불공(空卽不空)』을 깨닫지 못하였다. 유(有)와 공(空)의 이러한 편집을 시정한 것이 바로 승랑의 삼론사상이다.

본래 비담의 유철학은 간다라(Gandhara) 지방에서 희랍철학의 영향을 받고 발생하여 사물의 본체는 과거, 현재, 미래를 통하여 실재한다고 보고, 삼세실유(三世實有)와 무위(無爲)의 다르마(Dharma)만이 항존(恒存)한다는 법체항유(法體恒有)를 주장하였다. 제행무상(諸行無常)이라 하지만, 그것도 본체는 항존(恒存)하며 그것이 작용해서 나타나는 현상이 순간마다 생멸하는 것이오, 따라서 모든 현상은 무상하다는 뜻이라고 해석하였다. 이러한 유부(有部)철학을 비판하고 반대한 것이 반야(般若)의 공(空)사상이다. 그러나 중국 강남을 휩쓸고 있던 공사상은 중관계(中觀系)의 공이 아니라 『성실론(成實論)』에 입각한 소승공(小乘空)이었다. 그러므로 이것도 승랑의 신(新)삼론을 계승한 길장(吉藏, 549-623)에 의하여 완전히 논파되고, 『성실론』은 공에 집착하여 공이 곧 불공인 줄 모르는 것이라 하였다. 『공즉불공』이 곧 중도의(中道義)임을 깨닫지 못한 것이 『성실론』이라는 것이다.

이리하여 삼론종은 중관계의 용수(龍樹)의 『중론』과 『십이문론(十二門論)』 및 제바(提婆)의 『백론(百論)』을 근본으로 하여 중도의(中道義)를 확립하였다.

요컨대 모든 현상은 공이요, 물질적이건 정신적이건 모든 존재는 공을 본질로 한다. 따라서 근본불교의 연기설은 공으로 해명되고, 비담의 항유실재론은 거부된다. 용수는 이러한 공에 근거하여 「팔불(八不)의 중도」를 주장하였다.

「모든 존재가 공이 되면 고인 생도 없는 것이요[不生], 생이 없으

1) [편집자 주] 중국불교의 13종 가운데 하나로 동아시아에서는 하나의 분명한 종파로 성립되지는 않았지만 有部의 『雜阿毘曇心論』 등의 연구에 몰두하는 이들을 가리킨다.
2) [편집자 주] 중국 13종 가운데 하나이며 후기 소승불교의 종파로서 하리발만(Harivarman, 訶梨跋摩)의 『成實論(Satyasiddhi-śāstra)』에 기초하고 있다.

므로 멸도 없으며[不滅], 항존하는 어떤 연속성도 없으므로[不常], 단절도 없으며[不斷], 평등도 없고[不一] 차별도 없으며[不異] 원인도 없고[不來], 귀일(歸一)할 곳도 없다[不去]. 훌륭하게 연기를 설명하고, 여러 사론(邪論)을 멸파한 불(佛)을 나는 예배한다」고 한 것이 용수의 팔불(八不)의 부정이다. 이 「부정의 부정」이 곧 중도요 「파사현정(破邪顯正)」으로서, 이에 의하여 얻을 것도 없고 얻어지는 것도 없는 무소득공(無所得空)인 중도가 있게 되는 것이다. 승랑은 고삼론을 버리고 신삼론을 취했거니와, 진제(眞諦)와 세제(世諦)의 이제(二諦)를 고삼론은 이(理)라 한데 대하여, 신삼론은 교(敎)라 하였고, 고삼론은 이제를 유상(有相), 유소득(無所得)이라 한데 대하여, 신삼론은 무상(無相), 무소득(無所得)이라 하였다. 팔불중도를 이제와 연관지어 전개시킨 것이 승랑의 독득처(獨得處)이다. 「섭산사(攝山師)는 말하기를 진속이제(眞俗二諦)란 이 중도를 드러내는 묘교(妙敎)이다. 그것은 글과 말을 다한 지극한 설명이다. 중도는 유와 무를 밝히나, 유와 무는 도리를 어기지 않는 것이다. 중도가 비록 이를 단절한다 할지라도, 그 이에 의하여 이를 얻게 되는 것이다. 이로써 진과 속의 문을 얻게 되니, 이제법으로 중생을 교화한다」[3]고 한 것이다.

모든 존재는 인연에 의하여 생멸한다는 현상계의 진리인 속제와 일체개공(一切皆空)이라는 선험적 진리인 진제는 무소득의 중도를 얻게 하는 방편설(方便說)이다. 따라서 이제는 「불공의 공」인 중도를 드러내는 인식방법이라 하겠다. 이와 같이 중도는 유도 아니고 무도 아니며, 일(一)도 아니며, 이(二)도 아니다. 그것은 객관화되고 상대화되는 것도 아니며, 그것을 넘어선 절대이다.

이제(상대성)에 의하여 중도가 드러나기 때문에 승랑은 이제를 교문(敎門)이라 한 것이며, 이러한 이제를 매개로 하여 중도를 드러내는 방법을 사용한 것이 그의 이제합명중도의 논리이다.

---

3) 攝山師云. 二諦者, 乃是表中道之妙敎. 窮文言之極說也. 道明有無, 有無不乖其道理, 雖絕要二, 因二以得理, 是以開眞俗門. 說二諦法, 以化衆生. (『大乘三論略章』)

승랑의 이제합명중도란 제법실상(諸法實相)을 설파한 것으로서, 그것은 비중(非中)이요 비부중(非不中)이다. 중생을 위해서는 중(中)이라 하지만, 이는 부중(不中)을 드러내기 위한 하나의 방편이다. 그 까닭은 유무의 편집을 떠난 것은 중이라 하겠지만, 그러한 편집이 없어지면 중도 또한 부중이라, 중이 설 곳이 없게 되기 때문이다. 이러한 비중비편(非中非偏)을 구태여 중이라고 한다면 그것은 절대중으로서, 중에도 집착하지 아니하므로 무주(無住)라고 할 수밖에 없다. 그러므로 이제합명중도는 결국 이러한 무주중도를 드러내기 위한 방법이었다.

2. 원광(圓光) 법사의 대승보살도정신(大乘菩薩道精神)

– 세속오계(世俗五戒)를 중심으로

진평왕 35년(613) 황룡사에 백좌도량(百座道場)을 설치하고 여러 고승을 청하여 설경(說經)할 때 원광(圓光, 570-?)은 가장 상수(上首)에 있었다. 그때, 비록 원종(23대 법흥왕)의 흥법이래로 신라에 불교가 공인되기는 하였으나 일반적으로는 아직 교리에 정통하지 못하였으므로, 「마땅히 귀계멸참법(歸戒滅懺法)으로 우매한 무리를 깨우쳐 주어야 할 것이라」하고 중의로써 원광이 있던 가슬갑사(嘉瑟岬寺)에 점찰보(占察寶)를 두고 이로써 상규(常規)를 삼았다. (점찰실이란 『점찰경』에 의거하여 윤리생활을 영위하고 수도에 힘쓰는 일반신도들의 조직으로서 「보(寶)」라고 하는 것은 불사를 계속적으로 영위하기 위하여 사원에 설치된 일종의 경제기구이며, 점찰실은 점찰법회를 항구적으로 행해 나아가기 위한 지원기구이다.)

원광은 항상 가슬갑사에 정주하여 대승경전을 강설하였다. 그때 사량부(沙梁部)에 귀산(貴山)과 추항(箒項)이라는 청년이 「우리들은 화랑들과 교유하기를 기대한다. 그럴진댄 먼저 마음과 몸가짐을 바로 하지 않으면 욕됨을 면치 못하리니, 도를 현자에게 물어 보리라」하고, 함께 원광 문하에 나아가 「저희들 속된 선비로서는 어리석어 아는 바가 없사오니, 원컨대 한 말씀 가르쳐주시면 이로써 평생을 지켜 나아갈 교훈으로 삼을 것입니다」하니, 원광은 「불교에 보살계(梵網 보살계의 십중계)」가 있으나 너희들은 신자(臣子) 된 도리로서 아마도 지키기 어려우리라. 이제 세속의 오계(事君以忠, 事親以孝, 交友以信, 臨戰無退, 殺生有擇)가 있으니 그대들은 이를 행하여 소홀히 하지 말라」고 하였다. 이 말에 귀산 등이 「다른 것은 분부를 받들겠사오나 살생을 가려서 하라는 뜻은 알지 못하겠습니다」한 즉, 법사는 「육제일(六齊日), 봄, 여름철엔 살생을 하지 않으니, 이는 때를 가려서 하려는 것이오, 사축(使畜)을 죽이지 않는다 함은 마(馬), 우(牛), 계(鷄), 견(犬)을 이름이요, 세물(細物)을 죽이지 않는다 함은 물(物)을 가려서 하려는 것이니 이 또한 오직 부리는 짐승을 많이 죽이기를 바라지 않을 따름이라, 이것이 곧 세속의 선계이다」라고 하였다. 귀산 등은 이 가르침에 순종할 것을 맹세하였으며, 후에 두 사람은 종군하여 마침내 나라에 큰 공을 세웠다고 한다. 위의 몇 가지 사례에 의하여 신라 진평왕 때의 불교양상과 계율의 성격이 어떠하였던가를 짐작할 수 있을 것이다.

원광 이전에는 불가사문(佛家沙門)이 구족계(具足戒)를 수지(受持)하고 일반으로는 오계(五戒)나 팔계(八戒)를 설하였으며 아울러 대승의 보살계가 행해졌었다. 오늘날 그 내용을 전해주는 기록이 남아 있지 않으며, 이 원광의 전기에서 비로소 구족계를 받았다는 것과 보살계라는 명칭이 분명히 나타나 있다. 원광은 중국에서는 성실(成實)이나 수론(數論)[4] 등의 강론을 받았으며, 환국후(還國後)로는 섭론(攝論), 반야, 열반 등을 강설하는 등 주로 대승교를 선양(宣揚)하였다. 자신은 출가승으로서의 본분을 엄격히 지켰으며, 따라서 많은

4) [편집자 주] 數論이란 카필라(Kapila, 數論師)에 의해 수립된 상키야(Saṃkhya) 학파를 가리키며, 佛典에서는 종종 여섯 외도 가운데 하나로 언급된다.

도속(道俗)들의 존앙을 한 몸에 지니고, 이양(利養)을 수용하면서도 털끝만치도 사유화(私有化)하는 일이 없었으며, 재시(財施)는 모두 사원경영에 충당하고 자신은 오직 의발(衣鉢) 밖에 없는 청결한 계행을 견지하는가 하면, 한편으로는 일반민중을 교화하고 이익되게 하기 위해서는 어떠한 선방편도 불사하는 이른바 이타(利他)를 주로 한 대승보살계의 정신으로써 대중교화에 힘쓴 흔적을 엿볼 수 있다. 그의 불교관은 보살계사상을 근본으로 삼았으되, 이것을 시대의 현실에 맞추어 자유로이 구사하였으니, 그것이 곧 위의 두 화랑에게 말한 세속오계이다.

진평왕 30년에 왕은 고구려가 자주 국경을 침입함을 염려하고, 수나라에 청병하여 적국을 정벌코자 법사에게 명하여 『걸사표문(乞師表文)』을 짓게 하였더니, 「자기의 생존을 구하여 남을 멸망하게 하려는 것은 사문으로서 차마 못할 짓이나, 빈도(貧道)는 대왕의 국토에 의존하여 살아가고 있으므로 감히 명을 따르지 않을 수 없다」하여 표문을 지어 올렸다. 원광이 취한 이러한 태도에서 볼 수 있듯이, 그는 사문으로서 자기개인에 관계되는 일이라면 감히 하지 않는 점과, 대승적인 입장에서는 국민의 한사람으로서 감히 하지 않을 수 없는 점을 뚜렷이 구별하여, 자기 스스로를 율하고 이타행을 실천하였다. 그러한 정신의 발로가 곧 화랑들에게 설파한 세속오계이거니와, 이 세속오계야말로 그 유례를 찾아볼 수 없는 법사의 독특한 불교관이다. 또 후에 귀계멸참법으로써 완고한 무리를 깨우쳐 주기 위해서 베푼 점찰법회의 시행도 바로 이런 뜻에서 나온 것이었다.

불교가 세간에 유포된 지 일천(日淺)한 신라인들에게 실제로 수지하고 실행할 수 있는 계율을 주어 근기(根機)를 조숙(調熟)케 하고 교화하기 위하여 개설된 독보적 세속오계를 자세히 고찰하여 그 사상적 배경을 구명해 보기로 한다.

신라초기에 유행된 불교사상의 하나는 미륵신앙사상으로서, 유연(有緣)의 불국정토를 기원하는 사람들은 그것에 부응할만한 기근(機

根)이 될 수 있도록 지계(持戒)의 생활을 영위하고, 통치자들도 또한 이 미륵신앙을 통해서 신라의 이상국토화를 도모하고 전륜왕(轉輪王)적인 정치이념을 구현하는데 힘썼으므로, 국가와 불교가 상호제휴를 통해서 다 같이 단시일에 비약적인 발전을 이룩하여 삼국통일의 대업을 달성하고 신라 불교의 황금시대를 현출케 하였던 것이다. 이러한 신라의 발전과 삼국통일의 원동력이 된 것은 진흥왕 시대 이래 일어난 화랑운동이라 하겠거니와, 이 운동의 정신적 지주로서 화랑들의 지도육성을 담당한 사람들이 곧 신라 불교의 대중화 운동의 선구라고 할 수 있는 일부의 승려들이었다. 화랑의 성립에 관해서는 여러 학설이 분분하나, 하여튼 그것은 진흥왕시대에, 재래부터 있었던 원시 남성집회(原始 男性集會)의 중심이 되는 여성화랑(女性花郎=源花)을 시대성에 적응시켜서 남성화랑으로 대치하고, 인재양성을 목적으로 청소년수련단체로서 제도화한 것이라 하겠다. 이러한 화랑도에 속하고 있는 두 사람의 청년이 자신들의 평생의 계가 될 만한 가르침을 원광에게 청하였던 것이며, 이는 모든 화랑들이 한결 같이 바라는 지표이기도 하였다. 이에 대하여 원광은 그들에게 가장 알맞은 계명으로서 세속오계를 설한 것이다.

이 세속오계는 일견 마치 유교에 있어서의 오상(五常, 仁·義·禮·智·信)에 배대(配對)하여 설한 것 같이 느껴지며, 또 종래에 있어서는 그렇게 해석되어온 경향도 없지 않았다. 그러나 원광의 세속오계는, 신라인들의 신앙과 사상을 깊이 이해할수록, 실은 중국에 있어서 불교를 중국불교로서 중국문화권내에 정착시키기 위하여 불교의 오계를 유교의 근본윤리인 오상에 배합시켜 오상과 같다고 하여 유교와의 타협과 조화를 시도한 것과는 달리, 신라적인 발상의 전개에 의한 것이었음을 절감하지 않을 수 없다. 이렇듯 신라인들은 그들이 살고 있는 신라야말로 유연의 불국토요, 당래불(當來佛=彌勒)의 현생을 원하기에 알맞은 이상국토를 건설하리라는 자부를 가지고 있었던 것이다. 그러므로 신라인들은 유연의 불국토인 신라를 수호하는 것이 곧 임금에 충성하는 길인 동시에, 이러한 불국토에 몸을 받아난 보은사상에서 지계의 생활을 실천하는 것이 곧 효도라고 생각하였다.

화랑들은 항상 단체적인 수양생활을 통해서 서로 절차탁마(切磋琢磨)하고 신의로써 교분을 맺고 있었음은 물론이려니와, 깊이 불법을 믿고 유연의 불국토인 신라를 수호 발전시키는 일에 신명을 바쳤으며, 신라를 침범하는 무리를 조복(調伏)하기 위해서는 임전무퇴의 용기로써 솔선하여 싸움터에 나아갔던 것이다. 원광이 불도수행의 사문으로서 중생이 서로 살육을 벌이는 전쟁을 가장 꺼려하면서도, 정법과 불국토를 수호한다는 신념을 가진 입장에서는 전쟁하는 것을 용인하였으나, 그래도 중생의 인명손해를 최소한도로 그치도록 해야 한다고 본 고충의 발로가 곧 살생유택의 계였다.

동기의 선악에 의하여 계의 지범(持犯)을 판별하고 그 행위가 중생에게 이익을 가져오게 되고 정법을 수호하기 위한 것이라면 살생도 필경에는 범계(犯戒)가 되지 않는다고 하였던 것이다.

임전무퇴와 살생유택을 설한 원광의 이 처사는 불국토인 신라를 수호한다는 호법호국사상에서 나온 것이며, 이러한 대승보살계의 정신에 입각하여, 그는 불교에서 말하는 오계가 아닌 새로운 세속오계를 설하게 된 것이다. 위에서 말한 바와 같이 신라에 있어서의 원광의 세속오계는 다름 아닌 신라의 불국토사상에서 생겨난 것이다. 이 세속오계를 생활신조로 삼은 화랑들 속에서 수많은 인물이 배출하여 삼국을 통일하고 신라를 발전시키는데 중추적인 역할을 담당하였거니와, 이로써 원광이 신라의 삼국통일의 대업에 기여한 공적이 얼마나 컸던가를 짐작할 수 있다.

원광 개인은 승려로서 비구계와 보살계를 수지한 사람이며, 따라서 세속제자에게 설계(設戒)함에 있어서도 불교전통의 오계, 팔계, 보살계 등을 전수했어야 마땅할 것이요, 그 형식적 정규(定規)를 일탈한 것은 소승불교에서 본다면 분명히 위율범계(違律犯戒)라고 하겠지만, 일체중생을 제도하기 위해서는 반행이 다 보살행이 될 수 있다는 대승보살적 견지에서는, 당시의 삼국이 정립하여 서로 싸울 수밖에 없었던 전국시대의 청년들을 위하여, 시대적 요구에 순응한 임기응변, 수기설법(隨機說法)의 교화방법을 내세우지 않을 수 없었다. 이는, 중국에 있어서 불교의 오계를 오상의 유교적 윤리도덕과 배대한 것과는 달리, 삼국이 통일을 지향하여 각축을 벌인 시대상에 부응해서 새로운 불교이념을 바탕으로 제시한 신라인의 국민적 유리강령이었다고 할 수가 있다.

신라의 계율은 대소를 겸수하였지만, 그 계율사상은 소승계율보다 대승의 보살계를 보다 더 중시하였다. 처음에 소승적인 계율이 유포되었으나, 이 때문에 형식주의적인 면에 치우치는 풍조가 일어나게 되자, 바로 홍익과 지계를 미륵신앙에 연결시켜 신라에 불국정토를 나타내게 하려는 구체적인 목표를 세워 국민의 신앙과 사상을 합리적으로 귀일(歸一)시키는 동시에, 국민생활을 규제하는 불교적인 윤리도덕을 세우기에 힘썼다. 이 때문에 처음에는 세속일반에게도 불교의 8개조 계율[5]을 수지하도록 대승적인 팔관재(八關齋)가 행해졌었다. 그러나 이 팔관재가 결국은 고대 종교의식과 혼합된 형식으로 시행되었으며, 또 이 8조의 계율이 근기미숙의 민중이 실천하는 데는 난점이 있음을 알고, 원광은 한층 더 적극적으로 국민이 실천할 수 있는 세속오계를 제정하였던 것이다.

따라서 이 세속오계는 이타를 주안목(主眼目)으로 한 대승적 견지에서 나온 처사라고 하겠으며, 이야말로 불교대중화의 선구적 역할을 한 것이라고 하겠다.

5) [illegible] 산 목숨을 죽이지 않고(不殺生), 도둑질하지 않으며(不偸盜), 삿된 음행을 하지 않으며(不邪淫), 거짓말 하지 않고(不妄語), 술 마시지 않으며(不飮酒), 높고 넓은 평상에 앉지 않으며(不坐高廣大床), 화려한 의상을 걸치거나 향수 등을 뿌리지 않으며(不著華鬘瓔珞不用香油塗身熏衣), 스스로 노래하고 춤추지 않고 기묘한 구경거리를 보지 않는다(不自歌舞, 不得輒往觀聽)는 8가지 금계(禁戒)를 말함.

Ⅱ. 신라불교의 전개

1. 원효(元曉)의 통불교이념(通佛敎理念)

(1) 신라의 대중불교운동

신라초기의 귀족불교는 진평, 선덕여왕대에 이르러 신승(神僧) 혜숙(惠宿), 혜공(惠空)이 나타남으로써 불교의 서민화가 추진되었다.

『삼국유사』의 『이혜동진(二惠同塵)』에 의하면, 혜숙은 화랑 호세랑(好世郎)의 낭도로서 안강(安康) 적선촌(赤善村)에서 평생을 지냈으며, 국선(國仙) 구참 공(公)의 살육을 징계한 연유로 진평왕의 소명을 받았으나 여자와 침상에 누워 자는 체하고 거절하였다. 이와 같이 국왕의 소명까지 거절하고 토호를 징계하며 마을에 숨어 대중을 교화하여 불교의 서민화를 꾀하였고, 혜공은 천진공(天眞公)의 고용인으로 있다가 출가하여 늘 소사(小寺)에 살면서 미친 것처럼 취하여 삼태기를 지고 거리를 노래하고 춤추며 다녔으므로 그를 부궤화상(負簣和尙)이라 하였다. 그가 항정사(恒汀寺, 迎日五漁寺)에 있을 때는 원효(元曉, 617-686)가 그에게 여러 불경에 대하여 질의했다고도 전한다. 한편 『송고승전(宋高僧傳)』과 『원효전대안(元曉傳大安)』에 의하면 대안성자(大安聖者)는 그 내력을 알 수 없는 사람으로서, 형상과 의복이 특이하고, 늘 장터에서 동발을 치고 대안대안(大安大安)했다고 한다. 왕이 대안에게 『금강삼매경』을 설하도록 하였으나 「경을 가지고 오라, 왕의 궁궐에는 들지 않으련다」하여 불승의 귀족화에 저항하였다.

혜숙은 시골마을에서, 혜공은 거리에서, 대안은 장터에서, 원효는 천촌만락(千村萬落)을 무애(無碍)박을 두드리면서 불호(佛號)를 외쳤다. 이러한 일련의 인물의 행적은 원효의 불교사상형성에 큰 영향을 주었으며, 이 때문에 『상구보리 하화중생(上求菩提 下化衆生)』의 원효사상은 무애행으로 나타났던 것이다. 또한 평생을 숨어서 영취산(靈鷲山)에 있으면서 법화를 강하며 이량공(伊亮公)의 가노(家奴) 지통(智

通)을 득도케하고, 원효에게 『초장관문(初章觀門)』과 『안신사심론(安身事心論)』을 짓게 한 이승(異僧) 낭지(郎智)도 귀족불교에 반대한 원효의 숨은 스승이었다.

원효가 사복(蛇福)의 어미가 죽으매 「살지 말지어다. 죽는 것이 괴롭도다. 죽지 말지어다. 사는 것이 괴롭도다[莫生兮其死也苦 莫死兮其生也苦]」라 하였는데, 사복이 번거롭다 하니, 다시 「죽고 사는 것이 괴롭도다(死生苦兮)」라 한 것은 바로 철저한 원효불교의 서민회정신이라 하겠다.

(2) 화쟁(和諍)의 논리

원효사상의 근본 진수는 진리의 참모습(대승)을 일관된 화쟁의 논리에 의하여 드러내고자 한데 있다고 할 것이다. 수많은 불전 곧 대소백가종파(大小百家宗派)의 경론을 일관된 논리에 의하여 천명하여 회통·융화시켰다는 것은 결코 쉬운 일이 아니다. 『기신론소』에서 「진리의 참모습은 깊고 고요하며, 맑고 평화로우며, 그윽하고 미묘하여 어찌 만상의 밖으로 벗어났으랴. 고요하고, 또 고요하나 오히려 백가의 설명 안에 있다. 만상(萬象)의 밖이 아니건만 사리를 판별하는 오안(五眼)[6]으로는 그 형체를 볼 수 없고 언설 안에 있으나 사변으로는 그 형상을 말할 수 없다. 크다고 하자니 안이 없는 지극히 작은 것에 넣어도 남음이 없고, 작다고 하자니 한량이 없이 큰 것을 둘러싸고도 남음이 있다. 유(有)라 하자니 평등한 진여(眞如)가 그것으로 말미암아 공하고, 무(無)에서 찾자니, 만물이 그것을 타고 생겨난다. 무어라 설명할지 알지 못해 억지로 대승이라고 이름하였다」[7]하

6) [편집자 주] pañca-caksumsi, 天眼, 肉眼, 法眼, 慧眼, 佛眼의 다섯 가지 눈[眼]을 말함.

7) 夫大乘之爲體也, 蕭焉空寂, 湛爾沖玄, 玄之又玄, 豈出萬像之表, 寂之又寂之. 猶在百家之談, 非像表也, 五眼不能見其軀, 在言裏也四辯不能談其狀, 欲言大矣, 入無內而莫遺, 欲言微矣. 苞無外而有餘, 引之於有, 一如用之而空, 獲之於無, 萬物乘之而生, 不知何以言之, 强號之謂大乘. (『元曉全集』-『起信論疏』 上卷)

였으며, 『기신론별기(起信論別記)』에서 「그 참 모습은 광활하다. 그것은 크게 텅빈 것처럼 사(私)가 없고, 넓고 넓어서 큰 바다처럼 지극히 공평하다. 지극히 공평하기에 동정(動靜)이 인연 따라 이루어지며, 그 사(私)가 없기에 염(染)과 정(淨)이 모두 하나가 된다. 염과 정이 하나가 되므로 진(眞)과 속(俗)이 평등하고, 동과 정이 함께 이루어지기에 모든 운동에 차별상이 있는 것이다」고 하였다.[8)]

백천만류(白川萬流)가 필경 일승(一乘)의 참모습으로 귀일할 것이나, 그것을 논증하는 논리는 그가 자유자재로 구사하던 개합(開合), 여탈(與奪), 입파(立破), 허불허(許不許), 연불연(然不然)이요, 어느 경론이나 분석과 종합, 긍정과 부정을 거쳐 다시 대긍정, 대화쟁으로 이끌어 나아간다. 위에서 인용한 『기신론소』나 『기신론별기』는 『개합자재(開合自在)』, 『입파무애(立破無礙)』로 대화쟁을 논증한 것이었다. 『기신론소』에서는 「개(開)하면 한량없고 가이 없는 뜻은 종(宗)이 되고, 합하면 이문(二門) 일심(一心)의 법은 요(要)가 된다. 이문(二門)안에 만 가지 뜻을 포함하여 문란하지 않고 가이없는 뜻이 한 가지 일심으로 융합된다. 이로써 개와 합이 자재롭고 입(立, 긍정)과 파(破, 부정)가 무애(無碍)하다. 개하여도 번거롭지 않고, 합하여도 좁지 않으며, 입하여도 득이 없고, 파하여도 잃음이 없다. 이것이 마명(馬鳴)의 묘술이요, 기신(起信)의 종체(宗體)가 된다」[9)]고 하였으며, 『기신론별기』에서도 다음과 같이 말하고 있다.

「도는 만 가지의 대상을 정지시켜 드디어 일심의 근원으로 돌리는 것이며, 그 논은 입하지 않는 바가 없고 파하지 않는 바가 없는 것이다. 『중관론』이나 『십이문론』 등은 모든 집착을 파하고 파한 것을

---

8) 其體也曠兮, 其若大虛而無私焉. 蕩兮其若巨海, 而有至公焉, 有至公故, 動靜隨成, 無其私故, 染淨斯融, 染淨融故, 眞俗平等, 動靜成故, 昇降參差. (『元曉全集』-『大乘起信論別記』)

9) 開則無量無邊之義爲宗, 合則二門一心之法爲要, 二門之內, 容萬義而不亂, 無邊之義, 同一心而混融, 是以開合自在, 立破無得, 開而不繁, 合而不狹, 立而無得, 破而無失, 是謂馬鳴之妙術, 起信之宗體也. (『元曉全集』-『起信論疏』)

다시 또 파해서 파를 거듭함으로써 결국 능파(能破, 주체)와 소파(所破, 대상)도 허하지 않으니, 이를 논파[往]하나 긍정에로 이끌지 못하는 논이라 하겠다. 한편 미륵의 『유가론』과 무착(無着)의 『섭대승론(攝大乘論)』 등 유식은 심천(深淺)을 함께 입하여 법문에서 교판(敎判)하나, 자기의 주장하는 법을 융합해서 부정해 버리지[遣] 못하니 이를 여(與)하되 탈(奪)은 모르는 논리라 하는 것이다. 그러나 이제 이것을 논하는 자는 이미 지혜롭고 이미 인(仁)하며, 또한 현(玄)하고, 또한 넓으니, 입(立)하되 자견(自遣)하지 않음이 없고, 파(破)하되 환허(還許)하지 않음이 없다. 환허란 저 논파[往]된 것을 드러내고, 논파[往]의 궁극에 가서 보편의 진리를 나타내는 것이다. 그렇지만 자견이란 이 긍정[與]된 것을 밝히고 긍정[與]의 궁극에 가서는 부정[奪]을 하는 것이다. 이것은 모든 논의 조종(祖宗)이요, 군쟁(群諍)에 대한 비판의 핵심이다.」[10]

이것이 화쟁의 일반론이다. 『중관론』은 부정을 계속하여 집을 파하고, 파를 다시 파하여 가는데 그칠 뿐, 그것을 긍정으로 이끌지 못하였으며, 유가 『유식론』은 입과 여에 설 뿐이며, 그것을 부정해 버리지 못하니, 여만 알고 탈은 모르는 논리이다.

이러한 양 유파는 불교의 2대 사상이면서 서로 논쟁해 마지 아니하였다. 따라서 『대승기신론』은 이러한 두 가지 입장을 지양하는 사상을 지녔으므로 원효는 이를 중요시하여 「소」와 「별기」를 지었고, 개합, 입파, 여탈의 논리에 의하여 화쟁사상을 전개하였던 것이다.

이러한 화쟁사상을 구체직으로 전개한 전형직인 경 혹은 논은 『열반경』과 『법화경』 및 『기신론』이라 하겠다.

10) 爲道者, 永息萬境遂還一心之源, 其爲論也, 無所不立, 無所不破, 如中觀論十二門論等, 遍破諸執, 亦破於破, 而不還許能破所破, 是謂往而不遍論也. 其瑜伽論攝大乘等, 通立深淺, 判於法門, 而不融遣自所立法, 是謂與而不奪論也. 今此論者, 旣智旣仁, 亦玄亦溥, 無不立而自遣, 無不破而還許, 而還許者, 顯彼往者往極而遍立, 而自遣者, 明此與者, 窮與而奪, 是謂諸論之祖宗. 群諍之評主也. (同-『大乘起信論別記』)

(3) 보살도실천(菩薩道實踐)과 정토사상

원효는 무애자재한 자신의 화쟁사상을 정토사상에도 적용하여, 대중구제의 속효(速效)를 바랄 수 있는 방편으로서 자신의 정토사상을 피력하였다. 그는 천촌만락을 노래와 춤으로 순력(巡歷)하며 온 나라 사람으로 하여금 나무아미타불을 외우게 함으로써, 형식화되고 경색화된 귀족불교교단의 부패를 철저히 혁신코자 하였다. 형식화된 계율만을 계율로 아는 천식(淺識)으로 볼 때는 파계라고 생각되는 행위를 서슴지 않고 감행하여 일대혁신의 경종이 되게 하였다.

요석공주에게 설총을 잉태케 하고 표주박을 두드려 무롱(舞弄)하던 그가 깨치게 하고자 한 것은 무엇인가? 그것은 다름 아닌 참 보살계가 무엇인지를 알게 하는 일이었다. 진정한 보살계란 사회고목(死灰枯木)과 같이 형해(形骸)화된 계율이 아니다.

「보살계란 여러 흐름을 본원으로 되돌리는 큰 나루터요, 사를 여의고, 정도로 나아가는 긴요한 문이다.」[11)]

「혹은 속마음은 실로 사악한데 겉으로 자취만 올바른 것과 같고, 혹은 드러난 행위는 물든[染] 것 같으면서도, 속마음은 순박하고 깨끗하며, 혹은 지은 행위가 조그마한 화에 합당하되 큰 근심거리를 이루며, 혹은 마음과 행동이 심원하지만 오히려 천근(淺近)하게 되어 진리를 여의고 있다.」[12)]

이것이 곧 원효의 계율관으로서, 참 계율을 중심으로 순정(淳淨)해야 한다는 것이다. 거사취정(去邪就正)하고 반류귀원(返流歸源)한다면 소합복(少合福) 아니 해도 좋은 것이다. 대중이나 서민의 속마음은 순박하고 깨끗한 것이다. 그것을 숨김없이 드러내는 것이 곧 계율이요, 따라서 계율의 대중화가 추구된 것이다.

그가 「예토(穢土)와 정국(淨國)이 본래 한 마음이요, 생사와 열반도

---

11) 菩薩戒者, 返流歸源之大津, 去邪就正之要門也. (同-『菩薩戒本持犯要記』)

12) 或內意實邪, 而外迹似正, 或表業同染, 而中心淳淨. 或有作業合少福, 而致大患, 或有心行順深遠, 而違淺近. (同上)

마침내 둘이 아니라」고 한 것은 참된 부처가 무엇인가를 직시한 것이요, 예토, 정국이 곧 한 마음이라는 것을 설한 것이라 하겠다.

「중생의 심성은 융통무애(融通無碍)하여 크기가 마치 텅 빈 하늘과 같고 깊기는 바다와 같다. 허공과 같기 때문에 그 본모습은 평등하여 차별적 분별심으로는 이해할 수 없다. 어디에 정국과 예토라는 공간이 있겠는가. 마치 바다와 같은 까닭에 그 본질은 윤활(潤滑)하여 능히 인연을 따라서 거역하지 않으니, 어찌 동정하는 시간성이 있겠는가. 너 이제 혹은 진풍(塵風)으로 말미암아 오탁(五濁, 劫 · 見 · 煩惱 · 衆生 · 命)에 빠져서 오래 전전(輾轉)하며, 괴로운 물결에 가라앉아 오래 흐르기도 하고, 혹은 선력(善力)을 받아 사류(四流, 欲 · 有 · 見 · 無明)를 다 끊고 성으로 들어가 다시는 고해로 돌아옴이 없이 피안에 이르러 길이 고요한 열반에 들기도 한다. 이와 같은 동(動)과 적(寂)은 모두 하나의 큰 꿈이다. 깨달음에서 말한다면 이도 없고 저도 없으며 예토와 정국이 본래 한 마음이요 생사와 열반이 결국 둘이 아니다.」[13]

누구든 참으로 서방정토를 원한다면 그 실현은 가능한 것이다.

「경에서 만일 오로지 서방극락세계에 있는 아미타불을 염하고 선근(善根)을 닦아서 회향(廻向)하고 저 세계에 나도록 구하고 원한다면 곧 왕생할 수 있으며, 늘 불(佛)을 모실 수 있는 까닭에 마침내 지옥으로 떨어지지 않는다고 하였던 것이다.」[14]

「정토종의(淨土宗意)가 본래 범부(凡夫)를 위하고, 함께 성인을 위한 것이요.」「본래 오장[15]소조(五障所造)의 범부를 위한 것이요, 보살

13) 夫衆生心性, 融通無碍, 泰若虛空, 湛猶巨海, 若虛空故, 其體平等, 無別相而可得, 何有淨穢之處, 猶巨海故, 其性潤滑, 能隨緣而不逆, 豈無動靜之時, 爾乃或因塵風, 淪五濁而久轉, 沈苦浪而長流, 或承善力, 截四流而不還, 至彼岸而永寂, 若斯動寂, 皆是大夢, 以覺言之, 無此無彼, 穢土淨國, 本來一心, 生死涅槃, 終無二際.(『元曉全集』-『遊心安樂道』)

14) 如修多羅說, 若人專念四方極樂世界 阿彌陀佛, 所修善根 廻向, 願求生彼世界, 卽得往生, 常見佛故, 終無有退.(同上)

15) [편집자 주] 번뇌, 업, 태어남, 법, 앎에 의한 煩惱障, 業障, 生障, 法障, 所知障 등의 다섯 가지 장애.

을 위한 것은 아니다.」(『유심안락도』)

이러한 단언은 곧 미타의 근본 뜻이 대중교화에 있음을 밝힌 것이며, 범부왕생의 비원을 달성하려는 원효의 비원이기도 하였다.

원효의 이러한 통불교이념과 그 구현을 위한 독특한 화쟁의 논리 및 그 보살도실천에 있어서 우리는 한국역사상 가장 순수하고 전형적인 융화정신의 발휘를 볼 수 있다. 그리고 또한 이것은 다름 아닌 풍류정신이 대승불교적 형태로 발현된 것이라 하겠다.

2. 의상(義相)의 융화사상

(1) 해동화엄초조(海東華嚴初祖)

중국 화엄종의 개조는 법장 현수(法藏賢首, 643-712)요, 그와 동문이 의상(義相, 625-702)이다.

법장은 논리적으로 화엄철학을 수립한데 대하여, 의상은 화엄사상을 몸소 실천하고, 더 나아가 관음신앙을 통하여 고원(高遠)한 화엄사상을 신라 사람들에게 이해시키는 데 힘을 썼다. 현수는 의상에게 글을 보내어,

「듣건대 상인(上人, 의상)은 귀향하신 후 『화엄경』을 천명하고 법계(法界)의 무애연기(無礙緣起)를 선양하시며, 천궁(天宮)의 보강(寶綱)은 중중(重重)하고, 불국은 신신(新新)하여 이익을 널리 주시고, 기쁨이 더욱 커 가신다고 하오니, 이로써 여래멸후(如來滅後)에 불국이 광휘(光輝)하고 법륜(法輪)이 재재(再載)하여 법을 오래 머물게 한 것은 오직 법사임을 알았나이다」하였고 또 『송고승전(宋高僧傳)』에서는 의상을 『해동화엄초조(海東華嚴初潮)』라 칭하였다.

그러나 우리는 그가 화엄뿐 아니라 관음신앙을 선포한 큰 뜻을 알아야 할 것이다. 「송고승전」에 의하면 그는 선묘여설(善妙女說)을 『부석사연기(浮石寺緣起)』로 삼고, 또 『낙산사연기(落山寺緣起)』로서

관음진신(觀音眞身)의 친견(親見)을 말하고 있다.

이처럼 그가 화엄경에서 관음신앙을 특기한 것은 신라불교의 대중화를 위한 것이다.

(2) 화엄일승법계도(華嚴一乘法界圖)

이것은 『화엄경』의 사상을 해인삼매도인(海印三昧圖印)으로 요약한 것으로서, 지엄(智儼, 602 668) 밑에 있으면서 총장원년(總章元年, 670)에 중국 종남산(終南山)에서 만든 7언 30구 210자이다.

① 법성원융무이상(法性圓融無二想) - 법성은 원융하여 두 모습이 없고,
② 제법부동본래적(諸法不動本來寂) - 모든 존재는 움직이지 않아 본래 고요한지라.
③ 무명무상절일체(無名無相絕一切) - 이름도 없고 모습도 없어 일체를 끊어 버렸으니,
④ 증지소지비여경(證智所知非餘境) - 증험한 지로 알 수 있는 것이오, 다른 경계가 아니다.
⑤ 진성심심극미묘(眞性甚深極微妙) - 참된 본성은 깊고 깊어 미묘하되,
⑥ 불수자성수연성(不守自性隨緣成) - 자성(自性)을 지키지 않고 인연따라 된 것이다.
⑦ 일중일체다중일(一中一切多中一) - 하나 가운데에 일체가 있고 여럿 가운데에 하나가 있으니,
⑧ 일즉일체다즉일(一卽一切多卽一) - 하나가 곧 일체요, 여럿이 곧 하나이니라,
⑨ 일미진중함십방(一微塵中含十方) - 한 티끌에 우주가 다 들어 있고,
⑩ 일체진중역여시(一切塵中亦如是) - 모든 티끌이 역시 그러하다.
⑪ 무량원겁즉일념(무량원겁즉일념) - 한량없는 먼 시간이 곧 일념이요,
⑫ 일념즉시무량겁(一念卽是無量劫) - 일념이 곧 그대로 한량없는 시간이다.

⑬ 구세십세호상즉(九世十世互相卽) – 과거, 현재, 미래 모든 세계가 서로 상즉(相卽)하여,

⑭ 잉불잡란격별성(仍不雜亂隔別成) – 따라서 뒤섞임도 없이 구별을 이루고 있다.

⑮ 초발심시편정각(初發心時便正覺) – 초심 발할 때가 바로 정각할 때이니,

⑯ 생사열반상공화(生死涅槃常共和) – 생사와 열반이 항상 어울렸고,

⑰ 이사명연무분별(理事冥然無分別) – 이치와 현상[理事]이 그윽하게 구별 없으니,

⑱ 십불보현대인경(十佛普賢大人境) – 십불, 보현, 대인의 경지이다.

⑲ 능인해인삼매중(能仁海印三昧中) – 능인(能仁=佛)은 해인삼매속에서

⑳ 번출여의불사의(繁出如意不思議) – 여의불사의함을 빈번히 나타내고,

㉑ 우보익생만허공(雨寶益生滿虛空) – 보배를 뿌려 중생 위해 허공을 채우니,

㉒ 중생수기득이익(衆生隨器得利益) – 중생은 그릇 따라 이익을 얻는다.

㉓ 시고행자환본제(是故行者還本際) – 그러기에 행자는 본디 마음을 되찾아

㉔ 파식망상필부득(叵息妄想必不得) – 망상을 끊지 않고는 반드시 얻지 못할 것이다.

㉕ 무연선교착여의(無緣善巧着如意) – 무연(無緣)의 선방편(善方便)으로 여의를 잡아

㉖ 귀가수분득자량(歸嫁隨分得資糧) – 집에 돌아가 분에 따라 자량(資糧)을 얻게 하며,

㉗ 이다라니무진보(以陀羅尼無盡寶) – 다라니의 무궁무진한 보배로써

㉘ 장엄법계실보전(莊嚴法界實寶殿) – 마지막 참 보배의 궁전을 장엄케 하고,

㉙ 궁좌실제중도상(窮坐實際中道床) – 마침내 실제 중도의 자리에 앉아서

㉚ 구래불훈명위불(舊來不動名爲佛) - 옛날 그대로 움직이지 않아 불(佛)이라 이름한다.

『법성원융무이상(法性圓融無二想)』은 현수의 『자성청정원명체(自性清淨圓明體)』와 같은 것이다. 중생이 본래 지닌 신성은 원명청정(圓明清淨)하여 염(染)에 있어도 때묻지 않고, 닦아 다스린다 해서 더 깨끗하게 되는 것도 아니며, 번뇌가 덮으면 숨고, 지혜가 요달(了達)하면 드러나기 마련이다. 법성은 원융하여 이름도 없고 모습도 없는 것으로서 모든 상대계(相對界)의 관계를 단절해 버리고 오직 증험(證驗)한 지로 알 수 있을 뿐 다른 경지가 아니라고 한 것도, 친히 자성의 본래 담적(湛寂)함을 보고 이름을 여의고 모습을 끊은 것을 증험하여 사사무애법계(事事無碍法界)로 근원을 삼은 것이다.

일(一) 중에 일체가 있고, 일체 중에 일이 있어 중중무진(重重無盡)하고 상즉상입(相卽相入)하여 자재무애(自在無碍)하니, 이사(理事)가 무애(無碍)일뿐 아니라 사사(事事)가 상즉상입하여 원융무애의 세계가 이루어진다. 이것이 화엄원교(華嚴圓敎)의 세계로서, 화엄의 논리는 결국 지혜의 논리이다. 이것은 불교의 자각 내용을 철저히 이론적으로 조직화하려는 것이며, 감성과 예지의 분별을 발무(撥無)하고 진속이제로 하여금 원융교철(圓融交徹)케 하려는 것이다. 의상의 일승법계는 지속적으로 연구되어, 그 결과로서 명정(明晶)의 『해인삼매론(海印三昧論)』 3권과 진숭(珍嵩)의 『일승법계도기(一乘法界圖記)』 1권, 균여(均如)의 『법계도원통기(法界圖圓通記)』 2권과 조선 김시습의 『대화엄일승법계도(大華嚴一乘法界圖)』 주 1권 및 『법계도기수록(法界圖記隨錄)』 등이 있었다.

(3) 화엄과 관음신앙과의 융화

의상의 근본처는 본래 『화엄경』이었으나, 그가 정토신앙도 중시하였음은 관음진신(觀音眞身)을 친견했다는 것과 『백화도량문(百花道場

文)』으로 미루어 알 수 있다.

즉 화엄가는 「비로자나불」을 본존으로 하는 것인데도, 그는 관음을 본사(本師)로 삼겠다고 하였다. 「비로자나불」은 본래 이란 지방의 태양신이 인도 서북지방의 신으로 화한 것이거니와, 여하튼 화엄과 관음의 융화에서 우리는 그의 불교 서민화의 고심을 엿볼 수 있다.

그는 「오직 원하옵건대 제자는 생생세세(生生世世) 관세음을 본사로 삼겠습니다. 보살께서 미타불을 모시듯 나 또한 관음대성(觀音大聖)을 정대(頂戴)하겠습니다」[16]라 하였다.

이와 같은 비원은 동해용신신앙을 관음신앙으로 대치하여 어민들의 불안과 공포를 제거하고 안전을 기원하는 어민교화의 방편이었다.

영주의 부석사 본전은 무량수전으로서, 이것이 화엄도량이라면 당연히 「비로자나불」을 본존으로 모실 것이로되 아미타불로 대신한 것이다. 이 사찰에는 아미타불 외는 다른 탑이 없다. 부석사 「원융국사비」에는 그 이유를 의상이 이렇게 말하였다고 한다.

「스승 지엄이 말씀하시기를, 일승아미타불은 열반에 들지 않고 십방정토(十方淨土)를 체(體)로 삼아 생멸상이 없는 까닭에, 『화엄입법계품(華嚴入法界品)』에서 혹은 '아미타', '관세음'을 본다고 말하고 있다. 정수리에 물을 부어[灌頂] 수기(授記)한 자가 모든 법계를 가득히 채워 채울 곳은 모두 채웠다. 그것은 불(佛)이 열반에 들지 않으니 모자랄 때가 없는 까닭에 채울 곳이 없는 것이오, 영탑(影塔)을 세우지 않은 것은 이 일승의 깊은 뜻에 의한 것이라」[17]하였다.

관음은 「미타불」의 보처보살(補處菩薩)이기에 관음신앙과 정토신앙에 대한 염원은 같은 것이다. 『화엄입법계품』에 「내 목숨이 다할 때 일체의 장애를 버리고 눈앞의 아미타불을 보아 모시면 곧 안락정토에 왕생할 것이라」고 한 것과 관련지으면, 화엄종도 아미타불과 관

16) 唯願弟子, 生生世世, 稱觀世音以爲本師, 如菩薩頂戴彌陀. (『白花道場發願文』)

17) 相師曰, 師智儼云, 一乘阿彌陀佛, 無入涅槃, 以十方淨土爲體, 無生滅相, 故華嚴經入法界品云, 或見阿彌陀, 觀世音菩薩, 灌頂授記者, 充諸法界, 補處補缺也, 佛不入涅槃, 無有缺時, 故無有補處, 不入影塔, 此一乘之深旨也. (浮石寺, 「圓融國師碑」)

계가 있다. 의상의 관음신앙도 이러한 인연으로 있게 되었으며, 따라서, 그에게 있어서는 화엄학과 정토신앙이 전혀 다른 것이 아니었다. 관음은 본래 인간이 가진 모든 불안과 공포를 제거토록 노력하는 보살로서 의상은 이로써 중생의 불안과 공포를 들어 주는 방편으로 삼았던 것이다.

Ⅲ. 고려불교의 전개

1. 의천대각(義天大覺)의 교관병수론(教觀並修論)

신라시대부터 전승해온 불교계에 획기적인 혁신의 봉화를 올린 거장이 바로 고려문종의 넷째 왕자인 대각국사 의천(義天, 1055-1101)이다.

그는 출가 후 6종의 종지(宗旨)를 두루 역섭(歷涉)하여 대승의 교학에 통효(通曉)하고 또 제자백가의 설에도 자못 정통하였다. 31세에 도송(渡宋)시 항상 국사에게 수종(隨從)한 주객원외랑(主客員外郎) 양걸(揚傑)은 그를 5종(賢首의 性宗, 慈恩의 相宗, 達摩의 禪宗, 南山의 律宗, 天台의 觀宗)을 겸섭(兼攝)한 법기(法器)라고 극구 칭찬하였다. 신라 중엽 이후 왕실의 보호를 받아 선(禪)·교(教)가 득세하게 되고 나말(羅末)을 전후하여 전(全)불교계는 원융, 법상, 법성, 열반, 계율, 선적(禪寂) 등의 선·교 양도(兩道)가 일방적으로 저마다 백가의 교설에 편집하여 타종을 서로 배척하는 폐습이 풍미하였거니와, 여조에 있어서는 이러한 나말 불교종파의 형세와 법계가 그대로 전승되었으며, 더욱이 태조 자신이 선종에 친근하고 이를 외호(外護)하였으므로 선파의 교세는 나날이 확장되었다. 그러나 현종 이후로는 화엄, 법성 등의 교종이 점차 교세를 떨쳐 선종에 크게 대항하였다. 당시 이러한 불교계의 시대적 경향 속에서 의천은 특히 천태와 화엄의 교리에 잠심(潛心)하여 양교의 교판동이(教判同異)의 비교연구에 주력하고, 이 양종을 통하여 장차 교계의 혁신운동을 일으키려는 뜻을 품고 있었다. 그러나 이를 실천에 옮기기 위한 구체적 방법으로서는 언교(言教)를 배격하는 선종을 포섭해야 하였으며, 따라서 의천은 화엄보다는 천태를 교종 중 제일종이라 지목하고 있었다. 그는 국내에서 공부하던 시절부터 이미 여기에 착안하여 일찍이 숙종과 그의 생모인 태후에게도 천태삼관(天台三觀)이 가장 참다운 것임에도 불구하고 종문(宗門)이 아직 개립(開立)하지 못하고 있음은 매우 애석한 일이라 하여, 국사 스스로 천태로써 선과 교를 융합한 통화적 불교를 이룩하려는 포부를 피력한 적이 있었다.

이리하여 당시의 군신상하의 반대를 무릅쓰고 31세 때 입송(入宋)한 후, 그는 정원(淨源)법사에게서 화엄, 원각, 기신, 천태 등의 교학을 수하고, 자은대사 종간(從諫)에게서 천태의 교관(教觀)을, 혜림(慧林)에게서 유식을, 영지사(靈芝寺) 원소율사(元炤律師)로부터 율법을 각각 문수(問修)하여, 제종(諸宗)을 융회(融會)하여 선교상의(禪教相依)의 통화불교(統和佛教)를 이룩할 수 있는 충분한 연구를 쌓았으며, 또 중국에 체류하고 있을 때에 천태산의 지자대사(智者大師)의 탑에 참배하고 발원문(發願文)을 봉정(奉呈)하여 천태교학을 선양할 것을 서원(誓願)하였다.

국사가 한국불교사상 탁연(卓然)한 봉우리의 큰 맥과도 같은 추요(樞要)한 자리를 차지한 것은 천태종 개립(開立)을 발판으로 고려 교계의 선·교 제종의 대립을 일소하고 이를 통화(統和)하려는 경륜(經綸)을 실천에 옮겼다는 데에 있다. 이 목표를 달성하기 위한 국사의 구체적 방법을 편의상 1) 통화불교론의 사상적 근거, 2) 화엄종학의 통일, 3) 천태종의 개립의 순으로 고찰해 보기로 한다.

(1) 통화불교론의 사상적 근거

원효이후 고려초를 거쳐 국사에 이르기까지 난립된 종파를 회통하고 교선간의 반목을 융화하려는 국사의 이념은 그가 일찍부터 원효의 『십문화쟁론』이 법화의 회삼귀일(會三歸一) 및 천태의 일불승 교관일치사상과 그 사상적 입장이 대동함을 이해하고 있었다는 데서 찾아 볼 수 있을 것이다. 국사가 평소에 원효를 교계의 일인자로 보고 가장 숭배의 대상으로 삼아 왔다는 사실을 아래와 같은 기록에서 더욱 분명하게 확인할 수 있다.

즉 국사는 신미(1091)년 봄 남유(南遊)의 길에 올랐을 때 경주 분황사에 들러 이곳에 봉안된 원효의 소상(塑像)앞에 다과를 진열하고 제전을 올렸다. 그리고 그때 그가 『제분황사효성문(祭芬皇寺曉聖文)』이라는 제하에 지은 제문에서 그는 「해동교주원효보살」, 「해동보살」 또는 『성사(聖師)』등의 존칭을 쓰고, 「오직 우리 해동보살만이 성(性)과 상(相)을 융명(融明)하였으며, 고금의 사곡(邪曲)을 바로잡아 백가이쟁(百家異諍)의 단(端)을 화(和)하여 일대지공(一代至公)의 논(論)을 얻었다. … 영명(令名)은 중화와 서역에까지 떨쳤고 자화(慈化)는 유명(幽明)을 뒤덮었다. … 제가(국사) 천행을 받아 일찍이 불승을 사모하여 선철들의 사이를 거쳐 보았으나 성사보다 뛰어난 분은 없었다. … 이제 계림(鷄林)의 고사에서 다행하게도 살아 계신 듯한 당신의 모습을 뵙고 보니 옛날 석가가 설법하신 영취산의 모임에 참여한 것처럼 느껴진다」[18]고 말한 것으로 보아 국사가 얼마나 원효를 추앙하였던가를 쉽게 알아볼 수 있을 것이다.

또 그의 편저 『원종문류(圓宗文類)』 잔편(殘編) 제22권 「화쟁편」에 화쟁의 송구(頌句)를 수록한 것이 있거니와, 이처럼 국사가 자기의 편저 속에 원효의 화쟁송구를 실어 두었다는 사실만으로도 원효의 화쟁사상에 대한 국사의 관심의 도가 높았음을 역력히 보여주는 것이라고 하겠다. 이렇듯 국사는 일찍부터 원효에게서 고려불교의 주체

18) 唯我海東菩薩, 融明性相, 隱括古今, 和百家異諍之端, 得一代至公之論, …… 令名所以振華梵, 慈化所以被幽明, ……資天幸, 早慕佛乘, 歷觀先哲之間, 無出聖師之右, ……今者, 鷄林古寺, 幸膽如在之容, 鷲嶺舊峯, 似値當初之會. (『大覺國師文集』 卷十六, 「祭芬皇寺曉聖文」)

적인 전통을 찾아 통화불교를 확립하려는 뜻을 굳게 다짐하고 있었다.

(2) 화엄종학의 통일

국사는 환국 후 국내 제일의 화엄종의 대찰 흥왕사(興王寺)의 주지로 있으면서 교계의 준족(俊足)을 선발하여 종학(從學)케 하는 한편, 신라의 원효를 비롯하여 역대 승장(僧匠) 명현(明賢)들의 유저 4천여 권을 수집 간행하였다. 국사는 천태종 개립의 준비단계로서 먼저 자기가 주재하고 있던 교종 제일종문인 화엄종학을 교관병수(教觀并修)로 통일하여 화엄종도(華嚴宗徒)로 하여금 이를 실천에 옮기게 하기 위해서, 교학일변에 편중하고 있는 당시의 교학승의 통폐(通弊)를 시정하고자 하였다.

이리하여 그는 대경(大經)을 전수하되 관문(觀門)을 배우지 않는 자는 비록 강주(講主)라 할지라도 나는 믿지 않는다고 갈파(喝破)함으로써, 종래의 구습을 벗어나서 교계의 승려도 관법을 익히게 하여 선과의 화합의 길을 열어 놓았다. 결국 이와 같은 주장은 국사가 천태, 화엄의 양종 및 여러 종학을 통해서 깨닫게 된 궁극적 교관병수의 불교관으로 귀착되며, 나아가서는 천태종 개립을 통해서 교계의 분열을 지양하고 각파의 통합을 이룩하려는 경륜에서 나온 것이라고 보겠다.

(3) 천태종의 개립

숙종 2년 고려 천태종 본산 국청사(國淸寺)가 건립되자 왕명에 의하여 국사는 초대 주지가 되고, 이어 동(同) 4년에 제1회 천태종의 승선(僧選)을 시행한 후로부터, 천태종은 완전히 공인된 일종으로서 개립하기에 이르렀다. 이로부터 국사는 선종포섭을 위한 적극적이며 구체적인 방법을 실천에 옮겼다. 일찍이 중국에서 요(遼)의 도광제(道光帝)가 의학사문(義學沙門) 전효(詮曉), 전명(詮明) 등에게 경록(經

錄)을 평정하여 『속개원석교록(續開元釋敎錄)』 3권을 편수(編修)토록 하였을 때 지거(智炬)의 『보림전』(寶林傳)을 모두 불태워 버린 일이 있었거니와, 국사는 이에 대하여 「위망(僞妄)한 것을 제거하였다」하여, 불태워 버린 것을 속시원하게 생각하고 있는 듯한 어조로 비판을 가하였으며, 신종의 장구(章句)가 많이 이단과 관련을 짓고 있다고 비난하였다.

국사는 그의 편저 『신편제종교장총록(新編諸宗敎藏總錄)』 중에 단 한 책의 선록도 채입(採入)하지 않았다. 그는 본래, 경교를 무시하고 일방적으로 암증(暗證)만을 존중하는 선교류의 편집성을 부당하다고 여겼던 것이다. 그리하여 고선(古禪)과 금선(今禪)과는 그 선풍(禪風)이 크게 다름을 지적하여 다음과 같이 비판하였다. 「본래의 선은 교를 가자(假藉)하여 선을 습(習)한 데 반하여, 금일의 선은 교를 무시하고 선을 설하니, 이는 명에 집하여 실을 망각한 소이로서 백폐(百弊)가 여기에서 생겨나므로, 오늘의 수선인(修禪人)은 교사(矯詐)의 폐를 구하고 고성정순(古聖精醇)의 도로 되돌아가지 않으면 아니된다」고 하였다.

선종을 대할 때 화엄에 의한 규봉종밀(圭峯宗密, 780-841)의 선교일치론만으로는, 종래의 편집을 버리고 교와 선이 서로 화합하여 교화를 두루 펴나간다는 것은 기대하기가 어렵다. 그러나 천태종은 화엄종과 같이 교종에 속하면서도 본래는 삼론종에서 발전되어 나온 종지이므로, 화엄론에 비하면 보다 더 실천적 방면을 중시하였고, 천태 지자대사(智者大師)도 『법화현의(法華玄義)』와 아울러 『마하지관(摩訶止觀)』을 저술하였다. 지관(止觀) 즉 관법의 일문은 실로 대사의 최상실천문이라고 할 수 있는 것이다. 따라서 수선(修禪)은 천태종에 있어서는 처음부터 빼놓을 수 없는 수행으로서, 교관병수는 천태종의 근본종지이오, 교관이란 말부터가 천태에서 나온 말이다. 미상불 여러 교종 중 관행을 존중하는 것은 천태뿐이다.

국사는 화엄, 천태의 법주(法主)로 군림하여, 먼저 교관병수의 불교관으로써 화엄종도를 통합 결속시킨 후에, 선종과 상통하는 천태를 내세워 국청사를 개산지(開山地)로 삼아 국사 스스로 천태종을 강론하면서, 때로는 강경과 회유의 양면수단으로 9산(九山)의 소장선도(少壯禪徒)를 천태로 전향하도록 적극 권장하였다. 이는 국사가 선교의 대립적인 각축의 폐를 제거하고자 종래의 인습에서 벗어난 신종파를 개립함에 있어 그 근간이 되는 학도를 선종에서 택할 필요성을 느꼈기 때문이다. 만약에 화엄이나 법상, 법성 등 교종 측에서 택하였다면, 국사가 원래 교종 출신으로서 그를 따르는 승려들이 모두 화엄종인데, 이제 다시 천태종의 개립자로서 교종에서 학도를 뽑게 되니, 천태종이 마치 화엄종의 분종처럼 되어 버렸을 것이오, 따라서 신종개립의 의의를 상실하는 결과가 되었을 것이다. 그러므로 국사는 구산에서 우수한 소장선승을 선발하여 자기의 근본사상인 교관병수의 문에 들게 하였던 것이다. 과연 선종을 그대로 버려둔 채 이를 교선원융, 교관병수의 기치 하에 포섭하여 동화하도록 한다는 것은 거의 기대할 수 없는 일이었을 것이다. 그리하여 선종에서 우수한 인물을 발탁하여 비록 교종이기는 하되 교의상 선종적 성격이 짙은 천태를 개립함으로써, 결과적으로 선종측에서도 그의 취지에 동화하여 주기를 바랐던 것이다. 또 한편으로는 국사의 불교해석에 있어서 선종이 천태학과 서로 통하는 점이 적지 않으므로 9산의 선도들을 천태로 유치하는 데도 비교적 장애가 적으리라고 믿고 있었던 것이다.

이리하여 천태종도는 천여 명을 헤아릴 수 있을 만큼 많았으며, 천태의 총본산인 국청사 이외에도 전국에 6대본산이 있어 종풍(宗風)을 크게 진작시켰다. 그리고 그 문인 중에는 교웅(敎雄), 증엄(證儼), 수개(壽介) 등과 같은 이름난 사람들 이외에도 약 160여명의 고족(高足)제자들이 있었다. 이렇듯 국사에 의하여 개립된 천태종은 여말까지 고려일대를 통하여 크게 융성하였다.

2. 보조지눌(普照知訥)의 융화사상

(1) 신불교운동

지눌(知訥, 1158-1210) 시대의 불교는 교종 중에서도 화엄교가 가장 성행하고 있었으며, 선종에서는 선은 교외별전(敎外別傳)이라 하여 일체의 경전을 무시하고 교학을 멀리하고 있었다. 이리하여 선·교 양자 간의 대립이 더욱 격화하고, 선문도 극도로 쇠미(衰微)하여 승단의 기강이 해이해지고 한갓 자격을 획득하는 명리장(名利場)으로 전락하거나, 혹은 선종으로서의 성격을 상실하고 실질적으로 기복적 정토업(祈福的淨土業)으로 변모하였다. 선종의 근본사상은 그 자취가 흐려져서 종문의 참모습을 찾아보기가 어렵게 되었다. 이렇듯 혼미한 불교적 풍토 속에서 지눌은 과연 불어(佛語)인 교와 불심(佛心)인 선이 두 갈래인가 아니면 하나로 귀결되는가 하는 의문을 품고, 이 의문의 해결에 심혈을 기울여 오던 중, 『화엄경』『출현품(出現品)』에서 선과 교가 둘이 아님을 확증한 끝에 선, 교 양종의 대립적 이원관(二元觀)을 타파하고 선교일원론으로 화회(和會)하여 무쟁(無諍?)의 사상을 전개하였다. 또한 지눌은 선의 입장에서 화엄의 교리를 융섭(融攝)하고자 온갖 노력을 다하였다. 즉 화엄의 경지(經旨)가 선과 상부하나, 화엄의 언교(言敎)만으로서는 선의 구경목적(究竟目的)을 이루었다고 생각하지 않고, 한걸음 나아가 화엄을 선 속에 해소시키고자 하였다. 즉 화엄의 언교에 의지하면서 언어를 여읜 선의 달경(達境)에로 이끌고자 하였던 것이다. 그리하여 지눌은 이통현(李通玄, 635-730) 장자의 『화엄합론(華嚴合論)』으로 자신의 화엄관을 삼아 이를 선 속에 활용하였다.

일찍이 천태종은 동토(東土)에 개창하여 교관병수일불승이 통합적 불교사상으로 교계를 혁신하였던 것과는 반대로, 지눌은 명리의 도시, 부생의 소굴로 화한 정식불교의 퇴폐한 왕성불교, 도시불교를 탈피하여 수도위주의 산림불교에로 전환하고자 하였다. 이리하여,

정혜법사를 창립하고 정혜쌍수(定慧雙修=定慧等持)를 주창함과 동시에 시종일관 선주교종(禪主敎從)의 입장에서 선과 교와의 조화를 도모하여 조계중흥의 대업을 성취한 이가 바로 불일보조(지눌)국사였다.

(2) 지눌의 선교융화론

지눌이 실천수행하였고 또 일반 선도에게 널리 수시(垂示)한 이른바 보조선법(普照禪法)의 성격을 단적으로 지적하면『돈오점수(頓悟漸修)』,『정혜쌍수(定慧雙修)』라 할 수 있다.

불교란 일반적으로 견성성불(見性成佛)하여 일체중생을 제도하려는 자리이타(自利利他)의 행에 그 구경목적을 두고 있는 것으로 알려져 있다. 특히 자각(自覺)을 주장하는 선종에서는『기오(機悟)』를 절대시하고 있는데 여기에서 생각해 볼 문제는 무엇을 어떻게 오(悟)하느냐 하는 점이다. 지눌은 오의 경계에 달할 수 있는 수행의 구체적 실천법으로서 이 문제를 어떻게 다루었는지, 그의 사상 속에서 이에 대한 독자적 견해를 먼저 고찰할 필요가 있다.

① 심즉불 불즉심(心卽佛 佛卽心)

지눌에 의하면, 사람들은 흔히 불이니 진성(眞性)이니 하는 것에 대하여 자심(自心)이 곧 불이요 진성임을 알지 못하고, 심외(心外)에 따로 불이 있고 성외에 법이 있다는 오해와 망상에 사로잡혀 있다. 그러므로 그는, 이러한 망상을 지닌 채로 불도를 구한다면 설사 백천만진겁(百千萬塵劫)을 지내도록 일대장교(一大藏敎)를 전독(轉讀)하고 혹은 아무리 갖가지 고행을 겪는다 하더라도 이는 결국 모래를 쪄서 밥을 짓는 격으로서 헛수고에 그칠 뿐, 아무런 공효(功效)가 없다고 역설하였다.

② 인교오심(因敎悟心)

지눌은 이러한 견지에서 마음의 행처(行處)가 멸하고 언어의 길이 끊어진 선의 오묘한 경계를 개오(開悟)하기 위하여, 경교(經敎)를 무시하는 암증(暗證)의 선사들과는 달리, 그 수도방법으로서 먼저 올바른 노정을 밝히고자 장경을 열람하는 한편, 반야의 공사상, 기신의 진여, 화엄의 성기사상(性起思想) 등으로 교학의 중심사상을 삼고, 『단경(壇經)』, 『대혜어록(大慧語錄)』 등을 선의 근본사상으로 삼아, 이를 혼연·융화하여 마침내 무사자오(無師自悟)하였거니와, 다른 선류를 교도하는 데에도 경교에 의하여 개오케 하려는 노파심을 아끼지 않았다.

만약에 전혀 언어문자와 방편을 가자하지 않고 이심전심하는 밀의상전처(密意相傳處)로 도를 삼는다면, 상근대지(上根大智)의 경우는 무방하겠지만 하근(下根) 이하의 무리는 감당하기 어려우므로, 여실언교(如實言敎)에 의하여 자심의 진망(眞妄)을 결택(決擇)한 연후에, 구중(句中)의 언지(言旨)에 참하고 지견(知見)을 척제(滌除)하여 구경에 이르는 방법을 취함이 옳다는 것이다. 즉 처음부터 문자에 의지하지 않고 조사(祖師)가 은밀히 서로 전한 바[直指祖師密意相傳處]로 도를 삼으면, 암야(暗夜)에 지표(指標)를 잃고 대해중(大海中)에 표박(漂迫)하는 편주(扁舟)와도 같이 아득하고 망망하여 한갓 헛수고에 그칠 뿐, 혼수(昏睡)에 빠지고[墮] 혹은 관행(觀行)에 실심(失心)하여 착란을 일으키게 될 따름이오, 따라서 언교에 의하여 종지를 깨닫게[悟] 함이 온당한 공부방법이라고 하였다. 또 권교(權敎)에 체(滯)하여 관행을 수(修)하지 않는 교학자나 겨우 한 소식(消息)을 얻은 바 있으면 해행(解行)의 심천(深淺)과 염습(染習)의 기멸(起滅)을 알지 못한채 법만심(法慢心)을 내는 선학자류의 병폐를 통박(痛駁)하여 의오필수(依悟必修), 성상쌍수(性相雙修)의 필요성을 명시하고, 반일 수도자가 자기법신진심(自己法身眞心)이 제불(諸佛)과 온전히 같음을 원오(圓悟)하고 이에 의하여 성상(性相)을 원수(圓修)하여 종지를 원증(圓證)하면 모든 성현의 궤철(軌轍)이 또 이에서 벗어나지 않으리라고 강조하였다. 그러므로 관행을 수(修)하는 자가 선을 설하고 교를 넓히는 자가 단지 문자학해(文字學解)로써 업을 삼는 폐단을 논박하고, 근리자(根利者)는 관조에 의해서 출세법(出世法)을 얻을 것이오, 근둔자(根鈍者)는 신심을 견고하고 모든 정업(淨業)을 쌓으면 비록 이생[此生]에서는 오에 투철하지 못하더라도 정인(正因)을 잃지 않을 것이라 하여, 수분관행(隨分觀行)의 요(要)를 거시(擧示)하는 한편, 또한 선지(禪旨)는 내조(內照)에 있는 것이니 필구(筆口)로 술(述)할 것이 아니며, 언설로 선(宣)할 것이 아니라고 보았다. 그리하여 글이나 말로써 도달할 수 없는 곳을 억지로 술하고 설함은 중·하근기자(中下根機者)를 현진(玄津)에 나아가게 하기 위한 방편에 지나지 않는 것이오, 따라서 궁극적으로는 어디까지나 이를 마음에 관조하여야 하며, 언어문자에 현혹되지 말아야 한다. 요컨대 지눌의 인교오심문(因敎悟心門)은 언교(言敎)를 떠나서 오를 구하거나 언교를 가자(假藉)하되 이에 집착함이 없이, 사람마다 각자의 근기(根機)에 따라 부즉불리(不卽不離)의 방편을 베풀고 노정을 밝혀 구경에로 나아가게 하는 데 그 목적을 두었다. 특히 지눌은 소승에서 대승으로 십왕(十往) 십행(十行) 십회향(十廻向) 십지(十地)를 계력(階歷)하며 점진적으로 개오하게 하기 위하여 언교에 의지하도록 한 것이 아니라, 신인(信忍) 중에 자심이 제불과 다르지 않음을 깨닫게 하기 위함이오, 이는 점훈(漸熏)의 공을 쌓아서 구경불과(究竟佛果)에 오르더라도 인지수행(因地修行)중에 「이치는 단박에 깨칠 수 있지만, 현상적 번뇌는 즉시 없앨 수 없다[理卽頓悟 事非頓除]」의 일념으로 정신(正信)한 돈오와 결과적으로 다를 바 없으며, 언교를 가자하는 의의도 오로지 이러함을 깨닫게 하는 데 초점을 두었던 것이다.

③ 돈오점수(頓悟漸修)

지눌에 의하면 입도(入道)의 방편문이 수다하고 수증돈점(修證頓漸)을 판론(判論)하면 교세가 여러 갈래이나, 소설요지(所說要旨)는 결국 돈오점수에서 벗어나지 않으며, 이 돈점양문(頓漸兩門)이야말로 수선입도의 최상방편문이요, 천성(千聖)의 궤철(軌轍)이다.

인간이 미(迷)하여 있을 때는 자신이 곧 불(佛)임을 알지 못하고 불을 다른 외상(外相)에 구하나, 기실 사람들 각자의 마음 밖에 따로 불이 있는 것이 아니다. 지눌은 이 심(心)과 불(佛)이 아무런 차이도 없다는 것을 깨닫는 것이 바로 돈오(頓悟)라고 하였다.

돈(頓)이란 시간상의 질속(疾速, 순간)이라는 뜻과 범부의 위치에서 불의 단계로 도약전환하여 자기본래의 진면목을 재발견한다는 뜻과의 두 가지 뜻이 있다. 지눌은 오경(悟境)에 달하는 조건으로서, 그 사람이 일대용맹심이 있어야 하며, 그 용맹심을 정문으로 선도(善導)하는 선지식이 있어야 한다고 말하였다. 그래야만 소승을 거치지 않고 바로 대승을 문지(聞知)하여 불과(佛果)를 증(證)할 수 있는 상근기(上根機)의 중생인 「대심(大心)의 범부」가 『일념회광(一念廻光)』할 수 있다는 것이다.

이미 깨달았으면 그것은 곧 성불한 것이다. 본래 번뇌가 없음을 돈이라 이름할진대, 돈오에 의한 깨달음 이외에 다시 점수를 운운할 여지가 없음직하나, 그것은 상근대지(上根大智)라야 능히 감당할 수 있는 조도직절문(祖道直截門)이오, 차하근기(此下根機)로는 이러한 방법으로 일대사를 마친다는 것은 결코 가능한 일이 못된다. 돈오만으로는 습기(習氣)[19]를 제거하지 못하므로, 점훈(漸熏)의 공을 쌓아서 성태(聖胎)를 성양하여, 성을 이루는 것이 돈오점수의 취지이다. 이는 비유하건대, 어린이가 처음 태어났을 때는 육근(六根)이 구족(具足)함이 다른 사람과 다를 바 없으나 그 힘이 충실하지 못하며, 점차 세월이 지나야 성인이 되는 것과 같다고 하겠다.

지눌은 선과 전생업사상(前生業思想)을 결부시켜, 금생(今生)의 발오(發悟)는 의오이수(依悟而修)하여 먼저 오(悟)한 후에 수해야 진수(眞修)라고 할 수 있고, 이래야만 옥바르 수행무에 들 수 있다고 설하고 있거니와, 지눌이 설하는 이 오(悟)는 다른 선가에서 설하는 오(悟)와는

19) [편집자 주] vasana언어, 마음으로 지은 업에 의해 의식에 남겨진 영향력을 말함. 유식불교에서 '습기'의 개념은 '種子(bīja)와 거의 같은 의미로 사용됨.

전혀 그 성격이 다르다는 것을 유의할 필요가 있다. 일반적으로는 수선하는 것은 오(悟)를 구하기 위함이요, 역겁(歷劫)으로 닦고 닦아서 그 결과 오경(悟境)에 달하는 것으로 여겨지지만, 여기서 말하는 오(悟)는 이미 초발심시(初發心時)에 자심(自心)이 곧 진불(眞佛)임을 깨달은 연후에 수(修)하는 것을 의미한다. 그러기에 지눌은 돈오만으로는 구경에 달한 것이 아니요, 일대사를 필한 것이 아니라고 하였다. 논리와 실제, 즉 이(理=體)와 사(事=用)를 구분하여, 이치로는 돈오하여도 사는 일시에 제(除)하지 못한다고 여겼으며, 오(悟)만으로는 무시(無始)의 습기를 제하지 못하므로 수용자재(受用自在)할 수 없고 도를 이루기 위하여는 보임(保任)이 필요하다고 보았던 것이다. 따라서 돈오도 실천으로서는 당연히 선오후수(先悟後修)의 의미를 지니게 된다.

「차성(此性)이 원래 번뇌가 없고 스스로 구족하여 불과 다름이 없음을 돈오하여 이에 의해서 수하는 자는 최상승선(最上乘禪) 또는 여래청정선(如來淸淨禪)이라 이름한다. 이리하여 염념(念念)이 수습(修習)하면 자연히 점차로 백천삼매(百千三昧)를 얻을 것이요, 달마문하(達磨門下)에 전전(展轉)상전(相傳)하는 것은 바로 이 선이다. 그러므로 돈오점수의 의미는 수레의 두 바퀴와 같아 어느 한 쪽이 없어도 아니 된다」[20]고 하여, 지눌은 돈오와 점수의 불가분의 상관관계를 수레의 두 바퀴에 비유하였다.

지눌이 제창하는 돈오점수는 결코 점문열기(漸門劣機)의 대치문중(對治門中)에서 행하는 돈오나 점수가 아니다. 자심(自心)이 곧 진성이며 법신이오, 번뇌가 본래 공하고 심성이 본래 정함을 돈오하면, 온전히 제불(諸佛)과 분호(分毫)도 다름이 없으며, 따라서 점수는 새삼스럽게 오를 구하기 위한 점수가 아니오, 점문의 소위 소승에서 대승으로 계차(階次)를 밟아 올라가는 등의 부류와는 판이하다. 『화엄경』『출현품

20) 頓悟此性, 元無煩惱, 無漏智性, 本自具足, 與佛無殊, 依此而修者, 是名最上乘禪, 亦名如來淸淨禪也. 若能念念修習, 自然漸得百千三昧, 達磨門下, 展轉相傳者, 是此禪也, 則頓悟漸修之義, 如車二輪, 缺一不可. (普照, 『修心訣』)

(出現品)』에 『진함대천경권(塵含大千經卷)』의 비유를 들어보인 「중생 몸 가운데 부처 지혜가 있다[衆生身中佛智]」는 말은 곧 선문의 「생각을 떠나면 곧 부처요, 이 마음이 곧 부처[離念卽佛, 卽心是佛]」라는 말과 같은 뜻이며, 그 오수증(悟修證)의 방법으로서의 화엄의 십신초위(十信初位)에서, 범부의 무명분별심(無明分別心)이 바로 제불의 부동보광지(不動普光智)임을 깨달음으로써 비로소 불퇴신(不退信)을 이루게 된다고 하는 교지는 선문의 돈오성불의 뜻과 같은 것이다. 만일 이것이 다르다면 교문의 돈오와 선문의 돈오가 이원적 대립상을 드러내게 되며, 따라서 불교와 조도(祖道)는 근본적으로 그 성격을 달리하는 별개의 것이 되고 말 것이다. 경론의 어느 한 부분만을 천박한 문자상의 해석만으로 스쳐버리고, 경전의 깊은 뜻을 올바로 알지 못하거나 형식적 권위의식에 사로잡혀 피차간의 대립 시비를 더욱 조성하는 사일수록, 사기만의 지식에 가리워 오히려 지혜가 매해지고, 자기의 견해와 맞지 않는 것은 모두 배척하며, 종파간의 분열, 특히 선교간의 대립을 조장하고, 교계의 종단(宗團)적 수도생활의 분위기를 살벌하게 할 뿐만 아니라, 나아가서는 권력층과의 결탁을 꾀하게 된다. 이리하여 세속적 출세에 급급한 명리승들에 의하여 마침내 불교는 이양과 투생의 소굴로 화한 형해적(形骸的) 불교, 퇴폐한 궁정불교, 음양, 풍수, 술수 등의 이단적 잡설과 혼합된 미신적 불교로 전락하게 되며, 이러한 불교의 퇴폐로 말미암아 정치, 경제, 문화 등 여러 면에서 국가와 사회의 쇠망을 초래하게 된다. 교계에 있어서의 선교이원론의 통폐는 결국 수도자들이 자기 마음 밖에서 불을 구하고 진성을 구하는데 기인하며, 상호간의 대립과 쟁론도 필경 이에서 비롯된다.

④ 정혜쌍수(定慧雙修)

지눌은 계(戒)·정(定)·혜(慧) 삼학(三學)으로 입도의 문을 삼게 하었나, 계는 비(非)를 막고 악을 그치게 한다는 뜻으로서, 이는 삼악도(三惡道)에 떨어짐을 면하게 하는 것이오, 정은 이치에 맞추어 어지러운 마음을 한곳으로 통섭하는 뜻이오, 혜는 법을 가리고 공을 관하며 정사를 판별하여 취사한다는 뜻으로서 오묘하게 생사를 벗어나게 하는 것이다(『翼進記』).

그런데, 전술한 바와 같이, 자심(自心) 밖에서 불(佛)을 구하고, 자심이 곧 진성, 법신이오, 번뇌가 본래 공하며 심성이 본래 정함을 알지 못하면, 그리하여 형상에 집착해서 아견으로 도를 구하면, 결국 마음이 방자하게 되어 탐진(貪瞋)과 질투(嫉妬), 아만(我慢)과 방일(放逸) 속에서 부질없이 명리만을 구하게 되고, 아무 계덕(戒德)도 없이 신자의 시물이나 공양을 받으면서도 부끄러워할 줄 모르게 된다. 따라서 지눌은, 이러한 출가자들이 진수에 선행하여야 할 돈오의 체험도 없이 수행의 길을 그르쳐, 한갓 지식만으로 중생구제의 원력(願力)이나 세운 듯이 세속사에 참여하여 결과적으로 교계나 사회 안에 시비, 대립, 갈등, 쟁론 등 갖가지 부조리를 조성하고 있는 실정을 통탄하고, 계정혜의 수행법에 따르는 수행본위의 산간불교로 그 교화의 방향을 돌림으로써 교계와 사회를 정화하여 융화적 불교정신으로 무쟁의 불국토를 이룩하고자 하였던 것이다.

Ⅳ. 조선시대의 불교사상가들

1. 함허득통(涵虛得通)의 유불융화사상

함허득통(1376-1433)은 선과 정토를 융합하여, 유심정토(唯心淨土), 자성미타(自性彌陀)를 견지하는 한편 아미타불의 대비원력(大悲願力)을 재창(再唱)하면 해탈을 얻을 수 있다고 하였다. 이것은 곧 타력염불(他力念佛)의 공덕을 인정한 것이다.

한편 그는 불교에 대한 유생들의 비난에 대하여, 그의 『현정론(顯正論)』에서 불교의 우열을 논하고 유불융화의 사상을 피력하였다.

즉, 그에 의하면 오상(五常)과 오계(五戒)는 결국 같은 것으로서, 불살(不殺)은 인(仁)에, 불도(不盜)는 의(義)에, 불음(不淫)은 예(禮)에, 불음주(不飮酒)는 지(智)에, 불망어(不妄語)는 신(信)에 각각 대응된다. 그리고 유교는 덕, 예로 사람을 제도(濟度)한다고 하지만 이는 성인이 아니면 능히 할 수 없는 일이요, 따라서 유가의 접인(接人), 교화는 일반적으로 형정(刑政)에 의거하며, 여기에 상벌이 따를 수밖에 없다. 그러나 상벌로써 선을 여장(勵奬)하고 악을 방지하는 것은 사람들로 하여금 다만 면전에서 위세를 두려워하고 일시적으로 복종하게 할 뿐이오, 이에 반하여 삼세인과(三世因果)의 소중함을 깨우쳐 주면, 전세의 죄업을 뉘우쳐 내세의 복을 발하고 화를 피하고자 스스로 선을 닦고 악을 삼가게 되므로, 상벌을 떠나서 스스로 심복(心腹)하게 된다. 그러나 사람마다 처음부터 심복하게 할 수는 없으므로, 우선 상벌로써 제도한 뒤에 심복하도록 하는 것이 온당할 것이며, 따라서 유(儒)·석(釋)의 접인교화(接人敎化) 방법은 그 어느 한 쪽을 폐해서도 안 될 것이다.

또한 유가(儒家) 측에서는, 세연(世緣)을 끊고 출가하는 일이 패륜적 행위가 아닐 수 없다고 보고, 그 이유로서 ① 결혼할 수 없음, ② 후사가 끊어짐, ③ 가문의 대를 이을 수 없음, ④ 종사(宗祀)가 단절됨, ⑤ 부모의 안부와 의식주의 생활을 돌볼 수 없음, ⑥ 송사후장(送死厚葬)할 수 없음, ⑦ 진충보국(盡忠報國)할 수 없음, ⑧ 세상의 성패를 보고만 있음 등의 내용을 들어 공박한데 대하여, 함허당(涵虛堂)은 상도(常道=經)와 방편(方便=權)은 도의 대요(大要)로서, 경(敬)이 아니면 상도(常道)를 지킬 수 없고, 권(權)이 아니면 변화에 응할 수 없으며, 상도를 지킬 줄 모르면 인심을 바로 잡을 수 없고, 변화에 응할 줄 모르면 대사를 이룰 수 없는 것이오, 따라서 사람으로 태어나서 임금과 나라에 의탁하여 살고 있으니 충효를 행하는 것은 신자의 도리라고 하였다. 또 혼인·세사 등의 인륜이 내성과 충효를 행한다는 것은 살아서는 선명(善名)을 잃지 않고 죽어서는 인도

즉, 다시 사람의 몸으로 태어나는 길을 얻을 뿐이지만, 세간의 애욕을 끊지 않고서는 육도를 윤회하여 생사고를 벗어날 길이 없다. 그러므로 석존(釋尊)은 태자의 몸을 버리고 출가하여 애연(愛緣)의 계박(繫縛)을 벗어나 진법을 깨쳐 부모를 제도하였던 것이다.

불은 삼명육통(三面六通)[21]이 다 갖추어져 있고 사지팔해(四智八解)[22]가 원만구족(圓滿具足)하여, 온 세상 사람으로 하여금 그 부모를 대성인의 부모라 일컫게 하고, 모든 출가인으로 하여금 그 성을 자신의 성으로 삼아 한결 같이 석자라 일컫게 하니, 이것은 곧 대효라고 할 수가 있다. 미상불 공자도 입신행도하여 후세에 부모의 이름을 드러내는 것은 효의 끝이라고 하였다. 그뿐 아니라 그 도로써 천하후세를 인도하여 그 교화에 감동케 하며, 그 근기의 대소에 따라 그 법을 품수(稟受)하여 제도를 얻게 하니, 이러한 대효 대자(大孝大慈)야말로 유가에서 말하는 효와 인의 극치라고 할 수가 있다.

한편 사람은 음양의 조화로 생명을 받고 나왔다가 음양이 흩어지면 사멸하기 마련이지만, 음양을 초월한 본체이며 지묘(至妙)의 극치인 영원(靈源)은 형체를 따라 생겨나거나 사라지거나 하는 것이 아니므로 천변만화하더라도 담연(湛然)히 독존한다. 이 영원 즉 마음은 일신의 군주이며 형체는 마음의 신하로서, 모든 일을 마음인 군주가

---

21) [편집자 주] 三明이란 전생에 대한 직관인 宿命明, 내생에 대한 직관인 天眼明, 번뇌의 소멸인 漏盡明의 셋을 말하며, 六通이란 신체의 움직임에 장애가 없는 神足通, 육도의 중생을 모두 살펴볼 수 있는 天眼通, 육도 중생의 모든 고락을 들을 수 있는 天耳通, 다른 모든 중생들의 생각을 알 수 있는 他心通, 전생의 삶을 아는 능력인 宿命通, 마지막으로 번뇌를 소멸시키는 능력으로서의 漏盡通의 여섯 능력을 말한다.

22) [편집자 주] 부처의 四智란 큰 거울처럼 일체를 두루 비추는 大圓鏡智, 일체를 평등하게 보는 平等性智, 일체를 장애 없이 관찰하는 妙觀察智, 중생의 요청에 두루 응하여 이루어주는 成所作智의 네 가지 지혜를 말한다. 八解란 대상에 대한 주관적 욕망이 일어날 경우 혹은 그렇지 않을 경우 그것들이 부정함을 관찰함으로써 얻는 內有色想觀外色解脫와 內無色想觀外色解脫, 깨끗한 몸을 증득함으로써 얻는 모든 욕망으로부터 벗어나는 淨身作證具足住解脫 무한한 공간과 의식을 증득하는 空無邊處解脫과 識無邊處解脫, 無에 대한 증득으로부터 오는 無所有處解脫, 사고 작용이 끊어진 경지인 非想非非想處解脫, 마지막으로 지각과 개념화 작용이 중지되는 선정의 경지인 滅受想定解脫의 여덟 가지 해탈을 말함.

명하고 형체인 신하가 행하여, 선악의 보응을 살아서는 군(君=心)과 신(臣=形)이 다 같이 받고, 죽어서는 형체인 신은 이미 소멸하여 없는 만큼 마음인 군주가 홀로 받게 된다. 이리하여 함허당은 형신구멸론(形神俱滅論)의 부당성을 강조하고 유교와의 관계에 대한 자신의 견해를 다음과 같이 피력하였다. 대체로 죽은 이를 송장하는 것은 인간 세계의 대사이므로 풍수술에 따라 길지를 복택(卜擇)하여 후장하는 것이 사람의 도리일 터인데도, 불교에서는 화장법을 설하여 봉사(奉祀)의 길을 없애 버리는 이는 인자(人子)로서 큰 허물이오, 더구나 화장할 때 자식 된 마음으로 차마 볼 수가 없을는지도 모른다. 그러나 사람의 형체는, 비유하면, 집과 같고 신(神)은 주인과 같은 것으로서, 형체가 지상을 버릴 때 그 신이 떠나가는 것은, 마치 집이 무너지면 주인이 그 안에 살 수 없는 것과도 같다. 무릇 몸은 수토(水土)로 그 형체를 이루고 화풍(火風)으로 그 질을 보지(保持)하여 온 데 불과하건만 사람은 이제까지 이를 금옥보다 소중히 여겨 왔으니, 어찌 당장 떠나버릴 수가 있으랴. 죽으면 화풍이 먼저 떠나 버려도 지수는 아직 남아 있으니, 홀연히 이제까지의 육신에 대한 애착을 버리고 떠나가 버릴 수가 없을는지도 모른다. 그러나 지혜로운 사람이 그 지수를 불사르고 왕생의 길을 가르치면, 신령은 미련을 남기지 않고 곧 곁을 떠나 맑은 기운이 위로 올라가게 된다. 그러기에 세존(世尊)은 부상을 당하여서 몸소 화로(火爐)를 잡고 사천왕은 관을 들어 다비하여, 부친의 영혼을 천도하였던 것이다. 그러므로 화장법은 왕생을 천도하는 길로서 중생들에게 보인 큰 법규이다. 만약 화장하는 것을 참지 못한다면, 어떻게 땅에 묻을 때는 참을 수 있겠는가. 더구나 애초에는 봉사의 연면한 계속을 다짐하고 자손의 번영을 기원하면서 석물(石物)을 세우고 묘역을 다듬었을 터인데, 이제 산과 들의 수많은 고분들이 농부의 손으로 파헤쳐져 두골이 흩어져서 해가 쪼이고 비바람에 씻기어도 돌보는 사람이 없으니, 어찌 이러한 지경에 이르렀는가. 사람의 생사는 곧 사람의 처음과 끝이므로 공자는 다만 생과 사만을 말하였거니와, 과연 태어나기 이전과 죽은 이후는 이목으로 접할 수가 없는 것이니, 생전·사후를 논하여 사람을 미혹함은 거짓이라 생각됨직도 하다. 그러나 사람의 생사는 주야가 교체하는 것과 같은 것으로서 낮은 지나간 밤으로 앞을 삼고 다가올 밤으로 뒤를 삼으며, 밤은 전날로 앞을 삼고 내일로 뒤를 삼으니, 주야는 아울러 삼제(三際)를 이룬다. 세월이나 생사도 이와 마찬가지로, 기왕의 시초가 없는 아득한 옛과 미래의 무궁함을 이로써 알 수가 있다. 주역에도 기왕지사를 드러내어 미래지사를 밝힌다고 하였으니 어찌 삼세의 설이 허망하다고 하겠는가.

또한 불법은 요사하여 세인을 현혹하고 태평한 세월을 이루지 못하게 한다고 비난하지만, 그렇다면 당태종의 태평성대(貞觀의 治)는 불법이 성행하던 시대인데 어떻게 태평함이 그토록 극치에 이르렀을까.

승려들은 농사를 짓지 않고 남의 수고로 생활을 하고 있으므로 백성이 곤궁해지고 그 폐단이 크다고 한다. 그러나 승려의 책임은 불법을 펴서 중생을 제도하고 혜명(慧命)을 끊지 않게 하는데 있다. 만일 이러한 책임을 다하지 못하는 승려가 있다면, 이것은 그 사람의 허물이요, 어찌 불의 허물이라고 하겠는가.

맹자도, 집안에서는 효도하고, 밖에서는 남을 공경하고 선왕의 도를 지키며, 후학을 기다려 교육하는 사람이 있을 경우, 만약 손수 생산하지 않는 사람은 먹지 말라는 당신의 주장을 고집한다면 그런 사람들은 먹을 것을 얻지 못할 것이오, 그렇게 되면 당신은 왜 목수나 장인만을 높여 먹을 것을 주고 반대로 인의를 실천하는 사람은 멸시하는가 하는 비난을 받을 것이라고 말하였듯이, 어찌 도를 지키고 사람을 이롭게 하고자 하는 사람들이 남의 수고로 입고 먹어서는 안 된다고 할 것인가. 세상 사람들이 잘 살고, 못 사는 것은 숙세(宿世)로 선악의 업을 지어온 정도에 따라 저마다의 분복이 다른 탓이오, 남을 위해 보시 한 푼 못한 자가 의식에 궁하여 가난하게 사는 것을 어찌 승려의 탓이라고 하겠는가.

청정과욕(淸淨寡欲)하며 법을 위하여 몸을 잊고 다문강기(多聞强記)하여 후인들을 이끌어가는 것이 행인데, 지금의 승려들은 그 행을 닦지 않고, 도리어 사법(師法)을 더럽히는 일이 허다하니, 차라리 환속시켜 사민(四民)에 끼게 하여 군국(君國)을 돕게 함이 옳다고들 한다. 그러나 예로부터 기린이나 봉황 같은 영수(靈獸), 영조(靈鳥)의 족(族)은 떼를 지어 함께 살지 않으며, 진귀한 구슬은 저자에서 흔히 구할 수 없다. 공자의 3천 제자 중에 철인이라 일컫을만한 사람은 10인 뿐이며, 여래의 회상에서 손꼽을 만한 자도 10인을 지나지 않는다. 성인이 세상을 떠난 지 더욱 오래되어 중생의 근기는 미열하기만 하니, 어찌 사람으로 하여금 가섭(迦葉)의 정행(淨行)이나 아난(阿難)의 다문(多聞)과 같게 할 수 있으랴. 공자나 안회가 죽은 후에 안연(顔淵), 민자건(閔子騫) 같은 자가 있음을 들어 본 적이 없다. 본시 승려란 오덕(五德[23])과 육화(六和[24])를 갖춘 후에야 실로 중이라고 부를 수 있다. 그러나 명실상부한 자는 드물며, 비록 법대로 봉행(奉行)하지 못하는 자가 있더라도 몹시 미워만 할 것이 아니다. 승려생활을 통하여 점차로 수행하여 본래의 성품을 되찾고 그 도를 잃지 않도록 할 따름이니, 어찌 그 허물로 인하여 법을 폐할 수 있겠는가.

불서를 살펴보면 비현 실적 이상만을 일삼고 적멸을 숭상하여 차원이 『대학(大學)』을 훨씬 능가하지만, 현실성이 없는 만큼, 자기를 닦고 남을 다스리는 방법이 될 수 없다고 한다. 그러나 천하에는 두 가지 도가 없고, 성인은 두 마음이 없으니, 무릇 성인은 천리만세가 멀리 떨어져 있더라도 그 마음은 다르지 않다. 이른바 허원적멸(虛遠寂滅)하다는 말은 3장 12부(三藏十二部)중에 어느 경전에 의거하여 말한 것인가? 불전의 어디에도 현실을 떠나 따로 진리를 구하라고 한

23) [편집자 주] 비구의 오덕(五德)이란 비구들이 귀하게 여기는 다섯 가지 덕목으로 마귀를 두렵게 하고[怖魔], 모범이 될 만한 비구[乞士], 청정한 계율[淨戒]과 청정한 생활[淨命], 악을 파하는 것[破惡]을 말한다.

24) [편집자 주] 六和란 비구들 사이에 몸[身], 말[口], 뜻[意], 계율[戒], 견해[見], 이익[利]의 다섯이 화합함을 말한다.

말은 없다. 유교의 이른바 명덕(明德)은 불교의 묘정명심(妙精明心)이요, 적연부동(寂然不動) 감이수통(感而遂通)이란 말은 불교의 적조(寂照)와 같은 말이다.

요컨대 교화의 방법의 차이만을 가지고 따질 것이 아니다. 중생을 선도하고 교화하려는 목적과 근본이치는 하등 다를 바가 없는 만큼, 이것을 달관한 사람은 부질없이 차별의 상을 내어 서로 시비하지 않는다. 눈앞의 이해득실을 선행조건으로 내세우지 않고 인간본연의 성품을 되찾음으로써, 인간사회의 정화를 위한 교풍을 떨치고자 하는 데에 불교의 진면목이 있음을 알아야 한다(함허: 『현정론(顯正論)』 참조).

2. 매월당(梅月堂) 김시습(金時習)의 유불융화사상

매월당(梅月堂, 1435-1493)은 원호(元昊), 이맹전(李孟專), 조려(趙旅), 성담수(成聃壽), 남효온(南孝溫)과 함께 생육신의 한 사람으로 알려져 있다.

그에 대한 여러 평전 가운데서 율곡 이이의 『김시습전』이 가장 상세하며 참고할 만하다.[25]

(1) 적불심유(迹佛心儒), 불행심유(佛行心儒)

일반 유학자들은 김시습이 출가한 후로부터 그의 생애를 흔히 「적불심유」의 사람이라고 평하였다. 즉 외모는 승려로서 행세하였지만 그의 마음이나 사상은 어디까지나 유가의 테두리를 벗어나지 않았다는 것이다. 출가의 동기가 순전히 세조의 왕위찬탈사건으로 인하여

25) 栗谷은 『金時習傳』에서 金時習에 대하여 다음과 같이 評하고 있다. 「於道理雖少玩索存養之功, 以才智之卓有所領解, 橫談竪論多不失儒家宗旨, 至如禪道二家, 亦見大意, 深究病源而喜作禪語發闡玄微, 穎脫無滯」, 雖老釋名「深於其學者, 莫敢抗其鋒, 其天資拔萃, 以此可驗, 自以聲名早盛而一朝逃世, 心儒迹佛, 取怪於時, 乃故作狂易之態, 以掩其實 ……」

불의의 세상에서 출세할 뜻을 버리고, 세속을 떠나 명분을 지키려는 데 있었으므로, 애당초 불교도의 입장에서 불문에 귀의한 경우와는 이를 동일시할 수 없는 데서 그러한 평을 하였다고 생각된다. 과연 그는

① 어려운 악조건을 무릅쓰고 사육신의 시신을 수장하였으며,
② 단종 휘일(諱日)에는 반드시 동학사에서 설단(設壇)하여 제를 올리고, 아울러 계유난에 순사한 김종서 등 세 재상과 병자난에 죽은 성삼문 등 육신(六臣)을 향사하였으며(「초혼각중수기(招魂閣重修記)」),
③ 둔학 송경원(遯壑 宋慶元)의 『둔세자서시(遯世自誓詩)』, 한명회의 『시강별업판상시(西江別業板上詩)』, 신숙주와 만났을 때 그가 보인 태도,
④ 그의 저술 『석성리경의여이단(釋性理經義與異端)』과 『이단변(異端辨)』에서 불교를 「이단」의 부분에 배열하고,
⑤ 좋은 시절이 오면 조정에 참여할 생각을 내심에 품고 있었다.

이러한 몇 가지 점으로 미루어 볼 때, 그는 마지못해서 승려를 가장하고 둔세적 처세를 택하였기 때문에, 그의 마음마저 온통 불교에 물들어 있었다고는 볼 수 없고, 대의명분에 시종한 불행심유의 인물로 보아야 한다는 것이다.

생각하건대 그는 그 당시 자기에게 주어진 불우한 환경과 기구한 운명을 피할 길이 없이 유불간을 출입하면서 둔세적 처세를 하였지만, 그러나 사상적으로는 유불의 종지를 올바로 이해하고, 유불융화적 입장에서 그 우열장단을 공정하게 평가하면서 유불조화론에 입각한 경세관(經世觀)을 견지하고 있었음을, 그의 유저 속에서 역력히 찾아볼 수 있다. 미상불 그의 내적(사상)인 면과 외적(환경)인 면을 두루 살펴볼 때, 일반 유가들이 평한 말을 그대로 의심 없이 받아들

일 수만은 없는 점이 허다하다. 이제 그에 관한 자료를 통해서 그의 사상적 진수가 어디에 있는가를 살펴보기로 한다.

(2) 김시습의 선관

그가 삼각산에서 독서하고 있을 때 정변을 전해 듣고 불의의 세상에 처할 수 없음을 절감하여 출가한 것은 그의 이십일세 때의 일이라고 하거니와, 그의 시집(권3)에 실려있는 『증준상인(贈峻上人)』 20수의 시는 곧 그의 18세 때에 지은 것으로서, 그 내용을 추려보면 「준상인(峻上人)은 선문(禪門)의 기숙(耆宿)이다. … 운수행각(雲水行脚) 도상(途上) 홀연히 서울에 들어왔더니 선비와 부녀자 등이 바퀴살 모이듯 하여 풍성(風聲)을 바라만 보고서도 휩쓸려 교화한 것이 그 같은 이가 없었다. … 내가(시습) 임신년(시습 18세시) 여름 조계사에 머물러 있을 때, 마침내 준상인과 함께 암자에 있었는데, 과연 평소의 소문과 같았고 그 도를 사모하면서도 초탈한 마음이 말하는 표현에 나타나 있어, 매일 선에 들어가는 문을 캐어 물어도 낭랑하게 말하는 것이었다. 그 전날 찾아 구경한 경치에 따라 두어 수 휘둘러 써서 푸른 봉우리 맑은 시냇물에서 자고 먹는 일미가 되게 하려고 붓을 잡아 날렸다.」

서문에 이어

「공, 색을 보아오니 색이 곧 공이라[空色觀來色卽空], 다시 한 물건도 서로 용납될 것이 없다[更無一物可相容]. 소나무 뜻이 있어 추녀 끝에 푸른 것 아니요[松非有意當軒翠], 꽃도 절로 무심히 해를 향해 붉어 있다[花自無心向日紅], 같으면서 다르고 다르면서 같고, 같으면서 다르니 다른 것이오[同異異同同異異], 다르면서 같고 같으면서 다르고, 다르면서 같으니 역시 같은 것이다[異同同異異同同]. 같고 다른 참소식을 찾아 보려거든[欲心同異眞消息], 높고 높은 최상봉을 보아라[觀取高高最上峯].」

이로 미루어 그는 정변을 겪기 이전부터 불교에 접근하여 이에 침잠하였음을 알 수 있고, 또한 그 시의 내용이 선가의 차별중의 무차별관을 나타내고 있는 점으로 보아 일찍부터 선사상에 조예가 깊었음을 짐작할 수 있다.

그가 처음으로 입산수도하던 삼각산 중흥사는, 일찍이 해동임제(海東臨濟)의 원조로 지목되는 여말의 태고보우(太古普愚) 선사가 태고선풍(太古禪風)을 선양하던 선도량(禪道場)이며, 따라서 이 중흥사는 임제계의 사찰이었다.

위에서 말한 준상인은 당시에 이름난 선계의 중진으로서, 매월당은 방랑생활 중 이러한 선승들과 교유하였으며, 주로 사찰을 편력하였다.

그는 시문 도처에 선승, 선경, 선경, 좌선, 선방, 선실, 선관 등의 어구를 많이 사용하였고 『신학(禪學)해식』 『잡저펀(雜著編)』에 있어서도 그의 독자적 견해를 피력하였다. 또 그가 지은 「연화경별찬」에는 법화경을 선관의 견지에서 풀이하였고, 천태종을 선종의 일파로 보았다(타카하시 도루(高橋亨) 『이조불교』 참조). 평소에 그를 추종하는 승려들이 불법을 물으면, 선문답식으로 교시하는가 하면(『매월당집』 부록) 홀로 산속에 유거하고 있을 때는 몸소 선수행에 정진하기도 하였다(『윤춘년매월당선생전(尹春年每月堂先生傳)』). 또 그가 마음속 깊이 나옹선사(懶翁禪師)를 추앙하였고, 『정혜균등문(定慧均等門)』을 표방하였다는 등의 여러 점으로 미루어 보아, 임제의 선법과 보조의 선법이 혼합된 조계의 선풍을 받아들인 선승적 인물이었음을 잘 알 수 있을 것이다. 그는 선에 관한 스스로의 견해를 다음과 같이 피력하였다. 즉 무사무려(無思無慮)는 도의 본체이며 정려(精慮)하여 해태(懈怠)하지 않음은 공부의 요체이다. 그러므로 비사량무사량(非思量無思量)으로써 선공부의 제일로 삼고 선을 다만 안한(安閑)한 뜻으로만 생각하기 쉬우나, 선자는 사수정려(思修精慮)의 뜻으로서 사즉선 선즉사(思卽禪 禪卽思)이요, 따라서 선은 「사」를 벗어나서 따로 도리가 있는 것이 아니다. 그러므로 반드시 연정사려(研精思慮)해서 연마를 거듭하여 자득개오(自得開悟)의 경지에 도달한 뒤에야 비로소 도의 무사, 무려함을 체득하게 된다. 언제나 세간의 일을 보건대 한 가지라도 사려를 거치지 않고는 만사가 깨어지거늘, 하물며 지진무망(至眞無妄)의 도를 게을리하면서 어찌 체달(體達)할 수 있으랴. 그러므로 노나라의 대부 계문자(季文字, 季孫行父)는 반드시 세 번 생각한 후에야 비로소 행하고[三思], 선성(宣聖, 孔子)은 아홉 가지 생각하는 조목[九思之目]을 세웠으며, 증자는 생각하고서 얻는다[慮得]고 하였던 것이다.

(3) 현세이익적 신앙에 대한 비판

그의 불교에 관한 저술로는 『잡저편』에 무사(無思), 산림(山林), 삼청(三淸), 송계(松桂), 부세(扶世), 양무(梁武), 인주(人主), 위주(魏主), 수문(隨門), 인애(仁愛) 등의 10장(章)이 있다. 『금오신화』는 음양의 이치를 내세워 천당지옥설을 부정하고, 귀신을 음양이원의 조화라고 정의를 내려, 제사의 귀신과 조화의 귀신이 다를 바 없다고 보았으며, 귀신이 어떤 형질이 있어 함부로 인간에게 화복을 가하는 것도 아닌데, 다만 사람들이 귀신의 가호를 바라고 초복제화(招福除禍)의 효험이나 있는 듯이 부질없는 소원을 거는 미신적 기도행위를 일삼는다고 극구 비난하였다.

그는 미신적 기도를 타파하는 동시에 참된 복의 가치를 다음과 같이 말하고 나서 한 걸음 나아가 참 지혜를 닦는 것이 불법의 진수임을 강조하였다.

불타가 번뇌망상에 싸인 중생을 제도하기 위한 방편으로서 복은 실상을 볼 수 있는 인(因)이 된다고 설한 것이며, 이로써 개악천선(改惡遷善)할 줄 모르는 자로 하여금 의지하여 돌아갈 바를 알게 하였으니, 비록 온갖 행실이 길을 달리할지라도 그 취지는 징악권선하여 신명의 보호와 도움을 얻게 하지 않는 것이 없다고 하였다. 또 복이라는 것은 순천(順天)의 도리를 말한 것으로, 임금이 그 임금의 도를 얻으면 군도(君道)가 순하고, 신하가 그 신하의 도를 얻으면 신도(臣道)가 순해진다. 이 이치로 미루어, 더 나아가 남녀와 장유(長幼)가 저마다 그 도를 얻는다면 만물이 각각 그 설 자리를 찾아 질서를 얻어 생성 번성할 것이오, 그것이 바로 복의 극치라고 설하였다.

그러므로 설사 어떤 사람이 칠보(七寶)로 항하(恒河)의 모래처럼 가득 채워 삼천대천세계(三千大千世界)를 이것으로 보시하였다 하더라도 이로써 얻은 복량이 필경 반야의 지혜보다 나을 것이 없으며, 이 참 지혜로써 어리석고 어두운 것을 깨친다면 사욕을 없애고 천리를 펼 수 있을 것이오, 마침내 수신제가 치국평천하의 이념을 구현하게 될 것이다. 이것을 일러서 복을 심는다 하고 이러한 것을 가리켜 무위의 실상이라고 한다. 또 마음과 몸과 재물 등의 3종 보시 중에서 마음을 바치면, 마음속의 번뇌를 여의고 생사고를 벗어나 진세(塵世)의 누가 없어진다고 하였다. 그러므로 참으로 부처를 섬기려면 마땅히 인애(仁愛)를 다하여 백성을 편안히 하고 중생을 제도하는 것으로 근본을 삼아야 하며, 법을 구하려면 무엇보다도 지혜를 닦아서 사물의 기틀을 통찰하는 안목을 가져야 한다고 하였다.

그러므로 그가 원하는 불교는 초세속적 출가불교나 둔세적 산중불교 같은 폐색적(閉塞的) 불교가 아니라, 현실에 즉한 생활불교, 재가적 대승불교였던 것이다. 가정을 지키고 직무에 힘쓰면서 각기 분수를 지키고 사람으로서의 할 일을 다하는 올바른 생활, 이것이 곧 산불교라 보고, 생업을 버리고 세연을 끊고 사가, 출가하거나 재물을 바쳐 기도를 일삼는 현세이익적 신앙에 떨어지지 않도록 경계하였다.

(4) 유불융화론

상술한 바와 같이 그는 현세이익적 신앙의 허망성을 타파하는 반면, 참된 불교에 대한 당시의 속유(俗儒)들의 편견과 오류를 지적하고, 그의 불교종지에 대한 해박·심오한 이해를 개진하였다. 즉, 중생을 구제하고자 생노병사의 인생문제를 해결해주려는 근본이념과

이 이념을 몸소 행하려는 고승의 삼계도사(三界導師)다운 높은 풍격은 일시적인 목전의 소절(小節)에 집착한 유사의 류와는 차원이 다르다고 하였다. 불법은 청정과욕을 표방하며 오로지 법으로써 인세간(人世間)의 만경(萬境)에 대처하는 것이므로, 순역(順逆, 順境逆境)에 자재하고 유유자적하여 세연에 매이고 걸린 데가 없는 것이 곧 고승의 거취라고 말하였다.

석가가 세연을 끊고 출가함으로써 부왕과 아내를 슬프게 한 것도, 일시적으로는 비록 강상(綱常)에 어그러졌지만, 여러 인생을 깨닫게 한 것은 곧 천고에 장한 일이니, 이는 곧 이른바 일이 능히 그 공을 이룩하고 공이 능히 그 허물을 덮는 소이라 하겠다. … 6년을 고행한 끝에 「무릇 생명 있는 것은 각각 참된 본성을 갖추었으나 다만 망상에 빠져서 깨닫지 못하는 것이다. 내가 불법의 법고를 두드리고 내가 불법의 비[法雨]를 뿌릴 것이니 이로써 너희의 매(昧)함을 깨우칠 것이다」하니, 여기서 많은 중생이 향응하지 않은 이가 없이 말하기를, 「싯달타는 성왕의 아들인데도 또한 욕심을 버리고 애정을 떨치고 기꺼이 지극한 도를 구하였는데, 우리는 어떤 사람이기에 이 고해의 윤회를 달갑게 여기는가」하였다. 이리하여 억세고 용맹한 자는 싸움을 그치고, 패역한 자는 빼앗기를 그치고, 지혜로운 자는 분수를 깨닫고, 현철한 자는 그 상도를 지키게 되니, 서쪽의 오랑캐를 염치를 아는 나라로 변하게 하고, 미욱한 오랑캐를 가르쳐 성스럽고 현철한 지경으로 돌아오게 하였다. 자비로써 인도하고 청정으로써 거느렸으니, 저 은혜를 끊고 의리를 저버렸다는 것은 탕왕(湯王)과 무왕(武王)이 권도를 쓴 일과 같은 것이라고 하였다.

서쪽 오랑캐 종족은 성질이 심히 패역해서 자리를 탐하여 그 아비를 죽인 자도 있고 보물을 다투다가 그 형을 살해한 자[惡友太子]도 있고 … 하지 못할 짓이 없는 것은, 그 땅이 중화에서 멀어 예악과 문물이 미치지 못하고 규율과 법도가 이르지 못한 까닭이다. … 하물며 풍속이 다르고 말소리가 다르며 삼황(三皇, 黃帝, 禮義, 神農)의 법전이나 삼왕(三王, 禹, 湯, 文)의 교화에 젖어보지 못한 자들이었으니, 풍속과 인심이 악하다는 것은 능히 짐작될 수가 있는 일이다. 만약 싯달타가 그 보위를 가볍게 여기고 지극한 도를 사모함으로써 어리석은 백성을 깨우치지 않았더라면, 누가 능히 소경과 귀머거리 같은 마음의 문을 열어 그릇된 마음을 바로 잡도록 할 수 있었겠는가라고 하였다. 또 그는 석존일대의 설법내용을 간추려서 말하기를 석존은 49년 동안 항상 근원으로 돌아가는 묘리를 설하되 다만 유(有)에 집착하는 자에게는 공(空)의 법을 말하고 무(無)에만 집착하는 자에게는 유의 법을 말하였으니, 근기에 맞추어 순응하고 법을 보아 방편을 베풀었을 뿐이라고 하였다. 그는, 불교의 자비는 유교의 인과 아무런 차이가 없는 것으로서 견성성불하여 일체중생을 제도하려는 이른바 자리이타행(自利利他行)을 구경목적(究竟目的)으로 삼고 있으므로, 불도는 세간을 떠나서 따로 구할 수 없으며, 세연에 얽매이지 않고 세간을 초탈하면서 세간을 구제하려는 것이 불교의 참 정신이라고 이해하고 있었다. 이리하여 그는 공평한 중립적 입장에서, 일방적으로 불교를 이단시하는 유가의 편견과, 현세이익적 타락불교와의 양쪽을 모두 비판하고, 진정한 유불의 융화를 사상적으로나 처세상으로나 실현하려고 노력하였다.

그는 또 불교의 5시교(時敎, 華嚴・阿含・方等・般若・法華・涅槃)를 육경에 견주어 비유하기도 하고, 불가에서 말하는 자애는 곧 유가의 인의와 다를 바 없으므로, 불교적 사회에서도 유가적 사회의 경우와 마찬가지로 인의의 실천이 가능하며, 『불살(不殺)』, 『부도(不盜)』 등의 오계는 그 명의가 다를 뿐 유가의 인의와 같은 것이라고 하였다.

한편 그는 세조 11년 3월 효령대군의 추천으로 원각사 낙성회(落成會)에 참석하여 세조를 치하하는 찬시를 짓고, 또 세조의 연화경 언해(諺解)사업을 도와 내불당에서 교정을 맡아본 적도 있었다. 이처럼 세조의 일을 도왔다고 해서 그의 절의(節義)를 의심한 사람도 있다. 한편 그는 승려가 된 후에도 늘 술을 즐겨 마셨다. 이리하여 사회적으로는 후세인에게 절개를 의심받고, 교계에서는 파계승으로 지목되어, 유불 간을 출인하면서 속유와 속승들로부터는 비난과 오해를 받기 쉬운 존재가 되었다. 그의 소위는 소승불교의 비구적 견지에서는 확실히 위율범계라고 말할 수 있다. 그러나 대승보살사상에 입각해서 볼 때, 동기의 선악에 의하여 계의 지범을 판별하고 그 행위가 중생에게 이익을 가져오고 정법을 수호하기 위한 것이라면, 범계가 바로 형식적 선을 넘어 선 진실한 계행이라고 할 수 있을 것이오, 일체중생을 제도하기 위해서는 만행이 다 보살행이라, 선교방편으로써 시대적 요구에 순응하여 임기응변 수기설법의 교화방법을 베풀어도 마땅할 것이다. 그러기에 선의 오지(奧旨)를 철오(徹悟)하고 대승적 재가불교정신에 입각한 생활불교를 표방하는 그에게 있어서는 형식적인 모순성은 해소될 수 있었다. 개인의 입장에서는 세조조(世祖朝)에 나아가기를 거부하고 절의를 굽히지 않았지만, 천하 만민과 국가 사회적 견지에서는 개인의 입장을 초월하여 보국진충(報國盡忠)하는데 주저하지 않았고, 이렇게 하는 것이 대승보살도의 정신이라고 믿었던 것이다.

3. 허응당 보우(虛應堂 普雨)의 유불조화사상

(1) 불교부흥운동

보우(普雨, 1301-1382)는 문정왕후를 배경으로 정만종(鄭萬鍾), 윤춘년(尹春年), 박민헌(朴民獻), 상진(尙震), 정사룡(鄭士龍), 박한종(朴漢宗) 그리고 당대의 세도가 윤원형(尹元衡) 등의 비호에 힘입어, 불교재건 교세부흥의 경륜을 펴고자 하였다. 그리하여 양종복구(兩宗復舊), 승과부활(僧科復活), 도첩법(度牒法) 재시행의 실현을 위해 먼저 문정왕후의 환심을 사고자, 중종의 능지(陵地)가 풍수지리상 불길함을 강조하여, 정릉천이(靖陵遷移)의 난사(難事)를 강행하게 하고, 또 명종 17년 중종의 수복사(修福寺)이며 능침사(陵寢寺)인 봉은사도 재건되어 한양에서 첫째가는 대찰로서의 규모를 갖추게 되었으므로, 그는 본격적인 불교개혁운동에 나섰다. 그리하여 문정재세(文貞在世) 약 15년간 조야(朝野)의 유생들의 양종폐지, 승과제 폐지, 보우축출의 의론과 상소 등이 비등하였음에도 불구하고, 그는 목적한 바대로 거의 뜻을 이루었다. 보우의 의견에 따른 문정의 선교양종부활, 승과제 재시행의 저의는 승계의 여러 제도를 부활시킴으로써, 교계를 통제하고 규정을 바로잡아, 불교적 교양과 인품을 갖춘 자격자를 사찰의 주지 또는 종무의 책임자로 선임하여, 승려 전체의 자질향상을 도모하는데 있었다. 식년(式年)마다 행하는 승과에서는, 제1회 과시에서 서산대사 휴정(西山大師 休靜)과 그 제자 송운대사 유정(松雲大師 惟政)이 응과하여 급제하였고, 해를 좇아 거승급 인물이 배출되어 승계의 분위기를 쇄신하고, 사림이 승려를 바라보는 안목이 크게 일변하기에 이르렀다. 지난날 중종의 배불정책으로 인하여 사찰의 소훼(燒毀), 도승법, 승과폐지 등의 법난(法難)을 당하면서부터 교계의 이러한 공백기를 틈타서 자연히 승려의 기강이 해이하여 무법자의 소굴로 화하고, 승려의 조행이 타락해서 부랑 도적의 무리로 변하여, 이대로 방치하면 불교는 자멸을 자초하는 수밖에 없는 처참한 형편에 다다랐을 때, 숭유억불을 원칙으로 하는 조선의 국시를 어기고, 또 한편으로는 이러한 불교부흥책에 정면으로 도전하는 유생들의 거생 반항을 무릅쓰고 강행한 보우의 이러한 불교개혁과 부흥운동이야말로, 조선불교계의 일대쾌사요, 보우 일대에 이루어 놓은 큰 공적이라고 하지 않을 수 없을 것이다.

그러나 반면으로는 한갓 도첩만을 소지하고 신분상의 보증만을 얻었을 뿐 경전에도 통달하지 못한 사이비 승려들이 속출하는 폐단도 많았고, 심지어 불교계의 쇄신을 제창한 보우 자신도 교계를 장악하고 권좌에 앉은 뒤부터는, 여주(女主)의 권력을 믿고 호사한 생활을 하면서, 사공(事功)을 서두른 나머지 과격한 수단을 능사로 여겼으며, 겸양의 덕이 박(薄)하여 사인의 세도에 아부하는 경향마저 없지 않았다. 이 때문에 보우는 사류(士流)의 반감과 질시를 부채질하는 결과를 초래하여, 드디어는 일대의 요승, 희대의 괴승, 불순한 야심가라는 비난을 받기에 이르렀으며, 이로 말미암아 불운을 회복하여 교계의 강성을 기해 보려던 그의 모처럼의 노력도 문정왕후의 죽음과 더불어 수포로 돌아가고, 자신도 마침내 참화를 당하고 말았다.

그러나 그가 이러한 결함과 과오를 지니고 있었다 해서, 그의 일대의 공죄를 논함에 있어서, 쇠미(衰微)의 극에 달한 당시의 교계에다 한 때나마 생기를 불어넣은 공적, 및 후세인이 칭송할만큼 남달리 뛰어난 불교사상의 깊이와 불운을 만회해 보려는 높은 뜻을 품고 그 나름의 유불조화론을 전개하여, 무조건 불교의 배척만을 일삼던 시대적 풍조를 다소나마 돌이켜 보고자 힘쓴 그의 공로마저 무시하여 버릴 수는 없을 것이다.

(2) 보우의 유불조화사상

보우는 유불조화론의 선구적 역할을 한 승려의 한 사람이다. 그 당시 승계의 여러 제도가 복구되는 속에서도 전기 때부터 계속되어 오던 선,교의 종론이 재연(再燃)되여, 선 · 교 양종의 대립이 다시 표면화하였다. 이 선 · 교의 종론은 우리나라의 불교사상 선종이 형성된 후부터 약 천여년간에 걸쳐 줄곧 끝없이 되풀이 되어 온 것으로서, 승려들 간의 불화를 조성하는 근본요인이 되어왔다. 보우는 이처럼 양종이 저마다(자기종파에 집착하여) 아전인수적 편견에 사로잡혀 시비를 일으켜 마치 오월(吳越)의 동주(同舟)한 듯 서로 적대시하는 통폐를 개탄한 나머지, 온갖 정력을 기울여 선교의 일여(一如), 조화(調和), 융회(融會)의 불교관에 입각해서, 널리 납자들을 설득하여 융화에 힘썼으며 때로는 선교 양종 판사들을 면전에 앉혀놓고 양자 간의 대립을 해소시키기 위하여 「선교무애론(禪教無碍論)」을 역설하기도 하였다. 보우는 결코 경전을 멀리하는 선사가 아니며, 교에 치우쳐 선을 소홀히 여기고 교학일변만을 고집하지도 않았다. 어디까지나 선사를 자처하면서 불경에 정통하고, 특히 『법화경』을 중경(衆經)의 본(本), 만법의 종(宗)으로 삼아 화엄최대승의 법문으로써 선의 요체를 설명하였다. 일찍이 여말의 보조지눌이 선적 입장에서 화엄을 그의 선법 속에 활용하면서 선주교종(禪主敎從)적 융화론을 전개하여 선교의 논쟁을 지양하고 교계의 통일을 기하였듯이, 보우도 화엄의 이사무애관(理事無碍觀)으로써 교리를 뒷받침하려고 하였으며, 나아가서는 선승과 화엄승과의 쟁론을 종식시키고자 하였다. 그는 내전 외에 외전도 널리 통람하였으며, 『중용』, 『대학』 등을 연구하고 주자학의 이기설을 도입하여 유불융화를 도식하였다. 즉 예컨대 『천모인경발(薦母印經跋)』, 『경암명(敬菴銘)』, 『일정(一正)』의 3문(文)에는 주자의 이기설을 취하여 인성(人性)은 본래원만구족한데 다만 기(氣)의 청탁(淸濁)에 의하여 성(性)의 실현에 정도의 차이가 있음을 설하고, 불교의 본지가 이기설 밖을 벗어나지 않는다고 말함으로써, 은연중에 유불융화론을 내세웠다.

또 그는 유불은 국가사회의 표면에 나타나는 사상면으로는 매우 다른듯하나, 이는 단지 유는 상도를 설하고 불은 출세간의 권도를 설한 것으로서, 다만 도에 드는 문호가 다를 뿐, 양자가 모두, 인간의 본심, 본성을 따르는 외에 다른 도리가 있는 것이 아니며, 기질의 장애를 조파(照破)하여 본래적 면목인 성을 실현하려는 데 궁극적 목적이 있다고 본 점에서 유불의 지향하는 바가 결국 둘이 아니라 동일하다고 주장하였다. 보우는 억불숭유의 정책의 기운이 시대가 흐를수록 격화해 가고 송유의 성리학이 더욱 성행할 것을 미리 간파하고, 일찍부터 유학을 연구하여 유로써 불을 설명하고 불로써 유를 설명함으로써, 양교가 서로 배척만을 일삼는 것은 말류(末流)의 천견(淺見)에 사로잡힌 고루한 거조에 지나지 않는다고 역설하였다.

4. 휴정 서산(休靜 西山)의 유불융화론

서산대사(1520-1604)는 명종 7년 승과에 급제한 후 선종판사(禪宗判事)가 되었으며 왜란 때 승군을 일으켜 국난을 극복한 애국승으로 이름이 높다. 『삼가귀감(三家龜鑑)』, 『선교석(禪教釋)』, 『선교결(禪教訣)』, 시문(詩文) 등 많은 저서가 있고, 그의 저술 내용은 사회적 측면과 사상적 측면으로 나누어 볼 수 있다.

(1) 사회적인 측면

조선왕조가 억불숭유를 국시로 삼게 됨과 더불어 주자학이 고려말까지 국교의 지위를 유지하여 온 불교를 대신하여 시대사조의 주류를 형성하기에 이르렀으며, 이러한 정치정세와 사회정세를 예의 간파한 휴정은, 밖으로는 유신들의 당쟁 및 무조건 불교를 배척하고 이단시하는 지배층의 풍조와 편견을 시정하고, 안으로는 해이한 교계의 기강과 타락한 승려의 도행을 바로 잡고, 외전을 숭상하고 내전을 소홀히 하는 승도의 그릇된 학문적, 수도적 태도에 대하여 반성을 촉구하였다.

(2) 사상적인 측면

서산대사 이전까지는 교선양종이 크게 대립하고 있었으나, 이를 세분하면 좌선(坐禪: 禪宗), 진언타미불(眞言彌陀佛: 密教), 염불(念佛: 淨土), 간경(看經: 華嚴, 法華) 등의 네 파가 있어 각기수행법이 대립되어 있었으며, 특히 오랜 전통의 인습에 사로잡혀 선·교간의 종파적 갈등이 여전히 심했다. 이에 서산은 선교불이(禪教不二)의 불교관을 표방하여, 교는 곧 불어(佛語)이며 선은 곧 불심(佛心)이요, 교는 선에 들어가는 입문이므로 교·선을 겸수하여, 필경에는 불심을 증득하여 견성성불하는 것을 목적으로 삼을 것을 선양하고, 선·교간의 쟁론을 종식시켰다. 서산은 불법을 수행하는 데는 염불, 교, 선의 삼문이 있으나, 견성의 일대사를 떠나서는 교도 염불도 따로 없다고 하였다. 즉 교는 불심을 전하기 위하여 임시로 불어를 가자(假藉)하는 것이므로 어디까지나 선에 들어가는 예비단계요, 먼저 교를 익혀 불법의 올바른 지견을 세운 후에 실체를 자심 속에 구해야 한다. 불법에 있어서 교선의 구별을 세운 것은 불법수행의 한 방편상 시(始)와 종(終)을 설정한 것이다. 그러므로 교로부터 들어가서 교에 그친다면 불법의 진제를 요오(了悟)할 수 없고, 또 처음부터 교에 들지 않고 바로 선에로 나아가면 상근대지는 직하(直下)에 일대사를 요달(了達)하겠지만, 그 이하의 근기로서는 거의 불가능하므로 처음부터 교를 배척한다는 것은 선자의 잘못이오, 먼저 입교하여 수행의 노정을 밝힌 후 선으로 나아가면 이치상으로 이미 지견이 열려 있으므로 헛된 수고를 하지 않고 공효(功效)를 이룰 수 있으며, 결국에 가서는 불법은 선문에 의해서 참된 수행이 될 수 있다고 하였다. 서산의 이러한 선을 주로 한 교선겸수관은 서산 때 비롯된 것이 아니라, 고려 보조지눌에게서 그 연원을 찾아볼 수 있고 그에 의해서 이미 한국불교의 정통사상으로서 확립되어 있었던 것이다.

뒤이어 보우(普雨), 벽송(碧松), 부용(芙蓉) 등이 출현하여 이를 거듭 강조하면서 교계의 중론을 화합시켰으며, 후일 이러한 선덕들의 종의와 법통을 이은 서산대사 휴정의 탁월한 지도적 역량과 선교관에 의하여 보다 더 구체화됨으로써, 서산의 법류가 한국불교의 주사상을 이루게 되고 마침내 교계의 통일적 교판사상이 되었으며, 이리하여 고려 때부터 줄곧 계속해 오던 교선양파의 쟁론은 서산에 이르러 거의 그 결말을 보게 되었다. 이렇듯 서산은 교계에 있어서의 교선양파의 종론을 선의 입장에서 회통 · 융화시키고, 나아가서는 널리 유, 불, 도 삼교일치론을 개진하여 조선사상계의 화합, 통일을 기하려 하였다. 그의 저술의 목적이 이러한 데 있었으므로 융화적 조화가 저서의 전편에 넘쳐 흐르고 있다. 즉 유, 불, 도 삼교의 교학사상이 비록 그 교조는 저마다 다르고 표현의 차이는 있지만, 그러나 성인이 천명한 근본원리와 교법은 한결같이 공통성을 가지고 있으므로 구경에 있어서 다를 바 없으며, 유가의 이른바 천(天), 덕(德), 인(仁), 경(敬), (『중용』의) 성(性), 무과불급(無過不及), (『서경』의) 윤집궐중(允執厥中), 정일집중(精一執中), (성리학의) 천즉심 도즉심(天卽心 道卽心) 등 그 명칭은 각각 다르나, 이 모두가 체(體), 상(相), 용(用)을 겸하고 있고, 만물의 생성 변화하는 법칙도 일체유심조(一切唯心造)로서 필경에는 한 뜻, 한 이치로 귀착되지 않음이 없다. 그러므로 요·순·우(堯舜禹)와 상·탕(商湯), 주·문·무(周文武)로 이어와서 공문(孔門)에 상전(相傳)해온 심법(心法)에 즉하여, 사람마다 본질적으로 갖추고 있는 천부(天賦)의 본성을 회복하고 일심을 밝혀, 마음의 묘덕을 닦아 자기완성을 성취하려는 것이 유교의 본령이다. 이처럼 서산은 유가상전(儒家相傳)의 심법(心法)의 묘를 밝힌 한편, 이러한 유가상전의 심법의 예는 불가에서도 찾아볼 수 있다고 하여, 유불의 사상적 귀추가 결코 다르지 않음을 강조하고, 이로써 유불상휴(儒佛相携), 조화일치를 주장하였던 것이다.

맺음말

이상에서 필자는 각 시대별로 몇몇 선인들의 불교사상을 추출하여, 그 속에 나타난 융화사상을 살펴보았으며, 더 나아가 이러한 융화사상을 우리 민족의 심층적 심정 속에 흐르고 있는 융화정신의 발로라고 규정지었다. 물론 이처럼 몇몇 사례를 추출하여 이를 일반화해해서 「민족정신」을 운위(云謂)함은 독단적인 허구로 그칠 위험을 내포하고 있다. 그러나 이 규정은 서언에서 말한 바와 같이, 우리 민족은 어떠한 외래문화를 수용하든지, 우리의 생활 속에 그것을 용해하여 융화적인 형태의 독특한 심층문화를 형성해 왔기 때문에, 우리 민족의 심정 속에는 융화정신이 있다고 할 수가 있고, 따라서 우리의 사상이나 학문과 같은 상층문화 속에서도 어떤 융화적 형태가 발견될 경우에는 이는 심층적인 융화정신의 발로로 볼 수 있다는 것으로서, 엄밀하게 말한다면 어디까지나 개연적인 규정 이상의 것이 될 수는 없다.

또 한 가지 여기에 제기될 수 있는 문제는 만일 이 규정이 타당하다면 왜 모든 사람들의 사상 속에 그 정신이 표출되어 있지 않은가 하는 문제이다. 그러나 이 문제에 대하여는, 사상이나 학문과 같은 고도의 심층적 문화형태의 융화에는 특별한 통찰과 종합의 역량을 요하기 때문에 모든 사람에게 이를 기대할 수는 없다는 사실을 들 수가 있다.

여하간 우리는 많은 선인들의 사상 속에서 같은 불교계 내에서의 대립되는 입장들이나. 혹은 심지어 불교와 유교의 대립을 융합하고자 한 융화정신을 볼 수 있다는 것만은 사실이다. 그리고 이러한 선인들의 정신은 그 어느 때보다도 많은 다양한 외래사상을 수용하고 있는 오늘날의 우리에게 의미깊은 시사와 교훈을 던져 주고 있다.

오늘날 학문의 세계는 더더욱 세분화, 전문화되어 가는 추세에 있으며, 더구나 전문영역에 대한 타인의 용훼(容喙)를 허용하지 않고, 각기 전문영역에 대한 폐쇄적인 편집성을 심화시켜 가고 있는 것이 우리의 현실이다. 그러므로 이러한 사상적 풍토 속에서 선인들에 있어서와 같이, 다양(多樣)을 융화한 심오한 우리의 고유사상이 창출될 수 있을지 자못 의문이 아닐 수 없다. 그러므로 전문영역이 세분화되어 갈수록 우리는 마음의 문을 더 넓게 개방하는 관용과 아량을 지녀야 할 것 같다.

아리스토텔레스의 학문과 논리의 관계

아리스토텔레스의 학문과 논리의 관계

아리스토텔레스는 단순한 경험가와 학문인의 차이를, 전자는 어떤 사실을 다만 하나의 사실로서만 알고 있을 뿐인 데 반하여, 후자는 그 사실의 근본 원인을 탐구하여 사실을 이 원인으로부터 추론되는 필연적 결과로서 파악하는 데 있다고 보았다. 따라서 경험가의 지식은 '그 사실이 달리 있을 수 없음'을 앎으로써 필연성과 절대성을 지니게 되는 것이다. 이 점에서 학문인은 경험가보다 현명한 사람이라고 할 수 있다.

이처럼 학적(學的) 지식은 사실을 한갓 사실로서가 아니라 그것의 원인과의 관계에서 파악하는 필연적·절대적 지식임을 그 특징으로 할진대, 그것은 반드시 다음과 같은 두 가지 조건을 충족시키지 않으면 아니 된다.

첫째로, 원인으로서 파악된 명제(즉 전제)와 해당 사실을 표명하는 명제(즉 결론) 사이의 추리 관계가 형식적 무모순성(無矛盾性) 내지 필연성을 지녀야 한다. 전제와 결론 사이의 이와 같은 필연적 관계 내지 무모순성의 조건들을 논구한 것이 아리스토텔레스의 형식 논리의 추리론에 해당되는 『분석론 전서(分析論前書)』이다. 그러나 전제와 결론 사이의 이러한 형식 논리적인 무모순성은 각기 전제와 결론의 내용상의 진리 여부를 문제 삼지 않는만큼 학적 지식의 필요 조건이기는 하되 충분 조건일 수는 없다. 그 까닭은 학적 지식은 진리를 지향하는 것으로서 객관적 사실에 대한 '논증적 추리'에 입각하기 때문이다.

둘째로, 학적 지식은 논증의 세 요건을 충족시키지 않으면 아니 된다. 이 문제를 천착한 것이 그의 『분석론 후서(分析論後書)』이다. 논증적 추리는 이처럼 학적 지식을 정초(定礎)하는 방법인만큼, 그 전제는 다음과 같은 특징을 지닌 것이어야 한다.

(1) 논증의 전제는 결론의 필연성을 정초하려는 것인만큼 그 자체가 진리를 표명하는 명제여야 한다.
(2) 논증의 전제는 결론의 원인만큼 결론에 비해 '보다 명백한 것', 논리적으로 '보다 앞서는 것' 이어야 한다.
(3) 전제의 술어는 주어의 어떤 특정한 사례나 특정한 경우에만 타당한 것이 아니라, '모든 사례, 모든 경우에 타당한 것' 이어야 한다.
(4) 전제의 주어와 술어 사이에 진술되는 관계는 '본질적인 것' 이어야 한다.
(5) 논증에서의 궁극적 전제는 '근본적 · 직접적인 것' 으로서 그 자체는 논증될 수 없는 것이어야 한다.

이 마지막에서 거론되는 논증 추리의 시발점이 될 궁극적 전제에는 공리(axioma)와 제제(提題: thesis) 두 가지가 있다. 전자는 예컨대 모순율이나 배중률(排中律)과 같이 모든 지식의 전제가 되는 '직접적인 궁극 원리' 인데, 아리스토텔레스는 이것을 "공통 원리(koinai archai)"라고도 부른다. 후자는 각각 특수 과학의 탐구에 필요한 원리인데, 이는 다시 가설(假說: hypothesis)과 정의(horismos) 두 종류로 구분된다. 가설은 예컨대 산술학에서 '수의 존재' 를, 기하학에서 '공간적 크기의 존재' 를 전제하듯이 어떤 것의 '존재 또는 비존재를 정립' 하는 제제(提題)요, 정의는 예컨대 수학자가 "단위는 양적으로 불가분적인 것"이라고 하듯이 어떤 것에 대해 그것이 '여사여사하다는 것을 정립' 하는 제제(提題)이다.

아리스토텔레스에 의하면, 이와 같은 전제를 파악할 수 있는 우리의 능력(dynamis)은 곧 지각(知覺: aisthesis)이다. 이 지각이야말로 모든 '기술과 학문의 출발점' 이다. 즉, 그것이 '생산적 과정(genesis)' 으로 향할 때는 기술을 발전시키고, '존재하는 사실계(to on)' 로 향해 갈 경우에는 학문으로 진전하는 것이다. 그 까닭은 학문에서의 논증의 전제들은 지각된 특수 사례들로부터 귀납(epagoge)에 의해 획득될 수밖에 없기 때문이다.

그러나 귀납은 어디까지나 지각된 특수 사례들로부터 보편적 원리에로 이행하는 하나의 방법이다. 그런데 특수 사례들에 대한 우리의 지각 영역은 국한된 것이요 결코 그 전체를 망라할 수 없다. 그러므로 지각된 특수 사례들로부터 귀납을 통해 보편적 원리를 파악하는 데는 특수한 다른 능력이 있어야 한다. 아리스토텔레스는 이러한 능력을 "이성적 직관(理性的 直觀: nous)"이라고 하였다.

이상에서 논증 추리(論證推理)의 전제가 갖추어야 할 조건 내지 그 특징을 살펴보았다. 이러한 조건을 충족시키지 못할 경우에는 물론이요, 설령 그 전제가 참된 것이라 하더라도 논증의 과정이 타당성을 결여할 경우에는 학적 지식으로서의 가치를 지니지 못하게 된다. 이러한 그릇된 논증 추리로서는 다음과 같은 경우가 있다.

(1) 전제가 비록 논증의 주제에 적절하고 그 사용도 정당하지만, 그 전제의 내용이 필연성을 결여할 경우.
(2) 전제가 주제에 적절하고 내용상 참된 것이기는 하지만, 그 사용이 잘못일 경우. 즉, 추리 과정이 형식 추리의 조건을 충족시키지 못할 경우.
(3) 내용상 옳건 그르건 주제에서 벗어난 전제를 사용할 경우.
(4) 논증이 사실과 근거를 동시에 밝혀 주지 못할 경우.

이 (4)의 경우의 예로서 아리스토텔레스는 다음의 추리를 들고 있다.

반짝이지 않는 천체는 지구에 가까이 있다. 유성은 반짝이지 않는 천체이다. 그러므로 유성은 지구에 가까이 있다.

이 추리에는 전제들도 참이고, 추리의 진행도 형식상 필연성을 지니고 있으며, 또한 결론 자체도 사실을 표명하고 있다. 그러나 유성이 '반짝이지 않기 때문에(근거)' '지구에 가까이 있다(결론)'는 것은 결코 진실이 아니다. 진실은 오히려 그 역(逆)이 아닐 수 없다. 따라서 아리스토텔레스는 "이 추리는 근거가 아니라 사실만을 밝혀 준 것이다."라고 한다. 이 경우에는 "지구에 가까이 있는 천체는 반짝이지 않는다. 유성은 지구에 가까이 있다. 그러므로 유성은 반짝이지 않는다."고 해야 사실뿐만 아니라 근거까지도 밝혀 주는 논증 추리가 된다. 〈1969년 10월〉

휴머니즘의 의의

휴머니즘의 의의

삶과 휴머니즘

사람은 누구나 천성적으로 자신의 행복을 희구한다. 더구나 이 행복은 결코 어떤 다른 목적을 위한 수단으로써가 아니라 그 자체 때문에 희구되는 것이요, 우리의 온갖 노력은 오로지 이 행복의 달성을 위해 이루어진다고 해도 과언이 아니다. 그러므로 아리스토텔레스도 행복을 모든 인간이 지향하는 궁극적 목표라고 하였던 것이다. 그러면 과연 무엇이 행복이며, 그것은 또 어디서 찾을 것인가? 이 물음이야말로 인생의 출발점에서 누구에게나 제기되는 가장 절실한 물음이 아닐 수 없다. 그 까닭은 이 물음에 대한 각자의 해답이 바로 그 사람의 삶의 태도를 규정짓는 지침이 되고 규준이 되겠기 때문이다.

이리하여 인생에 대한 반성과 더불어 행복에 대한 견해는 개성에 따라, 시대적 배경에 따라, 지리적 환경에 따라 형형 색색의 모습으로 나타났으며, 이에 입각한 가지가지 생활태도는 인류의 역사를 다채롭게 수놓아 왔던 것이다. 저 아테네의 소크라테스(Socrates)는, 행복은 앎을 행하는 데 있다고 보았기 때문에 자기가 소중히 알던 국법의 판결에 따라 독배(毒杯)도 사양하지 않았다. 또한 시노페의 디오게네스는 오로지 정신적 자유를 행복으로 여긴 나머지 행여나 쾌락의 노예가 될세라 씨는 듯한 여름날에는 뜨거운 모래밭에 뒹굴고, 살을 에이는 겨울밤에는 눈[雪] 덮인 동상(銅像)을 안고 자기가 일쑤였다. 이와 반대로 큐레네의 아리스티포스(Aristippos, 435?~355 BC)는 육체적 쾌락에 행복이 있다고 보았기 때문에 향락 속에 파묻히고 기녀와의 상종도 서슴지 않았다. 그런가 하면 초월적 피안의 세계에서의 행복을 진정한 행복으로 여기는 사람들은 온갖 세속의 유혹으로부터 외면하고 초월자 앞에 무릎을 꿇었다. 근세의 여명(黎明)은 인류의 끝 없는 행복을 약속하는 과학 문명을 가져왔으며, 오늘날 세계의 패권을 다투고 있는 양대 진영은 제각기 자기들의 철학만이 행복의 본거(本據)인 양 추파를 던져 준다.

이렇듯 행복에 대한 견해는 구구하기 짝이 없다. 그러나 과연 만인이 공명하고 따를 수 있는 사상은 무엇일까? 더구나 인간이 존엄성을 상실하고 파멸의 위기에 처해 있는 오늘날 인류에게 새로운 생명을 불어넣고 참다운 행복에의 희망을 북돋아 줄 수 있는 철학이 있다면 그것은 어떤 것일까?

대저 우리의 삶은 그 자체에 절대적 의의가 있는 것이요, 그것에다 임의(任意)의 어떤 의의나 이유를 부여함으로써 스스로 삶을 긍정하거나 부정할 수 있는 성질의 것이 아니다. 다만 우리는 이 의의를 발견하려고 애쓸 따름이다. 인간에게는 "왜 사느냐?"라는 물음이 제기될 수 없다. 다만 "어떻게 살 것이냐?"라는 과제가 있을 뿐이다. 그런데 이처럼 절대적 의의를 지니고 있는 우리의 이 삶은 다른 곳 아닌 바로 이 현실 속에서 이루어지고 있다. 그러므로 우리가 지향하는 행복이란 다름 아닌 이 현실 속에서 찾아야 할 것이다. 이와 같은 현실적 행복에의 길을 제시해 주는 산 인간 중심의 철학, 다시 말하면 지상의 온갖 정신적 · 물질적 재화(財貨)를 향유 · 발전시키고 그것을 이용할 수 있게 되는 데 삶의 보람이 있고 진정한 행복이 있다고 보는 철학이야말로, 만인의 등대가 될 산 철학일 것이다. 이와 같은 산 인간 중심의 철학을 우리는 단적으로 "휴머니즘(Humanism)"이라고 부를 수 있다.

휴머니즘의 철학적 바탕

이 휴머니즘은 인생의 의의에 관해 다른 여타 철학적 태도들과 입장과는 견해를 달리해 왔다. 그러나 휴머니즘도 역시 하나의 철학적 입장을 취하려고 하는 것인 만큼, 철학 자체의 중요성에 대해서는 다른 사상가들과 마찬가지로 동의(同意)를 표한다. 왜냐하면 철학이야말로 우리가 삶 속에서 의의를 찾아 우리의 온갖 활동을 그것에다 집중시키고 문제 해결의 확고한 방법을 찾고자 하는 무가내하의 요구에서 우러나오기 때문이다.

물론 누구나 삶을 영위하면서 일상 문제를 해결해 나갈 때는 자기 나름의 어떤 일관된 행동의 '틀에 따르는 법이요, 이 각자의 삶을 이끌어 가는 틀'이 바로 그의 철학이라고도 할 수 있다. 그러므로 어떤 의미에서는 의식적 · 무의식적으로 누구나 철학적 입장에 서 있다고 할 수도 있다. 그러나 철학이 엄연히 하나의 '학'일진대, 누구나가 철학자라고 할 수는 없다.

하나의 '학'으로서의 철학은 몇 가지 고유한 과제를 지니고 있다.

첫째, 인간의 활동 · 문제 · 목표 · 이상 등을 분석하고 천착(穿鑿)하는 일이다. 즉, 삶의 가장 기본적인 문제들을 해부 · 해명함으로써 어리석은 독단과 환상 속에서 안일(安逸)을 탐하는 사람들에게 절실한 문제거리를 제기해 주는 데 철학의 첫째 의무가 있다.

둘째, 세계 · 인생 · 가치에 관해 총체적인 올바른 견해를 세우는 종합적 과제이다. 철학의 이 사명 때문에 철학하는 사람은 누구나 자신의 사상 체계를 형성하고 자기대로의 인생관 · 세계관 · 가치관을 세우게 된다. 때로는 이에 조급한 나머지 편파적 또는 독단적 선입견을 토대로 하여 허구적인 체계 형성을 일삼는 사람도 없지 않다. 이러한 점에서 종종 체계 형성에 대한 반동적 경향이 대두되는 것도 당연한 일이다. 그렇다고 철학자가 주요 문제에 관해 체계적 해답을 내리도록 노력할 책임을 면할 수는 없다. 그러므로 항상 철학은 사실(事實)의 체계를 척결해 주는 과학의 성과를 직시하고, 그것이 제공하는 자료나 원리를 바탕삼고 있어야 한다.

이러한 의미에서 20세기의 방대한 지식의 확장은 철학적 탐구를 어느 때보다도 더 착잡하게 만들고 있다. 한편 현대 과학의 발전을 촉진한 지식의 분화(分化)는 철학을 어느 때보다도 더 긴요하게 만들어 놓았다. 오늘날 우리가 목도(目睹)하는 지식의 여러 분과 사이의 또는 여러 민족을 움직이고 있는 '이데올로기' 들 사이의 교량적(橋梁的) 구실을 담당함으로써 인위적으로 분리된 것들을 통일해 주는 일은 바로 철학이 걸머진 사명이 아닐 수 없다.

그뿐 아니라 도덕적 · 사회적 · 정치적 문제 등 넓은 의미에서의 윤리적 문제는 나날이 복잡성의 도를 가하여 종래의 규범으로는 규제하기 어려운 허다한 난제들이 인류 앞에 가로놓여 있는 오늘날, 이것의 근본 해결도 역시 철학의 과제가 아니고 무엇이랴? 인구 문제니 평화와 전쟁의 문제니 하는 따위의 숨 막히는 난관에 부딛혀 선 · 악의 갈등 속에서 몸부림 치고 있는 인류를 위해 나아갈 길을 밝혀 주고 보다 좋은 사회를 안출해 줄 의무가 철학에게 지워져 있는 것이다.

이렇게 보면, 철학은 결코 사물의 단순한 해석이나 한갓 농설(弄說)에 그치는 것이 아니다. 철학은 사람들을 가장 보람 있는 목적과 가치의 방향으로 인도하며, 가장 신뢰할 수 있는 생동하는 진리에 직접 행위를 통해서 친근케 하려는 다이내믹한 것임을 알 수 있다. 다시 말하면 철학은 다만 진리 획득에 그치는 것이 아니라, 진리가 어떻게 인간 생활 속에서 활용될 수 있는가를 지시하며 사유와 행동, 이론과 실천 사이의 간극(間隙)을 다리 놓아 준다.

사유인(思惟人)으로서 행동할지며, 행동인으로서 사유할지어다.

이것은 프랑스의 철학자 베르그송(Bergson, Henri Louis, 1859~1941)의 외침이었다. 주자(朱子, 1130~1200)는 "지와 행은 항상 따라다닌다.[知行常相須]"고 하였으며, 왕 양명(王陽明, 1472~1528)은 "지는 행위의 시초요, 행은 자기 완성이다.[知是行之始, 行是知之成.]"라고 하였다. 이러한 철인들의 가르침 속에서 우리는 철학의 맡은 바 사명을 짐작할 수 있다.

그런데 우리는 흔히 철학자라 하면 일상 세계와의 접촉을 피하고 심각한 현실 문제와의 대결을 천시하는 사람을 연상하기 쉬우며, 또 실지로 그러한 경향이 적지 않다. 이러한 사람들은 우리의 가장 긴요하고 기본적인 문제를 회피하기 위해 그것을 불명료한 용어로써 호도해 버리고, 일상 개념을 도리어 까다로운 방식으로 재정의(再定義)하는 것을 능사로 삼는다. 물론 전문가만이 이해할 수 있고 추구할 수 있는 철학의 고유한 문제가 없는 것은 아니나. 그러나 그렇다고 해서 그 분야의 기본 관념들을 누구나가 파악할 수 있는 방식으로 표현하여 우리의 생활 속에서 활용되도록 할 수 없다는 구실은 성립되지 않는다.

더구나 세계사적 혼돈의 소용돌이 속에 처해 있는 20세기의 온 인류는 자기들의 삶에다 안정의 규준과 토대와 지혜를 줄 수 있는 생동하는 철학을 갈망하고 있다. 그것은 결코 일지반해(一知半解)의 공허한 지식이 아니요, 개인적 독선이나 국가적 · 시리적 테두리 안에 칩거해 있는 철학일 수도 없다. 모든 국가, 모든 대륙의 인민들을 전체로서의 '휴머니티'에로 이끌어올릴 보편적 방법을 제시해 주는 철학, 그리하여 지상의 온 인류로 하여금 공통적 유대를 맺고 새로운 문화 발전과 창조에 참여할 수 있게 하는 철학—이것만이 오늘날 흥망의 백척간두(百尺竿頭)에 서 있는 인류에게 삶의 길을 열어 줄 수 있다. 이러한 시대적 요망에 부응하고자 대두한 철학이 바로 '휴머니즘'인 것이다.

휴머니즘의 의의

'휴머니즘'은 결코 전문적 철학자만의 철학이 아니요, 하물며 독창적인 위대한 사상임을 과시하려는 것도 아니다. 그것은 어디까지나 허구와 환상 속에 파묻혀 있는 인간성, 억압과 속박 밑에 신음하고 있는 인간성을 환기시키고 해방시키려는 철학이다. 그리하여 '휴머니즘'은 행복하고 보람 있는 삶을 영위하려는 온 인류에게 올바른 사고·행동의 방법을 제시하려는 철학이다. 그러면 '휴머니즘'이 다른 철학적 사상들과 다른 점은 어디에 있는가? 레이몽은 그의 『휴머니즘 철학(The Philosophy of Humanism), 1958』에서 그 특징을 다음과 같이 제시하고 있다.

(1) 온갖 형태의 초자연적인 것을 일종의 신화로 여기고, 자연을 존재의 전체라고 본다.
(2) 과학의 법칙을 신뢰하고, 인간을 고도로 발달한 자연 소산(自然所産)이라고 보며, 사후(死後)의 영혼불멸성 같은 것에 관심을 두지 않는다.
(3) 궁극적 신뢰를 인간에게다 두고, 인간은 자신의 문제를 해결할 힘을 가지고 있다고 믿는다.
(4) 인간은 과거에 의해 제약을 받으면서도 자유로운 선택과 창조적 행위에 의해 자신의 운명의 주인공이 된다고 믿으며, 온갖 예정설·결정설·숙명설을 인정하지 않는다.
(5) 모든 가치의 기준을 현세적 경험과의 관련에서 보고, 경제적·문화적·윤리적 발전과 참된 자유에 의한 인류의 지상적 행복을 최고의 목표로 삼는다.
(6) 개인은 개인적 만족이나 자기 발전을 공동체의 복리와 조화시킴으로써만 행복된 삶을 이룩할 수 있다고 본다.
(7) 예술을 발전시키고 심미적 정서를 도야함으로써 인간 생활을 윤택하게 하고자 한다.
(8) 과학적·합리적 방법이 사회의 모든 방면에 충분히 적용되고, 경제적·정치적·문화적 생활이 민주주의적으로 자유롭게 영위되기를 기(期)한다.
(9) '휴머니티'에 입각한 국제적인 항구적 경제 질서를 세우고 이것을 토대로 하여 완전하고 원대한 정책을 수립함으로써 진정한

민주주의와 평화와 생활 향상을 성취하고자 한다.

(10) 스스로의 입장이나 신념을 과학적 방법에 따라서 부단히 반성·음미해 가는 사상이며, 따라서 휴머니즘은 결코 독단적 철학이 아니라 실험을 통해 새로이 발견되는 사실과 보다 더 엄정한 논구를 언제든지 받아들일 용의를 가진 발전해 가는 철학이다.

이상과 같은 레이몽의 자연주의적 견해에는 물론 그대로 수긍하기 어려운 점이 없지 않거니와, 요컨대 '휴머니즘'은 인간에게 부여된 생(生)은 오직 하나밖에 없으며 이 생을 창조적 활동과 행복의 달성을 위해서 이용해야 한다는 사상이요, 인간이 추구하는 행복은 그 자체로서 정당한 것이며 결코 초자연적 근원으로부터의 승인을 요하지 않는다는 사상이요, 인간은 자기들 자신의 지성을 발휘하여 자유롭게 서로 협조함으로써 이 지상에다 평화롭고 아름다운 영구적인 낙원을 건설할 수 있다는 사상이다.

이와 같은 이상 사회의 실현은 과연 요원한 장래의 일일는지도 모른다. 더구나 오늘날 세계의 인류는 국제간의 불신(不信)과 증오(憎惡)로 말미암아 몰락 직전의 혼란과 갈등 속에서 방황하고 있으며, 속수 무책으로 사태의 진전을 관망하고 있는 것 같다. 이러한 때 흔히 사람은 어떤 초자연적 위안의 왕국에로 도피를 꾀하기 쉽다. 그러나 '휴머니즘'은 이러한 패배주의를 단호히 배격하고 안식처를 현실적인 삶 속에서 찾도록 일깨워 주고자 한다. 물론 그렇다고 해서 '휴머니즘'은 모든 사람을 찰나주의와 이기주의에 사로잡히게 하려는 것이 아니다. 자기를 포함한 온 인류의 행복과 향상을 위해 노력하는 데서 제 자신의 행복과 향상도 가능하다고 믿는 것이요, 자손 만대에 이르도록 이 지상의 삶을 행복하게 누리게 하려는 것이다.

그러므로 그것은 다만 자기 이해(自己利害)에 의해서만 움직이려는 생각이나 자기 본위의 합리화를 배격하며, 인간의 모든 활동의 동기를 오로지 경제적 조건이나 성적(性的) 조건 등의 어떤 한정된 인간 욕구에다 환원시키는 것을 인정하지 않으며, 박애주의와 애타주의(愛他主義)의 중요성을 강조한다. 이리하여 '휴머니즘'은 인간의 존엄성을 인식하고 개인간 및 국제간의 우의의 정신에 입각하여 인류의 복지를 도모하려는 것이요, 인간 대 인간 사이에 어떤 차별도 인정하지 않는 '인간주의(human-being-ism)'라고도 할 수 있다.

오늘날 민주주의적 신념의 증대나 과학에 대한 신뢰는 초자연적인 것에 대한 낡은 호소를 점차로 변모시켜 가고 있다. 종교 운동도 인간성에 대한 관심과 사람들의 현세적 욕구에 대한 호응이 없이, 다만 미래의 구원이나 내세의 심판을 훤전(喧傳)하는 것만으로는 이미 사람의 심금을 파고들 수 없는 것 같다. 이리하여 종교는 복음 전도와 아울러, 이에 못지 않게 자선적 활동이나 사회적 복지 운동에 주력하지 않을 수 없게 되었다. 따라서 이와 같은 현세적 목적과 계획을 가진 조직체를 형성하지 않을 수 없게 되었다. YMCA나 YWCA 등의 사회적 활동, 또는 가톨릭의 자선 단체인 "K. of C.(Knights of Columbus)"나 "National Catholic Welfare Conference" 등의 복지 운동에서 그 모습을 엿볼 수 있다.

그러나 '휴머니즘'은 비단 초자연주의에 대해서뿐만 아니라, 음으로 양으로 인간성을 말살하고 자유를 가로막는 온갖 형태의 반동과 대결해야 한다. 현대 생존 체제의 기계화는 인간을 기계의 노예로 만들어 가고 있으며, 퇴폐적 향락주의의 유행은 사람을 쾌락의 노예로 전락시키고 있으며, 요망한 정치적 독재는 직접적으로 인간을 질식 상태에 빠뜨려 가고 있다. '휴머니즘'의 적은 도처에서 준동하고 있는 것이다.

휴머니즘의 각종 형태

'휴머니즘'이라는 말은 보통 중세의 교회 중심의 세계관에 대한 반동으로서 르네상스기에 일어난 사조를 가리킨다. 이것은 중세 기독교의 초속주의(超俗主義)에 반항하여 현실적 인간성을 존중하고, 인간의 불멸성에 대한 선입견을 벗어나서 현세에서의 행복한 삶을 목표로 하는 것이었다. 따라서 여기에서의 이상적 인간은 이미 엄격한 승려가 아니라, 레오나르도 다 빈치나 미켈란젤로와 같이 지상적 성취를 즐기는 새로운 타입의 인간이었다. 르네상스기의 '휴머니즘'은 또한 지적인 면에서의 종교적 제약에 대한 반항으로 나타났으며, 그리스·로마를 이상으로 여기고 고전(古典)을 존중·부흥시키려는 운동으로 나타났다. 그러나 이와 같은 고전 부흥 운동은 한편 과학의 발전을 저해한 폐단이 없지 않았으며, 또 한편 대부분의 학자로 하여금 초자연주의적 형이상학으로부터 완전히 탈피시키지 못한 폐단도 있었다.

그러나 이 '르네상스 휴머니즘'이 표방한 지성에의 신뢰, 인간성의 존중, 현세적 행복 추구 등의 전통은 그대로 계승되어 여러 가지 형태로 발전해 왔다. 18세기 후반 독일에서는 고대 그리스의 이상을 부흥하여 인간성의 원만한 발달을 도모하려는 이른바 '신(新)휴머니즘(Neo-humanismus)' 운동이 일어나서 하이네(Heine, 1797~1856)·헤르더(Herder, 1744~1803)·괴테(Goethe, 1749~1832) 등에 의한 독일 문예의 황금 시대를 이룩하였다. 니체(Nietzsche, Friedrich Wilhelm, 1844~1900)·하이데거(Heidegger, Martin, 1889~1976)·야스퍼스(Jaspers, Karl, 1883~1969)·사르트르(Sartre, Jean Paul, 1905~1980) 등의 '실존 사상' 속에서도 우리는 퇴폐해 가는 인간성을 회복하려는 힘찬 '휴머니즘'의 면모를 볼 수 있다.

미국에서도 1930년대에 하버드의 배빗트(Irving Babbitt, 1865~1933), 프린스턴의 모어(Paul Elmer More) 등에 의해서 "아카데미 휴머니즘(Academic Humanism)"이 발족되어 인간 대 자연, 인간성 대 과학의 이원론적 견지에 입각한 교육 지혜를 강조하고, 교육의 기초로서 고전(古典)의 존중을 표방하였다. 그러나 이 사상은 '르네상스 휴머니즘'의 폐단을 답습한 것이나 다름없어서 일시적으로 유행했을 뿐이다.

한편 또 우리는 자기의 철학 체계를 스스로 "휴머니즘"이라고 부른 영국의 실용주의 철학자 쉴러(F. C. S. Schiller, 1864~1937)의 사상, 즉 개인적 주관을 절대적 규준으로 여긴 '주관적 휴머니즘'을 들 수 있다. 그러나 그 역시 초자연주의적 입장과 타협한 면이 없지 않았다.

이와는 색다르게 미국에서는 삼위 일체설(三位一體설)에 반대하는 유니테어리언(Unitarian) 일파들이 자칭 "종교적 휴머니즘"을 표방하고 나왔으며, 1938년에는 "휴머니스트 선언(Humanist Manifesto)"을 선포하고 윤리 운동을 전개하였다. 이와는 별개로 1876년 콜롬비아 대학의 아들러(Felix Adler) 교수에 의해 "지(知)와 행(行)을 증진시키고 정의를 애호함"을 표방하는 "뉴욕 윤리 교화 협회(Society for Ethical Culture of New York)"가 창립됨을 계기로 해서 여러 윤리 교화 단체의 탄생을 보게 되었다. 이 단체들이 모여 "미국 윤리주의 연합(American Ethical Union)"을 조직하고, 어떠한 신학적 · 형이상학적 고려도 용납함이 없이 개인적 · 사회적 · 국가적 · 국제적인 모든 생활 관계에서의 윤리적 요인(要因)의 중요성을 강조하면서 "강령(綱領)보다도 실행이다(Deed, not creed.)"라는 '모토' 아래 지상에서의 인류의 행복 증진에 이바지하고자 하였다. 이와 같은 윤리 교화 운동은 영국 · 일본에까지 전파 · 확대되어 갔으며, 독일에서도 1892년 "독일 윤리 교화 협회(Deutsche Gesellschaft für Ethische Kultur)"가 성립되었다.

그러나 무엇보다도 가장 뚜렷한 '휴머니즘'의 가치를 들고 나온 것은 1941년에 미국의 진지한 휴머니스트들에 의해 조직된 "미국 휴머니스트 협회(American Humanist Association: AHA)"인데, 여기서는 기관지 『휴머니스트(The Humanist)』가 격월로 간행되고 있다. 이 협회를 비롯하여 다른 휴머니스트 단체 및 윤리 교화 단체들은, 마침내 1952년 각국의 단체들과 더불어 네덜란드의 유트레히트(Utrecht)에서 회동하여 "국제 휴머니즘 및 윤리주의 연합(International Humanist and Ethical Union)"을 창립하고 국제적인 '휴머니즘' 운동을 전개하기 시작하였으며, 1957년에는 런던에서 제2차 국제 회의를 개최하였다.

휴머니즘과 현대

이처럼 철학적 혹은 심지어 종교적인 여러 단체들에 의해 비록 형태는 서로 다를망정 끊임없이 '휴머니즘'이 강조되고 확장되어, 마침내 국제적 운동으로까지 진전했다는 사실은 인간성을 수호하는 일이 오늘날 얼마나 긴요한 인류의 과제로 되었는가를 입증하는 것이라 하겠다. 그러므로 '휴머니즘'은 이미 어떤 철학자나 어떤 사상가의 독점물일 수 없다. 모든 정치인의, 모든 과학자의, 더 나아가서는 모든 인류의 생활 이념이 이 '휴머니즘'에 뿌리 박을 때, 비로소 이 지상에는 인류가 희구하는 행복이 찾아들 것이다.

과연 오늘날 인간성의 말살을 이념으로 내세우는 국가는 이 땅 위에 없으며, 인민의 행복을 저주하고 독재를 표방하는 지도자도 없다. 입 가진 자는 누구나 여출일구(如出一口)로 인권의 옹호와 평화의 애호를 부르짖는다. 국제연합도 허울좋게 "세계 인권 선언(Universal Declaration of Human Rights)"을 선포하였다.

인류 사회의 모든 사람이 나면서부터 가지고 있는 존엄성과 양여(讓與)할 수 없는 평등한 권리를 인정함은 자유와 정의와 세계 평화의 기본이 되는 것이므로, …… 사람으로 하여금 전제의 탄압에 대항하는 최후의 수단으로 반란을 일으키지 않게 하기 위해서는, 인권은 반드시 법률이 정하는 바에 의해 보호되어야 함이 절대 긴요하므로 …… 모든 사람과 모든 국가가 도달해야 할 공통된 목표로서 이 세계 인권 선언을 선포한다.

그러나 그처럼 목마르게 희구하는 행복이 언제나 이 땅 위에 깃들는지 기약이 없다. 지금 이 시각에도 지구상에는 수없는 생명들이 빈곤과 무지, 전제와 억압 밑에 신음하고 있으며 온 인류는 전쟁의 공포에 사로잡혀 숨 막히는 삶을 영위하고 있다. 이와 같은 질곡(桎梏)을 벗어나기 위해 우리에게는 천언만어(千言萬語)의 '강령'이 필요없고 허울좋은 '선언'이 필요없다.

전쟁의 야기(惹起)는 소수인의 죄책이요, 다수의 사람들은 벗이다.

이와 같은 플라톤의 말에서 보이듯이 모름지기 모든 지도자, 모든 정치인들의 머릿속에 도사리고 있는 야욕—인간을 자신의 명리(名利)의 수단으로 삼으려는 간악한 야욕을 근절시켜야 한다. 그리고 모든 인류가 회오(悔悟)의 눈물과 슬기로운 형제애로써 유대를 맺고, 문화의 창조와 발전에, 그리고 행복의 추구와 증진에 이바지해야 한다. 인간성을 짓밟고 인권을 박탈하려는 유형 무형의 요귀(妖鬼)들이 이 지상으로부터 자취를 감추는 날, 그리고 휴머니즘의 철학이 인류의 삶의 원리로 되는 날, 음산한 이 땅 위에 희망의 광명이 비쳐 올 것이요, 행복의 낙원이 세워질 것이다.〈1960년〉

[附記] 이 글은 레이몽(C. Ramont)의 『휴머니즘 철학(The Philosophy of Humanism, 1958)』을 토대로 해서 과학적 휴머니즘이라고도 할 수 있을, 자연주의적 입장에 서 있는 휴머니즘 사상을 소개해 본 데 지나지 않음을 부언해 둔다.

훗설과 마이농의 철학적 입장

훗설과 마이농의 철학적 입장

훗설과 마이농의 철학적 태도

철학의 역사를 점철해 온 모든 철학자들은 한결같이 하나의 공통된 소망을 품고 있었다. 자신의 철학을 객관적·절대적 철학으로 확립하려는 소망이 바로 그것이다. 여기에는 심지어 상대주의를 표방하는 철학자들도 그 예외일 수는 없다. 그 까닭은 그들 역시 자신의 그 상대주의적 철학 자체가 시대를 넘어서 타당할 것을 바라는 점에서는 다를 바 없기 때문이다.

그럼에도 불구하고 철학의 역사는 모든 위대한 철학 사상들이 시대와 함께 성쇠부침(盛衰浮沈)을 면치 못했음을 보여주고 있다. 이것은 철학도 시대의 산물이기에 시대를 초월할 수 없다는 역사적 법칙에 연유하는 것일까? 시대가 바뀌면 그 시대의 철학도 낡은 건물처럼 붕괴해야 할 숙명을 안고 있는 까닭은 무엇일까?

이것은 일언이폐지(一言以蔽之)하여 유한한 인간의 주관적 왜곡이 개재하기 때문이라고 할 수밖에 없다. 미상불 철학은 실증과학과는 달리 자의적인 보완(補完)·구성(構成)·상상(想像)을 허용할 소지를 지니고 있다. 그리고 바로 그 때문에 철학자들은 우선 자신의 입장부터 확립해 놓고, 모든 대상과 모든 문제를 자의적인 보완·구성·상상 등으로 자신이 택한 입장에다 맞추어 해석해 온 것이 통례(通例)였다. 이리하여 탄생된 사상적 구축물이 이른바 위대한 철학이요 위대한 주의(主義)였다.

그러나 객관 세계는 인간이 중구난방(衆口難防)으로 해석되건, 자의적 체계에나 집어넣건 언제나 그것대로의 법칙성을 지니고 움직이기 마련이다. 위대함을 과시하던 수많은 체계들이, 마치 비옥한 내지를 흘러간 끝에 마침내 사막 속에서 고갈되어 버린 개울의 종단

(終端)과도 같이, 시대가 바뀌자마자 쇠망(衰亡)의 운명을 면치 못한 소이가 바로 여기에 있다 하겠다. 과연 어떤 의미에서는 위대한 철학적 체계들의 역사는 바로 모든 형이상학의 궁극 목표인 절대 인식으로부터의 일탈(逸脫)의 역사라고 보아도 좋음직하다.

이리하여 수없이 많은 체계들의 영고(榮枯)의 비운을 보아 온 현대인은 마침내 체계를 거부하기에 이르렀다. 어떠한 예단(豫斷)된 입장에도 섬이 없이 온갖 자의적 선입견과 주관적 왜곡을 배격하고, 오로지 대상 그 자체와 문제 그 자체를 객관적으로 천착하려는 태도—이것이 현대 철학의 일반 경향이라고 보아도 무방하다. 생철학(生哲學)·실존철학(實存哲學)·실증철학(實證哲學) 등 현대 철학의 주축을 이루는 모든 철학 사조가 한결같이 이러한 경향을 띠고 있음을 우리는 볼 수 있다. 그리고 이러한 현대적 철학 사조의 경향에 대하여 직접·간접으로 선구의 구실을 한 것은 다름 아닌 독오학파(獨墺學派)의 철저한 객관주의적 철학이다.

여기에 필자는 이 학파의 양대 중추를 이룬 훗설(Husserl, Edmund, 1859~1938)과 마이농(Meinong, Alexius, 1853~1920)을 중심으로 독오학파의 객관주의를 살펴보고자 시도하였다. 이들 두 사람은 다 같이 빈에서 브렌타노(Brentano, Franz, 1838~1917)에게 사사(師事)하였다. 훗설은 주지하는 바와 같이 독일에서는 물론이요 프랑스 등지에서도 실존주의에 지대한 영향을 미쳤다. 그 반면 마이농은 독일에서는 공명을 얻지 못한 대신 러셀(Russell, Bertrand Arthur William, 1872~1970)·무어(Moore, George Edward, 1873~1958) 등을 통해 영미(英美) 세계에서 높은 신망을 얻었다. 그는 심지어 미국의 신실재론자(新實在論者)들에 의해 러셀·무어와 더불어 "해외의 위대한 형제들"이라고까지 추앙받았다.

그뿐 아니라 마이농의 철학은 일찍이 그와 친밀한 교우 관계에 있던 러셀로 하여금 그의 유명한 기술이론(記述理論)을 확립하게 하고, 동시에 러셀을 통해 그의 제자였던 비트겐슈타인(Wittgenstein, Ludwig

Josef Johann, 1889~1951)에게 간접적으로 영향을 미침으로써 분석철학에도 크나큰 영향을 주었다. 비트겐슈타인이 그의 『트락타투스』에서 '사실'이니 '사실로 있는 것'이니 하는 것들을 강조하고 있다든가, 또는 『더 블루 북』이나 그밖의 다른 곳에서 '비실재자(非實在者)'에 관한 난해한 사상을 빈번히 피력하고 있는 것을 생각한다면, 아무도 그가 마이농에게서 영향을 받고 있음을 의심할 수는 없을 것이다.

그러므로 독오학파는 어떤 의미에서는 훗설과 마이농을 통해 세계성(世界性)을 띠게 되었다고 해도 무방하다. 물론 그들의 철학도, 만일 그들 자신이 의도한 것처럼 객관세계의 올바른 파악이 되지 못한다면, 결국 시대의 변천과 운명을 같이할 수밖에 없다. 그러나 철학이 진정으로 객관성을 확보하고자 하는 한 예단(豫斷)된 입장과 주관적 왜곡의 배제를 표방한 그들의 정신만은 결코 역사의 변천과 더불어 스러지지는 않을 것이다. 철학에서 초역사적인 것은 반드시 초입장적(超立場的)이어야 하겠기 때문이다.

객관에로의 길

훗설의 현상학이 의도한 것은 궁극적으로 사상 자체(事象自體)의 포착이거니와, 이 사상 자체는 그때그때의 개별적 의식의 내용과 동일한 것이 아니라 의식의 피안(彼岸)에 있는 이념적 대상이다. 말하자면 그것은 보편사요 본질이요 순수 형상이다. 이 점에서 현상학의 대상 영역은 대상론에서의 초재적(超在的) 순수 대상과 동일하다 하겠다. 그러므로 마이농은 훗설의 『이념들(Ideen)』에 관한 비망록으로 남겨 놓은 미발간의 유고(遺稿)에서 "본질 또는 형상은 객체적 측면에서는 사재(斯在)라 불리는 것으로서 결국 내가 초재라는 존재 방식을 부여하고 있는 순수 대상이라는 의미의 대상과 다를 바 없다."고 말하였다. 더 나아가 그는 훗설이 형식적 존재론을 "대상 일반에 관한 형상적 학"이라고 지칭한 것을 비판하여, 오히려 "일반 대상론"이라고 부르는 것이 가장 자연스럽다고 주장하였다.

한편 훗설은 이와 같은 본질적 영역을 확보하는 방법으로서 자연적 태도의 일반 정립적 요소들을 판단 중지하고 괄호(括弧)에 넣어 버리는 형상적 환원을 강조하였거니와, 이것은 마이농에게서 곧 '현실의 요구로부터 의식적 외면'을 통해 '현존에서 벗어난 입장'에 이르려는 방법이라 하겠다. 그러나 훗설은 그 자신이 "자연적 태도의 본질에 속하는 일반 정립을 작용하지 못하게 하며, 그 일반 정립이 존재적 관점에서 포괄하고 있는 일체의 것을 괄호에 넣어 버린다."고 말한 것처럼 형상적 환원의 목적은 마이농에서와 같이 심지어 '불가능적 대상'까지 포함한 광범한 초재적 대상 영역에 이르려는 데 있다. 따라서 훗설의 '현존에서 벗어난 학(學)'은 다름 아닌 존재론이요, 결코 대상론과 동일시될 수는 없다.

더구나 훗설은 마침내 선험적 환원에 의해 대상 세계를 선험적 주관성의 구성적 지향의 상관자로 봄으로써 선험적 관념론으로 전환하였다. 여기에 현상학은 '선험적으로 순화된 의식의 본질론'으로서 확립되었다. 이 점에서 현상학은 대상론적 방향으로부터 완전히 이탈하고 말았다고 할 수 있다. 그 까닭은 대상론으로 어디까지나 의식 내지 의식 일반에 대한 대상의 우위를 그대로 견지하고 나가는 반면, 현상학은 사상(事象) 즉 대상 우위의 입장으로부터 의식 우위의 입장으로 변질되어 갔기 때문이다. 이러한 의미에서 현상학은 마이농의 입장에서 보면 '순수 의식의 존재론이라는 일종의 특수 존재론'이요, 그의 이른바 특수 대상론의 테두리를 벗어나지 못한다고 할 수 있다.

훗설의 이와 같은 입장의 전환은 필경 그가 『논리연구』라는 거작(巨作)을 출간했음에도 불구하고(괴팅겐 대학이 아마도 그의 철저한 객관주의에 대한 몰이해로 말미암아 그의 교수 취임을 거부한 사실에 자극받고), 5~6년 간 칸트 연구에 몰두한 끝에 칸트의 선험적 관념론에서 영향받은 결과임에 틀림없다. 하여간 훗설은 일체의 주관적 · 심리적 왜곡과 선입견을 배제하고 사상 자체에 입각한 엄밀학으로서의 철학의 확립을 표방하고 출범했으면서도, 도리어 기나긴 사색 끝에 세계를 피의식계(被意識界: cogitatum)로 보게 된 역설에 빠지고 말았다. 물론 데카르트적 의미에서 "나 자신에 관해서 나는 제1차적 원본성을 지닌 경험을 갖는다"고 할 수 있다. 이것을 근거로 하여 훗설은 대상으로 하여금 스스로를 그 자체로서 현선(現前)시키는 절대적 · 직관적 경험을 '나'에게서 이끌어 내려고 하였다. 훗설이 이 목적을 달성하는 방법으로서 선험적 환원을 주창했음은 사실이다. 그러한 의미에서 그가 현상학의 총결산처럼 제시한 "세계를 보편적 자기 성찰 속에서 되찾기 위해 우선 세계를 판단 중지에 의해 상실하지 않으면 아니 된다"고 한 말은 결코 그의 객관주의적 정신의 변질을 뜻하는 것이 아니다. 오히려 이 말은 사상 자체를 명경지수(明鏡止水)와 같은 순화된 의식에 반영시켜 명증성을 지닌 의식 내용으로서 파악하려고 한 철저한 객관주의적 태도의 표명이라 볼 수 있고, 또한 그것이 틀림없는 사실이기도 하다. 그러나 이 태도는 결국 브렌타노의 의식의 지향성과 데카르트의 자아명증설을 근간으로 하고, 경험적 실재성을 선험적 관념성에 의해 정초하려고 한 칸트의 선험적 방법에 따라 (적어도 그 취지와 형식의 면에서는) 자신의 객관주의적인 세계 해명을 꾀한 것으로서 전통 철학의 태도에서 크게 벗어난 것이 못 된다고 할 수도 있음직하다.

요컨대 마이농은 인식론적인 면을 부차적인 것으로 접어 둔 채 일관된 대상 우위의 입장을 견지하고 대상 세계를 천착해 감으로써 어떤 의미에서는 비교적 안이한 사색의 길을 걸어갔다고 할 수 있다. 이에 반해 훗설은 대상 우위에서 의식 우위의 입장으로 전회를 감행함과 더불어 마이농에 비해 훨씬 더 험난한 사색의 길을, 아니 어떤 의미에서는 영원히 풀 길 없는 착잡한 미로를 걸을 수밖에 없게 된 것이 사실이다. 세상을 떠나기 3년 전 훗설은 다음과 같은 감회 깊은 술회를 하였다.

철학자가 스스로에게 부과하고 있는 과제, 철학자로서의 그의 필생의 목표, 그것은 세계에 관한 보편적 학이요, 세계에 관한, 세계 자체에 관한 보편적·결정적 지식이며 진리 자체의 세계이다. 이 목표가 그리고 그것의 도달 가능성이 어떻게 되어 있는가? 나는 과연 하나의 진리, 하나의 결정적 진리를 시발점으로 삼을 수 있는가? 하나의 결정적 진리, 내가 그 진리를 의심 없이 확신하고 하나의 자체적 존재자에 대해 무엇인가를 입언(立言)할 수 있는가?

만일 내가 이미 이러한 '직접적으로 명증성을 지닌' 진리를 가지고만 있다면 나는 아마 간접적으로 새로운 진리를 도출할 수 있을 터인데, 그러나 어디에 내가 그러한 진리를 가지고 있는가?

그러고 나서 훗설은 "학으로서 철학, 준엄하고도 엄밀한 그뿐 아니라 필연적으로 엄밀한 학으로서의 철학, 그 꿈은 깨어졌다"고 독백하고 있다. 여기에 우리는 고난에 찬 필생의 사색을 계속했으면서도 소기의 목표에 도달할 수 없었던 한 철학자의 겸허한 회한을 엿볼 수 있다. 이것은 바로 철학적 진리를 '절대적 경험' 위에다 궁극적으로 정초하려고 한 설계의 소치라고 보아도 과언이 아닐 것이다.

물론 훗설이 심혈을 기울인 순수 의식의 분석적 기술(記述)은 대상과의 지향관계(志向關係)에 있는 의식 구조를 해명한 점에서 다시 없이 지대한 의의를 지니고 있다 하겠다. 그러나 객관적 대상 자체를 의식 내재적인 '노에마'로 정초하려고 한 점에서는 지나친 모험을 감행했다고 할 수밖에 없다. 이러한 의미에서 현상학적 환원의 하나인 선험적 환원은 대상론적 측면에서 본다면 하나의 사족(蛇足)이 아닐 수 없다. 구태여 우리는 일체의 객관 세계를 선험적 의식으로 환원함이 없이 '현존(現存)에서 벗어난' 입장에 섬으로써 객관적인 기하학적 세계를 통찰할 수 있는 것처럼, 마이농의 이른바 '현실적인 것을 위한 선입견' 내지 훗설의 이른바 '자연적 태도'의 배제가 곧 객관적 대상 세계에로의 육박의 길이라고 보아도 무방하지 않을까?

우리가 철학하는 데 주관주의적 · 상대주의적 오류를 면하고자 한다면, 우리는 물론 일체의 선입견적 전제와 입장을 배제해야 한다. 그러나 아무리 '무전제적(無前提的)' 내지 '초입장적(超立場的)' 태도가 요구된다고 하더라도 적어도 하나의 '전제' 나 하나의 '입장' 만은 배제할 수 없을 것이다. 그것은 곧 "사유와 존재는 동일하다"는 전제이다. 이 전제를 부인한다면, 객관 세계에 대한 일체의 파악의 방도가 두절될 수밖에 없을 것이기 때문이다.〈1970년〉

카르납의 구성 이론

카르납의 구성 이론

비엔나 학단과 논리적 실증주의

카르납(Carnap, Rudolf, 1891~1970)은 오스트리아 출신의 현대 철학자인데, 그는 20세기 철학의 중요한 사조(思潮)의 하나인 이른바 논리실증주의(logical positivism)의 지도적 인물의 한 사람이다. 원래 그는 수학·물리학·철학을 공부한 사람으로서 1926년 비엔나 대학의 강사로 초빙되었으며, 1930년에는 프라하 대학 교수로 취임했다가, 그 후 미국으로 건너가서 1936년 시카고 대학의 교수가 되었다.

논리실증주의는 전통 철학처럼 막연한 일반화나 독단적인 체계 형성에 의해서 철학에 보편성을 부여하려는 태도를 배격하고, 세밀하게 엄밀한 논리적 분석을 통해 철학이 과학적으로 주장될 수 있도록 하려는 하나의 새로운 철학적 운동이다. 처음 이 운동을 일으킨 중심체는 비엔나 대학의 쉴리크(M. Schlick) 교수를 중심으로 한 이른바 비엔나 학단(Vienna Circle: Wiener Kreis)이라는 일군(一群)의 학자들이었다.

그리고 여기에 참여한 사람들은 비단 순수한 철학자뿐만이 아니라, 수학·물리학·사회학·법학·역사학 등 온갖 분야의 학자들이 망라되어 있었다. 이들은 정기적으로 모임을 가지고 제반 철학적 문제에 대한 꾸준한 연구와 토론을 계속하였나. 그러나 이 학단의 이념이 급속하게 발전하게 된 것은 그들이 1928년 11월 쉴리크와 카르납을 중심으로 마하 협회(Der Verein Ernst Mach)라는 정식 단체를 결성하고 "비엔나 학단의 과학적 세계 파악(Die wissenschaftliche Weltauffassung der Wiener Kreis, 1929)"이라는 선언문을 발표한 때부터였다. 비엔나 대학은 원래 실증주의자인 마하 및 그의 후계자들이 활약하던 곳인 만큼, 비엔나 학단이 그 영향을 받아 종래의 형이상학적 태도를 배격하고 '과학적 세계 파악을 촉진하며 표방'하고 나섰음은 넉넉히 짐작됨직한 일이라 하겠다.

카르납 · 노이라트(Neurath) · 한(Hahn) 등에 의해 기초(起草)된 이 선언문에 의하면, 그들의 궁극적 의도는 실재에 관해서 사람이 얻을 수 있는 온갖 지식을 〔아무런 상호 연관도 없는 분과적인 특수 과학으로 분화함이 없이〕 포괄하는 하나의 '통일 과학(Einheitswissenschaft)'을 형성하고, 이로써 과학적이면서도 전일적(全一的) 세계 파악을 성취하려는 데 있었다. 그리고 이러한 목적의 달성을 위해 사용된 방법은 페아노 · 프레게 · 화이트헤드 · 러셀 등에 의해 안출된 논리적 분석의 방법이었다. 이 방법에 의해서 개념이나 명제를 분석하고, 한편 형이상학적 명제들을 무의미한 것이라 해서 제거해 버리고 또한 과학적 명제들의 의미를 더욱 정밀하고 완전하게 규정함으로써, 그들은 종래의 실증주의나 경험주의가 도달할 수 없었던 완전성과 정밀성에 도달할 수 있었다. 그리고 비엔나 학단의 이러한 성취의 절정을 이룬 동시에 이 학단에 지극히 큰 영향을 미친 것이 카르납의 '구성이론(Theorie der Konstitution)'이었다.

구성 이론의 내용

카르납이 '구성이론'의 목적은 적극적으로는, 자연과학이나 사회과학의 모든 개념들은 그의 이른바 '기본 경험(Elementarerlebnis)'에 의해서 정의될 수 있고, 이로써 이들 과학의 온갖 진술들은 이러한 '기본 경험'에 의해 검토되고 검증될 수 있다는 것을 제시하려는 데 있었다. 그리고 이 이론의 목적은 소극적으로는, 전통 철학의 대부분의 문제들은 검증할 수 없는 주장을 토대로 하고 있는만큼, 엄밀하게 말한다면 아무 의미도 없는 사이비 문제에 지나지 않는다는 것을 보여 주려는 데 있었다. 그러므로 그는, 모든 진술의 의미의 유무는 그 진술이 '사상(事象)'을 표현하고 있느냐 또는 그렇지 않으냐에 의해서 규정된다고 보고, 다음과 같은 기준을 세웠다.

(1) 어떤 진술이 '사상'을 표현하고 있지 않을 경우, 그것은 진위를 논할 수 없는 무의미한 진술로서 한갓 외양만의 주장에 지나지 않는 것이다.

(2) 어떤 진술이 '사상'을 표현하고 있을 경우, 그것은 의미 있는 진술이다. 또한 다음과 같이 말할 수 있다.

① 그 '사상'이 현실적으로 존재하는 것일 경우, 그 진술은 참이다.

② 그 '사상'이 현실적으로 존재하지 않은 경우, 그 진술은 거짓이다.

다시말하면 이것은 어떤 진술이건 그것이 실질적이기 위해서는 경험에다 근거를 두어야 하며 이러한 근거가 없는 진술은 공허하고 무의미하다는 것이다. 자연과학이나 사회과학에서는 이러한 원칙이 인정되고 또 실지로 준수되고 있음이 사실이다. 이것은 즉 이러한 과학의 대상들은 그것들에 대한 모든 진술이 이와 등치적(等値的)이며 근거 있는 진술로 옮겨질 수 있도록 구성되어야 한다는 것을 의미하는 것이라 하겠다. 카르납의 '구성 이론'의 의도는 바로 이 방법을 제시하려는 것이었다.

카르납은 우선 그의 '구성이론'을 다음과 같이 공식적으로 표명하였다. 즉, 한 대상을 구성한다는 것은 그 대상을 다른 대상으로 환원하다는 것, 다시 말하면 일반 규칙(이것을 그는 "구성의 규칙" 또는 "구성적 정의"라고 부른다)을 세워서, 어떤 대상의 명칭을 지니고 있는 진술이 그것을 지니고 있지 않는 하나의 등치적 진술로 바뀔 수 있도록 한다는 것을 의미한다. 그리고 이러한 방식에 의해 모든 과학의 모든 대상들을 그들의 환원 가능성에 따라 정돈하는 일이 바로 이 '구성 이론'의 과제라는 것이다.

이 환원 가능성의 기준을 카르납은 다음과 같이 세웠다. 즉, 만일 대상 a, b, c…에 관계되는 모든 사상(事象)을 존재케 하는 데 필요하고도 충분한 조건이 다만 b, c…만에 의해서 제시될 수 있는 경우에는, 우리는 a를 b, c…에다 환원할 수 있다는 것이다. 이 기준에 의해서 그는 어떤 주어진 대상이 다른 대상으로 환원될 수 있는지의 여부를 알아낼 수 있고, 그리하여 대상들을 하나의 포괄적 체계로 구성할 수 있는 서열을 찾아낼 수 있다고 생각하였다. 그러나 이 기준에 의해 모든 방면에서 이러한 서열이 정해질 수는 없기 때문에 카르납은 다음과 같은 인식론적 원리를 병용하였다. 즉, 만일 b라는 대상이 a라는 대상에 의해서 알려질 수 있다면, 그리고 따라서 a를 아는 것이 b를 아는 데 대한 필수적 조건일 경우에 a가 b에 비해 인식론적으로 우선적이라는 것이다.

이러한 기준들에 따라서 카르납은 모든 과학의 대상들의 환원 가능성을 검토하려고 하였다. 그는 이로써 비엔나 학단이 지향하는 통일 과학에 대한, 그리고 따라서 세계의 과학적 · 전일적 파악에 대한 하나의 지침을 보여 주었다. 카르납은 우선 대상들을 "정신적 대상" · "타심적(他心的) 대상" · "물리적 대상" · "자심적(自心的) 대상"의 네 가지 중요한 종류로 구분하였다. 그리고 다시 이 대상들 사이에서 '정신적 대상'은 '타심적 대상'에로, '타심적 대상'은 '물리적 대상'에로, 그리고 이 '물리적 대상'은 또다시 '자심적 대상'에로 환원이 가능하다고 보았다. 즉, '정신적 대상(종교 · 풍습 · 관습 등과 같은 역사적 · 문화적 · 사회학적 대상)'들은, 일부는 '지적 표출(인간의 사상 · 감정 · 의지 활동)'을 통해서, 그리고 일부는 '증거물(풍물이나 문헌 등과 같은 물리적 산물)'을 통해서 알려지는만큼, 이러한 것들을 토대로 하여 구성될 수 있을 것이다. 또 '타심적 대상'들은, 일부는 정서와 생각의 외적 표현을 통해서, 일부는 정신 현상에 대응하는 뇌수의 변화를 통해서 알려지는 만큼, '물리적 대상'들을 토대로 하여 구성될 수 있을 것이다. 그리고 끝으로 이 '물리적 대상'들은 관찰을 통해서, 즉 우리 자신의 마음의[自心的] 여건을 통해서 알려지는 것이기 때문에, 이것을 토대로 하여 구성될 수 있다는 것이다.

물론 이처럼 높은 단계의 대상이 낮은 단계의 대상을 토대로 하여 구성된다고 할 때, 그것은 결코 여러 가지 종류의 대상들의 독립성을 말살해 버린다는 의미가 아니다. 그것은 단순히 높은 단계의 대상들에 관한 진술을 그 '진리치(Wahrheitswert)'를 변동시킴이 없이 보다 낮은 단계의 대상들에 관한 진술이건 가장 낮은 단계의 대상인 우리 자신의 마음의[自心的] 여건에 의해서 검증할 수 있다는 것을 의미할 뿐이다.

카르납이 이와 같이 '자기 자신'이라는 것을 그의 구성 체계의 토대로 삼은 것은 그 자신도 말했듯이 하나의 유아론적(唯我論的) 입장이라 하겠다. 그러나 그가 전제로 삼은 유아론적 입장은 오직 하나의 주관과 그의 경험만을 유일한 실재로 여기고 다른 주관들의 실재를 부인하는 의미에서의 유아론이 아니라고 그는 말하고 있다. 실재니 비실재니 하는 대상 사이의 구별이나, 또는 지각이니 환각이니 몽상이니 하는 경험 사이의 구별은 처음부터 이루어지는 것이 아니라고 오히려 높은 단계의 구성에 가서 생기는 것이다. 또한 '자심적 대상'의 기본 영역은 주객 미분(主客未分)의 단적인 소여(所與: das Gegebene)이며, 결코 그 '소여'가 주어지는 어떤 사람이 전제되고 있지 않다는 것이다. 이와 같이 카르납은 대상을 구성하는 데 출발점으로 삼은 '자심'의 기본 모습을 아무런 구별 의식도 개재되지 않은 "밀접하게 통일된 총체로서의 경험"이라고 보고 이것을 "기본 경험"이라고 불렀다.

그러므로 이 '기본 경험'은 결코 요소로 분할할 수 있는 것이 아니라, 다만 '기본 경험'들 사이에 성립되는 관계를 토대로 하여 이른바 준분석(準分析)을 가할 수 있을 뿐이다. 이러한 관계의 가장 기본적인 것으로서 카르납은 '상사성(相似性)의 기억'을 들고 있다. 이것은, 즉 어떤 '기본 경험'의 기억과 제2의 '기본 경험'과를 비교해서 전자에서의 어떤 성질과 후자에서의 어떤 성질이 일치할 경우에 그 두 '기본 경험' 사이에 성립되는 관계를 말하는 것이다. 카르납은 이 '상사성의 기억'이라는 기본 관계로부터 감각이니 성질이니 시각 세계니 하는 등등의 '자심적' 개념을 구성하고, 더 나아가 전술한 바와 같은 전체 구성 체계를 형성할 수 있다고 보았다.

구성 이론의 유아론적 한계

이상에 약술한 카르납의 구성이론은 앞서 언급한 바와 같이 적극적인 면에서는 여러 과학의 대상에 관한 모든 진술이 직접적 경험에 관한 등치적 진술로 번역될 수 있다는 것, 다시 말하면 모든 과학적 진술이 직접적 경험에 의해 그 진위(眞僞)가 검증될 수 있다는 것을 보여 주는 것이다. 또한 그 이론은 소극적인 면에서는 직접적 경험 이외의 인식 내지 인식 수단을 가정함은 부질없는 일임을 보여 주는 것이다. 그러므로 이 구성이론은 무의미한 진술이나 사이비적 문제를 다루는 형이상학을 제거하는 데 사용될 수 있을 것이다. 만약 어떤 문제가 의미 있는 것이라면, 그것은 반드시 긍정적 또는 부정적으로 대답이 내려질 수 있을 것이다. 어떤 문제가 해결될 수 없는 것같이 보인다면, 그것은 결국 그 문제가 아무런 의미도 없는 억측에 입각하고 있다는 사실에 기인한다 하겠다.

카르납 자신의 말에 의하면, 간혹 사람들은 대답을 내릴 수 없는 많은 문제가 있다고 한다. 그러나 그는 이러한 경우에는 그 문제 자체가 제기될 수 없는 것이라고 한다. 문제의 제기는 명제로써 구성된 문장으로 표시되지만, 그렇다고 말들의 나열이 그대로 문장으로 되는 것은 아니다. 그런데 종종, 그리고 특히 철학에서는 문장처럼 여겨지면서도 기실 문장이 아닌 한갓 말들의 나열이 마치 심오한 문제인 양 제기되고 있다. 따라서 이러한 의미 없는 문제에 대해 대답할 수 없다는 것은 너무나도 당연한 일이다. 그러므로 카르납은 모든 문제가 적어도 의미 있는 것이 되기 위해서는 궁극적으로 우리 자신의 직접 경험으로 환원될 수 있어야 한다고 보았으며, 일단 제기된 문제는 원칙적으로 대답이 내려질 수 있다고 생각했던 것이다.

그러나 이처럼 우리의 직접 경험을 출발점으로 삼는 카르납의 사상은 아무리 하여도 유아론적 색채를 벗어날 수 없을 것이다. 나의 경험은 어디까지나 나 개인에 속하는 것이요, 그대의 경험은 그대 개인에 속하는 것이 아닌가? 그런데 만일 우리가 각자 사실에 대한 모든 진술을 우리 자신의 경험을 말하는 것이라고 해석해야 한다면, 어떻게 사람들 상호간에 의사의 소통이 이루어질 수 있을까? 쉴리크는 이 난점의 해결로서 우리의 경험 내용은 전달될 수 없지만 '경험 구조'는 전달이 가능하다는 사실을 들고 있다. 예컨대 내가 "붉다"고 말하는 것이 나에게 보이는 것과, 그대가 "붉다"고 말하는 것이 그대에게 보이는 것과는 전혀 다를는지도 모르지만, 적어도 우리는 '붉다'는 말을 서로 동일한 경우에 사용하고 있다는 것만은 알 수 있다. 그러므로 우리들 각자가 경험하는 사적(私的) 세계들은 그 내용에서는 어떠한 차이를 가지고 있건, 그 구조에서는 서로 동일하다고 하겠다. 따라서 우리에게는 상호 소통이 가능하다는 것이다.

그러나 이 해답은 일견 정당한 것 같지만 역시 난점이 없지 않다. 즉, 여기서는 처음부터 각자 자신의 경험 세계 속에 갇혀 있는 몇몇 사람을 염두에 두고서 그들 사이에 서로 전달할 대상을 고려하고 있다. 그러나 만일 진정으로 그들이 자신의 경험 세계 속에 갇혀 있다면, 그들이 서로 전달할 수 있는 것이라곤 하나도 없을 것이다. 이러한 난점들로 말미암아 비엔나 학단 안에서는 이 문제에 대한 치열한 논쟁이 벌어졌다. 마침내 노이라트는 직접적인 감각적 경험을 출발점으로 삼는 데 대해서 반대하고, 명제의 검증은 오직 다른 명제에 의해 이루어질 수밖에 없다고 주장하기에 이르렀다. 그의 주장은 다음과 같다.

관찰의 직접적 진술조차도 그 대상과 비교될 수는 없고, 다만 다른 진술과 비교될 수 있을 뿐이요, 그것의 진리성도 관찰된 대상과의 일치에 달려 있는 것이 아니라, 이미 인정된 다른 진술과의 일치

여부에 달려 있다.

그리하여 노이라트는 관찰의 직접 진술이 가지는 순전히 형식적 구문상의 특징을 구하여 이것을 "관찰 명제(觀察命題: Protokollsatz)" 라고 부르고, 이것을 모든 명제의 검증의 시발점으로 삼았다.

이 '관찰 명제'란 물리학자들에 의해 '프로토콜(Protokoll: 관찰의 기록)'을 작성하는 데 사용되고 가설과 학설의 출발점이 되며 그것들의 타당성의 기준이 되는 진술과 같이, 물리학의 용어를 써서 물리적 사건을 언표하는 명제를 말한다. 그리하여 모든 과학의 명제들은 이러한 물리학의 요어로 표현될 수 있다고 생각되었다.

카르납도 노이라트의 영향을 받아 자신의 견해를 수정하고, 간주관적(間主觀的: intersubjektiv)으로 검증이 가능한 '관찰 명제'를 출발점으로 삼음으로써 유아론적 입장에서 벗어나고자 하였다. 이 입장이 이른바 '물리학주의(Physikalismus)'라고 불리는 것인데, 카르납은 노이라트와 더불어 이 입장에 서서 물리학이나 일상 생활에서 물리적 사물을 언표하는 '물리학적 언어' 내지 '사물어(事物語: Dingsprache)'를 모든 과학의 공통적 보편어(普遍語)로 보았다. 그리고 이러한 물리학적 언어의 구성 규칙을 형식화하여 모든 개념이나 명제를 적합한 번역에 의해서 이 언어로 표현할 수 있도록 하고자 하였다. 이렇게 함으로써 그는 모든 과학적 이론들이 될 수 있는 대로 소수의 체계로, 가능하면 하나의 체계로 환원되고, 그리하여 숙원인 통일 과학이 성취될 수 있다고 보았던 것이다.

부 록

1. 현상학과 현대철학
2. 수필들
3. 윤명로 교수님 추모사

1. 현상학과 현대철학

한 학자가 주위로부터 굴욕적인 수모와 심지어 견디기 어려운 박해를 받아가면서도, 좌절함이 없이 오직 호학과 애지의 일념으로 연구 삼매에 잠겨있는 정경을 생각하면, 마치 구도자의 뼈를 깎는 고행의 모습을 보는 것 같아 숙연한 감마저 들게 됩니다.

훗설은 70세가 훨씬 넘어서 한 젊은 학자에게, 자기는 젊은 시절 수십 년간 연구에만 골몰하였지만 출판된 저술이 없다는 이유로, 14년 동안이나 할레 대학에서 개인강사의 신세를 면하지 못하였다고 회고하였습니다. 『논리연구』를 출간하고 나서 비로소 괴팅겐 대학의 원외교수직이나마 얻게 된 것은 그의 나이 43세에 이르러서였습니다.

더구나 유대계 출신인 훗설은 만년에 이르러 나치 정부로부터 대학 강의와 학술발표뿐만 아니라 학회참석조차도 금지 당하는 등, 학자로서는 치명적이라고도 할 박해를 받아야 했습니다. 그럼에도 불구하고 그는 추호도 절망, 좌절함 없이 더욱 연구에 전념하여, 비록 생존 시에 빛을 보지는 못하였을망정, 많은 귀중한 저작들을 남겨주었습니다. 그리고 다름 아닌 이러한 박해 때문에, 자국 내의 사람들보다도 도리어 프랑스를 위시한 외국의 학자들이 더 일찍이 그의 만년의 사상을 접할 수 있었습니다. 그가 파리에서 강연한 『데카르트적 성찰』의 불역본은 프랑스에서는 이미 1933년에 출간되었으나, 독일어본은 훗설 재세 시에는 끝내 간행되지 못하고, 1950년에 이르러서야 비로소 전집의 하나로 출간되었으며, 또한 그의 최후저작인 이른바 『위기』도 1936년 유고의 벨그라드에서 발행되는 「필로소피아」지(誌)에 게재되고, 그 후 프랑스에서 그것의 불역본이 출간됨으로써 메를로-뽕띠 등에게 일찍이 숙지되어 있었으나, 자국 내에서 알려지게 된 것은 1954년에 역시 전집 중의 하나로 간행되어 나오면서부터였기 때문입니다.

"사람은 고독해짐으로써 철학자가 된다"고 토로하였다는 그의 말로 미루어 보면, 그 역시 인간이기에 남몰래 수모와 박해에 대한 분노를 삭이면서 실존적 고독을 느끼고 있었으리라는 것은 짐작됨직한 일입니다.

이와 같이 그 자신의 처지에 걸맞게 그의 철학 자체도 어떤 의미에서는 자신을 철저하게 고독화 하는 데서 출발하였다고 할 수도 있을 것 같습니다. 그의 철학은 세계와 그 안의 모든 존재자들을 괄호에 넣어 배제 · 상실함으로써 '선구적 고독'으로 침잠하여 갔기 때문입니다. 이러한 의미에서 하이네만이 훗설의 철학을 "고독한 선구적 자아의 철학"이라고 평하고, 자연적 입장으로부터 현상학적 입장에로의 환원을 철저한 "자기소외의 표현"이라고 지적한 것은 일리가 있는 말이라고 할 수도 있을 것 같습니다.

훗설에게는 미상불(未嘗不) 일체만유(一切萬有)를 괄호에 넣어 배제하고 난 잔여로서의 절대적인 선구적 자아 내지 순수의식만이 탐구의 영역이었으며, '의식의 밖'이란 한낱 무의미하고 배리적인 말에 지나지 않았습니다. 그가 주저인 『이념들(Ideen)』(1913)의 출산을 위하여 한창 산고를 겪고 있었음직한 1912년 이후로는 도시(都是) 남의 신간서적들을 읽지 않았다고 하는 것도, 어쩌면 자신의 선구적 의식의 내재적 영역을 반성적으로 천착하여 기술만 하면 족할 것이요, 구태여 남의 저서에서 조언 같은 것을 구할 필요는 없다고 여겼기 때문인지도 모르겠습니다.

그러나 훗설에게 있어서는, 철저한 이 고독화의 길, 자기소외의 길은 도리어 역설적으로, 오이겐 핑크의 말과도 같이, 다름 아닌 '자기소외로부터의 귀향'의 길이라고 할 수 있습니다. 훗설에 의하면 "온갖 형식의 초월적인 것은 선험적 자아의 영역 속에서 구성되는 내재적 존재의미 내지 존재성격"이라고 합니다. 바꾸어 말하면, 그것은 우리가 선험적 자아에 의하여 의미통일체로서 구성된 것을 객관화하고 그것에 대하여 '초월적' 이라는 의미 내지 성격을 부여한 것에 지나지 않는다는 점입니다. 그럼에도 불구하고 우리는 일상적으로 아무 반성 없이 세계와 존재자들을 의식초월적인 것으로 정립하고 또 확신하면서 살아가고 있으며, 더구나 객관주의적인 과학들은 한걸음 더 나아가 수리화 되고 이념화되는 세계야말로 의식을 초월해 있는 진정한 세계라고 단정하고 있습니다. 따라서 이러한 태도는 명증성을 갖지 못한 소박하고 독단적인 태도라고 할 수밖에 없습니다. 훗설이 의식초월적인 세계를 그것의 객관화의 소종래(所從來)인 의식내재의 영역으로 환원하여, 객관주의적 의식의 권리원천을 그 내재적인 영역에서 보고자 하는 까닭도, 그리고 자신의 선험적 현상학을 가장 보편적이며 구체적인 진정한 존재론이라고 호언하는 이유도 바로 여기에 있다고 하겠습니다.

그러므로 현상학적 환원을 통한 자아의 고독화는 도리어 세계를 자아 속으로 수렴하여 포용해 가는 절차요, 따라서 객관주의, 특히 "근대적인 수학적 자연과학의 객관주의야말로 선험적이며 절대적인 자아의 자기소외"이며, "환원은 바로 이 자기소외로부터의 귀향"이라고 한 오이겐 핑크의 주장은 타당성이 있다고 여겨집니다.

훗설이 "밖으로 나가려 하지 말고, 그대 자신 속으로 돌아가라. 진리는 그대의 마음속에 깃들어 있다"고 한 아우구스티누스의 「참된 종교론」의 구절을 인용하여 자신의 『데카르트적 성찰』을 끝맺고 있음은, 그의 철학의 본령을 단적으로 표출한 것으로서, 一開顯萬象 一合寂本然이라는 불교적인 정신을 연상케 하는 비가 있다고 하겠습니다. 과연 선험적 자아는, 무명 속에 가려져 있는 불성과도 같이, 세상지 지이 속에 은폐되어 있는 순수 자아로서, 훗설은 이것을 영원한 것으로 보고 '불사적' 인 절대자라고 규정짓고 있습니다

여기에서 우리는 훗설의 선험적 현상학의, 종교와의 어떤 접점을 엿볼 수 있을 것 같습니다. 훗설은 일찍이 1886년 27세때에 브렌타노 밑에서 동문수학한 동향인으로서 후일 체코의 초대 대통령이 된

마사릭크의 영향에 의하여 프로테스탄트로 개종해 있었습니다. 그가 『이념들』에서, 신을 "의식이라는 절대자와는 전적으로 다른 의미의 초월자" 라고 보았으며, 현상학적 환원은 물론 이 '절대자'와 '초월자'에까지 미쳐야 하되, 순수의식이라는 현상학적 탐구의 영역으로부터 제외되어야 한다고 한 것은 그의 철학과 신앙세계와의 경계를 염두에 둔 것이라고 할 수 있을 것 같습니다.

만년에 나치의 박해 속에서, 병고에 시달리며 고독하게 살아가던 훗설 내외를, 헌신적으로 돌보아준 한 베네딕트회 수녀가 훗설과 나눈 대화의 기록에 의하면, 신앙과 학문은 다 같이 "인류를 영원에로 인도하여 감을 목표로 하는 것"이며, "학문으로서의 현상학은 신앙에의 통로를 갖지 않은 사람들을 위한 것"이라고 하였습니다. 그러므로 보편학으로서의 현상학의 확립은 훗설에게 있어서는 "신에 의하여 나에게 위탁된 하나의 과제"였으며, 절대적인 선험적 자아에로의 환원은 곧 "무한자로부터 이탈하여 간 유한자를 다시 무한자로 회귀시키는 길"이었다고 할 수가 있습니다.

그가, 많은 문인들에 의하여 자신의 선험주의가 수용되지 않은 데에 대해서, 사제 간의 인간적 유대의 파탄을 무릅쓰면서까지 이를 용납하지 않고, 끝내 자신의 선험철학을 고수하여 간 진의는 바로 여기에 있었다고 할 수 있을 것 같습니다.

2.수 필 들

글과 인생

"말은 마음의 소리요, 글은 마음의 그림(言者心聲也, 書者心畵也 - 西漢 揚雄)"이라는 말과도 같이, 사람은 마음 속의 생각을 그때그때 음성을 통하여 말로, 그리고 이것을 다시 항구적인 문자형태를 통하여 글로 표현한다.

이처럼 밖으로 표출된 말이나 글은, 그것이 인간사회에서 상충, 갈등을 빚어낼 때면, 크고 작은 갖가지 설화(舌禍)내지 필화(筆禍)의 화근이 되기도 하며, 특히 글이 종교적 또는 정치적 권위에 거슬릴 경우에는 생사가 걸린 비극적인 참화를 일으키게 되는 사례를 우리는 동서양의 역사에서 적지 않게 볼 수가 있다.

글이 이렇듯 사람의 생사를 좌우할 만한 화근이 되는 것은 비단 사상이나 이념의 대립·충돌 때문만이 아니다. 사람의 황당한 허욕이 때로는 글 쓰는 사람들 사이에서도 인명살생의 비극을 연출하게 된다는 것을 다음과 같은 역사적인 사례에서 볼 수가 있다. 당나라의 시인 유정지(劉廷芝)는 백발노인을 빗대어 인생의 덧없음을 서글퍼하는 『대비백두옹(代悲白頭翁)』이라는 제목의 장시(長詩)를 썼다. 이 명시(名詩) 속에는 「…낙양성동에서 낙화를 바라보던 옛사람은 이미 가고 없건만, 지금 사람들 여전히 바람에 지는 꽃을 보고 있네. 해마다 해마다 꽃은 같건만, 해마다해마다 사람은 같지 않도다. 혈기 좋은 홍안의 젊은이에게 이르노니 백발이 노인을 동정하여라. 이 노인의 백발은 가련하지만 이분도 한때는 홍안의 미소년이었느니라… (…古人無復洛城東 今人還對洛花風 年年世世花相似 世世年年人不同 寄言全盛紅顏子 應憐半死白頭翁 此翁白頭眞可憐 伊昔紅顏美少年…)」라는 귀절늘

이 있거니와, 유정지의 장인(丈人)으로서 당시의 고명한 시인이었던 송지문(宋之問)은 이 구절들 중에서 특히 「年年世世花相似 世世年年人不同」이라는 구절에 매료되어 이 구절을 자신에게 양보해 달라고 사위에게 요구하였다. 그러나 사위는 장인의 이 요구를 거절하였으며, 이 때문에 분노한 장인은 하인을 시켜 사위를 살해하였다. 이 장시와 동일한 시가 송지문의 시집에도 「생각하는 바가 있다(有所思)」는 제목으로 수록되어 있는 것을 보면, 송지문은 사위를 없애고 나서, 한 구절이 아니라 장시를 통째로 자신의 작품으로 만들어 버린 것이 아닌가 짐작된다. 그 후 송지문은 부정한 행실 탓으로 유배를 당하였다가 사사(賜死)되었으며, 세인들은 이를 두고 사위를 죽인 업보라고 지탄하였다고 전한다.

사람의 소유욕이란 미상불 끝이 없는 것이어서, 일신의 부귀뿐만 아니라, 심지어 남이 쓴 명문이나 명시에 대해서도 부러움과 욕심이 나는 것은 어쩌면 인지상정이라고 할 수 있겠지만, 살인을, 그것도 옹서간(翁壻間)에 저지르면서까지 글을 탈취하였다면 실로 천인공노할 일이 아닐 수 없다. 당고조(唐高祖)의 아들 이원영(李元嬰, 滕王)에 의해서 홍주(洪州)에 세워진 등왕각(滕王閣)의 중수연(重修宴)에서, 홍주도독 염공(洪州都督 閻公)은, 문장에 능한 자기의 사위 오자장(吳子章)을 은근히 의중에 두고, 먼저 내빈들에게 『등왕각서(滕王閣序)』를 짓도록 차례로 청하였다. 그러나 도독의 의중을 짐작한 탓인지 한결같이 모두 사양하였으며, 마침내 차례가 가장 연소한 13세의 왕발(王勃)에게 이르자, 왕발은 사양하지 않고 붓을 들어 거침없이 문장을 지어나가니, 모두가 그 문장에 탄복을 아끼지 않았으며, 「저녁노을은 하늘하늘 외기러기와 함께 나르고, 늦가을 파란 강물은 끝없는 하늘과 한빛이로다(落霞與孤鶩齊飛 秋水共長天一色)」라는 글귀에 이르러서는, 곱지않게 바라보던 염 도독조차도 '천재'요 '기재(奇才)'라고 찬탄해 마지않았고, 그의 사위 오자장은 부끄러워 자리를 피하였다. 이리하여 소년 왕발의 역사적인 천하명문 『등왕각서』가 만좌(滿

座)의 절찬 속에 탄생하였으니, 이것이 사람 사는 세상의 아름다움이 아니랴.

글은 앞서 말했듯이 일반적으로 내면적인 마음의 표출이다. 그러나 글은 미묘한 것으로서, 예부터 글 속에는 때로는 필자의 명운(命運)이, 특히 단명(短命)이 드러나기도 한다고 여겨져 왔다. 이것이 이른 바 단명구(短命句)이다. 유정지는 그의 명문장 때문에 비명에 죽은 만큼, 그 명구도 그의 명을 재촉한 일종의 단명구라고 할 수 있겠으나, 원래 단명구란 글의 내용 자체가 필자의 단명을 엿보이게 하는 경우를 말한다.

필자의 어린 시절 향리 인근에 학교가 없었으므로 10세 때까지 6~7명 학동과 함께 글방에 다닐 수밖에 없었다. 『천자문(千字文)』과 『동몽선습(童蒙先習)』을 거쳐 『소학(小學)』을 배울 때였다. 훈장 댁이 가빈(家貧)하여 창문이 여러 곳 뚫어져 있으므로 학동들은 창호지 조각으로 문구멍을 막았다. 그때 훈장께서 "문구멍을 창호지로 막은 것을 보고 어떤 사람이 '바람은 드나들던 옛길을 잃고, 달은 새로 비칠 곳을 얻었다'(風失舊行路 月得新照處)라는 글을 지었더니, 이를 본 어떤 선비가 '이 글은 필자의 단명함을 보여주는 단명구'라고 평하였다"라고 하시면서, "너희들이 자라서 글을 쓸 때, 이처럼 숨통이 막힐 듯한 답답한 글을 쓰지 않도록 하라"고 충고해주셨다. 이 충고의 말씀이 내게는 인상 깊게 들렸으며 평생토록 잊혀 지지 않고 있다. 그러던 중 서당공부 덕분에 면무식(免無識)을 하게 된 필자는 집안에 있는 가승(家乘)을 뒤적이다가, 선조들이 몇 대에 걸쳐 30~40대에 타계하고 장수한 분이 아니계심을 알게 되었으며, 이때부터 식자우환(識字憂患)이라고 할 지, 나의 뇌리에는 나도 조상들처럼 단명하리라는 선입견이 새겨지게 되었다.

그 후 강단생활을 하면서, 이런저런 사연으로 잡문이라도 쓰게 되면 이 선입견은 점차 기정사실인 것처럼 굳어져 갔다. 쓰고 나서 다시 보면 으레 글 속에는 가시가 돋혀 있고 뼈가 박혀있어서, 그

때마다 훈장님의 단명구에 대한 충고가 되새겨지곤 하였기 때문이다. 그렇다고 글을 고친다는 것은 의미가 없을 성싶다. 단명구가 객관성을 갖는 것이라면, 그것은 타고난 명운이 표출된 것인 만큼, 글을 고친다고 해서 본말(本末)이 뒤바뀌어 명운이 달라질 리가 없겠기 때문이다.

그러기에 부질없이 잔재주를 부리기보다는, 인간실존은 본래「죽음에로의 존재」요,「미래의 일은 어둡기가 칠흑 같은 것(未來事暗似漆 – 孔子)」일진대, 차라리 죽음을 앞질러 각오하는 이른바 '선구적 각오'로써 하루하루 내일을 맞이하는 것이 사람의 길이라 여기고 살아왔으며, 그러는 동안에 선조들의 단명을 넘어 80이 불원한 나이에 이르렀다. 그러므로 하루하루 죽음이 다가온다는 상념(想念) 속에서 평생을 지내왔으며, 그 덕분에,「사람이 죽음에 임박해서는 그 말이 선하다(人之將死其言也善)」는 공자의 말처럼, 모진 마음을 버리라는 생각이 무의식적으로 따라다녔다.

돌이켜 생각하면 글이란 인생에 있어 오묘한 마력을 부리는 것 같으며, 필자는 이 마력의 손아귀 속에서 희롱을 당하며 살아온 것 같이만 느껴진다.

(철학과 현실, 1999)

병원과 건강원

예부터 학자들 사이에 많은 논란을 불러일으켜 온 「신존재의 증명」 방식들 중의 하나로서, 이른바 「존재론적 증명」이라는 것이 있다. 이 증명에 의하면 신은 절대적인 완전자이거니와 완전자는 어떠한 결핍도 없어야하는 만큼 모든 성질을 다 지니고 있어야 할 것이요, 따라서 의당 「존재」라는 성질도 가지고 있어야 한다. 만일 「존재」라는 성질을 결여하고 있다면, 그것은 곧 결핍이 있다는 의미에서 불완전한 소이가 되겠기 때문이다. 그러므로 「완전자로서의 신은 존재한다」는 것이다.

이 증명의 타당성 여부에 관한 학자들 사이의 논쟁은 차치하고, 여기서 우리는 이 증명을 뒤집어, 완전자가 모든 성질을 지니고 있어야 할진대, 그것은 「비존재」라는 성질도 가지고 있어야 할 것이요, 따라서 「완전자로서의 신은 존재하지 않는다」는 즉 앞서의 증명과는 정반대가 되는 결론을 이끌어 낼 수도 있음직하다.

그러나 이 결론은 우리의 상식에 비추어 보더라도 앞서의 증명에 비하여 분명히 어불성설의 견강부회라고 하지 않을 수 없다. 왜냐하면 「비존재」란 「존재」를 전제로 하고 「비」라는 부정사에 의하여 단지 그 「존재」의 부정 내지 결여를 표현하고 있는 한낱 소극적인 개념에 지나지 않는 것이요, 그 자체로서는 아무런 적극적인 실체도 성질도 가지고 있지 않은 개념이기 때문이다.

이처럼 적극적인 실체나 성질의 결여를 가리키는 개념은 비단 「비」와 같은 부정사를 지닌 말들뿐만이 아니다. 우리가 사용하고 있는 말들 가운데에는 가령 「빛」에 대한 「어둠」이나 혹은 「삶」에 대한 「거짓」 등과 같이, 비록 부정사가 부가되어 있지는 않을지라도, 실질적으로는 「비존재」의 경우와 마찬가지로 그 반대가 되는 적극적 개념의 부정 내지 결여를 뜻하는데 불과한 소극적인 개념들이 있다.

윤리학상으로는 이와 같은 말들을 결성개념이라고 부르거니와, 아리스토텔레스는 이러한 결성개념의 예로서 「건강」에 대한 「병」의 개념을 즐겨 거론하고 있다. 우리가 「빛」의 결여나 소멸을 곧 「어둠」이라고 하듯이, 「병」이라는 것도 미상불 그 자체로서 적극적인 실체나 내용을 갖는 개념이 아니라, 다만 「건강의 부재」, 「건강의 결여태」를 가리키는 소극적, 부정적인 개념이라고 보아야 마땅할 것이다. 그러므로 굳이 「병」의 실체를 찾고자 한다면, 그것은 아리스토텔레스가 지적하였듯이 비록 소극적 · 부정적인 의미에서일망정 다름 아닌 「건강」이라고 할 수밖에 없다.

이러한 관점에서 본다면, 아무런 적극적인 실체도 없는 「병」이라는 말을 구태여 앞에다 내세운 「병원」이라는 명칭은 아무래도 적절한 것이 못 될 성싶다. 「건강태」를 만들어 내는 것이 그 사명이요, 이상이라는 의미에서 오히려 「건강원」이라고 이름붙이는 것이 보다 사리에 합당하지 않을까? 물론 그렇게 되면 사람들이 「병원」 출입을 불가피하게 하면서도 누구나 한편 이를 꺼리게 되는 미묘한 심리적인 갈등을 조금이나마 해소하는 데도 도움이 됨직하다.

본래 「병원」이라는 명칭은 우직한 독일인들의 「병자들의 집」(Krankenhaus)이라는 직설적인 명칭의 직역에서 온 말이 아닌가 생각된다. 이에 비하여 영어의 Hospital의 어원은 알 수 없으나, 만일 이것이 라틴어의 hospitalis(손님의 보호소)에서 유래한 말이라면, 이 얼마나 「병자들의 집」보다 품위 있는 말이랴. 「병원」이 「건강원」으로 고쳐진다면 「손님들을 보호하여 건강하게 만들어 내보내는 집」이라는 뜻도 담기게 되어 한결 친근감을 주는 이름이 될 것 같다.

1987년 11월 15일 The Seoul National University Hospital News
제102호 11면

실상과 허상

추사(秋史)가 제주에 유배중 적소(謫所)에서 부인의 부음을 받고 단장의 심회를 읊은 시 한 수가 전해지고 있다: "어떻게 하면 중매인을 불러서 저승의 사직에다 제소(提訴)하여, 내세에 부부가 서로 처지를 바꾸어 내가 죽고 당신은 천리 밖에 살아남아 당신으로 하여금 나의 이 마음의 슬픔을 알게 할 수 있을까?"(那呼月老訟冥司 來世夫妻易地位 我死君生千里外 使君知我此心悲). 자기의 슬픔을 내세에 가서나마 역지사지(易地思之)하여 알게 하고 싶어 하는 상배(喪配)의 애절한 심경을 읽을 수 있다.

이 역지사지하는 마음씨야말로, 사람들이 서로를 이해하고 정분을 나누며 사람다운 사회를 이룩하는 길이 아니랴. 그런데 오늘날 우리 사회에는, 이러한 마음의 너그러움이 사라지고 너나없이 각박하게 자기중심적으로만 생각을 몰아가는 풍조가 팽배해 있다. 최근 속속(續續) 파헤쳐서 연일 사회적으로 충격을 던져주고 있는 지도층의 부정이니 비리니 하는 것도, 결국 그들이 역지사지하여 고달프게 살아가고 있는 다수 국민의 처지를 생각해보지 않은 데서 연유하는 거조(擧措)라 하겠다.

근자에 한동안 경제인들 사이에서 '거품경제'라는 말이 오르내리는 것을 보았거니와, 이는 아마도 실상이상으로 과대평가되고 있는, 이를테면 우리 경제의 허상을 지칭하는 말인 듯싶어 절묘한 표현이라고 생각되었다. 요즈음 이 말이 별로 들려오지 않는 것을 보면, 이제는 '거품'이 말끔히 세척되어 버렸는지도 모른다. 그러나 미국에 이민을 가서 천신만고 끝에 부유한 그것 미국사회에서도 남부럽지 않을 만큼 성공한 한 교포의 부인이 모처럼 고국의 친지들에게 성공담도 들려주고 자랑도 할 겸, 귀국하여 친구집을 찾아갔다가 그 친구가 살고 있는 빌라인지 아파트인지 하는 것이 미화로 백만 불이

훨씬 넘는다는 말을 듣고는, 유구무언의 착잡한 심경으로 되돌아갔다는 씁쓸한 이야기가 떠도는 것을 보면, 우리 경제는 아직도 '거품'에 쌓인 허상을 벗어나지 못하고 있는 것이 아닌가도 생각된다.

이러한 '거품경제'가 미숙한 정책의 소산인지, 혹은 치부(致富)를 노린 지각없는 일부인사들의 인위적 조작의 결과인지, 문외한으로서는 알 길이 없으나, 한 가지 분명한 것은 이것이 자연발생적인 것이 아니라, '사람'에 의하여 조성된 것이라는 사실이다.

과연 사람은 누구나 매사에 실상을 부풀려 허상을 만들어내려는 경향이 있으며, 더 나아가 '나' 자신까지도 '거품'으로 분식(粉飾)하여 나의 허상을 만들고 이를 과시하고자 하는 습성을 지니고 있다.

5,6십 년전 학생들에게 널리 읽힌 바 있는 카알라일의 「사아터어리자투스(Sartor Resartus)」, 일명 「의상철학」(衣裳哲學, Philosophy of Clothes)의 서두의 서술이 생각난다. 의상은 문명의 발상과 더불어 생겨나서 신분이나 계층 등 모든 사회적 제도의 근간을 이루게 되었거니와, 사람은 언제부터인가 의상의 외형에 사로잡혀 자신이 정신 내지 혼을 가진 존재임을 망각하게 되었다는 것이다. 19세기 산업혁명의 결과로 물질적 풍요를 누리게 된 빅토리아 시대에, 인간의 육체는 영혼의 의상이요, 우주만상은 신(神)의 의상이라는 카알라일은, 사람들이 영원한 정신세계를 망각하고 물질주의에 빠져들어 가는 세태를, 외형적인 의상에 사로잡혀 덧없는 허상을 만들어가는 타락한 모습의 연장선상에서 보았던 것이다.

미상불 "안으로 마음이 성실하면 밖으로 나타나기 마련"(誠於中 形於外 ……『大學』)이라는 말은 성현들이나 지켜야할 말이요, 속인들은 거꾸로 외모를 돋보이게 만듬으로써 '나'를 다른 '나'로 둔갑시키고자 부심하며, 이러한 허상을 만드는 가장 직접적인 수단은 의상임에 틀림없다. 그 위에 미용술이나 성형술까지 가세하면 그야말로 금상첨화의 허상이 탄생된다.

그러나 사람은 이러한 시각적인 허상을 만들어 내는 데 그치지 않고, 더 나아가 남이 우러러보는 권위와 명예를 갖춘 허상을 꾸미고 싶어한다. 이에 필요한 것이 다름아닌 권세와 금력이다. 이 때문에 권세를 잡은 사람은 금력을, 그리고 금력을 가진 사람은 권세를 거머쥐려고 안간힘을 쓰게 된다. 게다가 학문하는 샌님들의 세계에서나 통용되는 학위나 명예학위라도 하나 얻어붙이고, 자녀들이 명문이니 일류니 하는 학교에라도 들어가 준다면, 여기에 찬란하고 명예로운 허상이 형성된다.

물론 사람이 자기의 허상을 만들려고 함은, 마치 젊은이들이 '꿈'이라는 허상을 그리는 것이 그들의 자기향상, 자기발전의 기틀이 되듯이, 어떤 의미에서는 자신이나 사회의 발전을 위하여 필요한 욕구라 하겠으며, 따라서 이를 탓할 수는 없다. 그러나 자신의 실상을 망각한 채 과도한 '거품인간'으로서의 자기의 허상을 만드는 데 맹목이 될 때, 사람은 역지사지하여 남의 처지를 헤아릴 겨를이 없이, 분별력을 상실하고 정도(正道)에서 벗어난 일을 자행하여 사회적으로 해악을 끼치게 된다. 이리하여 남의 추앙을 받기는커녕 사회적 규탄과 단죄의 표적이 되기 마련이다.

그러므로 우리는 언제나 역지사지 하는 마음의 여유를 가질 필요가 있으며, 이는 그들을 규탄하고 단죄하는 사람들에게 있어서도 다를 바 없다. 그들을 규탄하기에 앞서, "내가 그들의 처지에 있었다면 나는 어떠했을까, 혹여 내가 분노하는 것은 나도 그들과 꼭 같은 욕구를 품고 있으면서 그들처럼 성취하지 못한 데서 오는 자기불만의 표출이 아닌가"하는 자성(自省)을 해보지 않는다면, 그들을 규탄하는 목소리는 위선(僞善)의 메아리를 남기게 되겠기 때문이다.

'거품인간'으로서의 '나'의 허상에서, '거품'을 걷어내고 남는 '나'의 실상, 그 실상이 어떠한 것이건 간에, 이승을 살다 간다는 것은 어느 옛 고승이 읊었듯이 "삶은 한 조각 뜬 구름이 일어남이요, 죽음은 한 조각 뜬구름이 사라짐"(生也一片浮雲起 死也一片浮雲滅)과도 같은 현상이 아니랴. 그러기에 '나'는 "하루 두 되의 밥"(日食

二升)과 "밤에 눕는데 여덟자"(夜臥八尺)로 자족할 수가 있고, "시내에 가서는 내 발을 씻고 산을 보고는 나의 눈을 맑게하며, 부질없는 영욕을 꿈꾸지 않으니 이밖에 또 무엇을 구하리오"(臨溪濯我足 看山淸我目 不夢閑 榮辱 此外更何求)라는 경지에서 노닐 수도 있지 않은가.

(철학과 현실, 1993)

「인류문명과 원불교사상」을 읽고

오늘날 공산권에서 태동한 개방화·민주화의 추세에 따라, 이제까지 이념적 대치로 말미암아 조성되었던 파멸에 대한 위기적 암운은 점차 사라지고, 지구상에는 평화의 새 질서가 찾아들 것 같이 보이기도 한다. 그러나 이념적 갈등의 해소가 바로 평화의 길로 이어질 것으로 봄은 한낱 망상이 아닐까?

개인이건 집단이건 오늘날과 같이 이기적 본능에 사로잡혀 오로지 경제적 실리와 물질생활의 편의만을 추구하는 데 혈안이 되어 있는 한, 개인간 혹은 국가간에 갈등은 해소되지 않을 것이요, 급기야 약육강식의 동물적인 투쟁으로 치달아 인류는 파국을 면할 수 없게 될 것이기 때문이다.

이러한 파멸로부터 인류를 구원하는 데는 인간으로 하여금 동물화를 지양하고 다시 인간성을 회복케 하는 길밖에 없다. 그리고 이것은 오늘날 무엇보다도 바로 세계의 모든 종교에게 지워진 초미의 사명이라고 하겠다.

이러한 의미에서 이번에 간행된 「소태산대종사탄생백주년기념논문집(少太山大宗師誕生百周年紀念論文集): 인류문명과 원불교사상(人類文明과 圓佛教思想)」은 한갓 논문집으로 그치는 것이 아니라, 인류가 지향할 길을 밝혀준 값진 제1편은 원불교 개교의 연원과 일원상교리의 요제를 밝혀주고, 제2편은 한국의 기존 종교 내지 사상과 원불교 사상과의 관계를 비교론적 시각에서 분석, 천착하고 있으며, 제3편은 현금의 한국사회가 안고 있는 문제들과 이에 대처할 종교의 사명을 논하고 있다. 제4편은 현대인류문명의 특징과 병증을 검출하여 이에 대한 대처방안을 원불교의 입장에서 모색하고, 제5편은 정치위주의 국제연합에 대비될 종교적 국제연합의 필요성을 창도함과 동시에 이것이 곧 일원주의의 본래적 지향임을 천명하고 있다. 제1～3편은 이를테면 원불교의 특수성을 부각시킴과 아울러 한국속에서의 원불교의 위상을 밝혀준 것이요, 제 4~5편은 원불교의 보편성을 명시하고 그것이 지니는 세계적인 의의와 사명을 현양한 것이라 하겠다.

문화일반이 그러하듯이 미상불 모든 종교는 각기 형식상 혹은 교의상 고유한 특수성을 지니는 한편, 인간의 구원이라는 보편적 사명을 가지고 있기 마련이다. 그러므로 어떤 종교가 자체의 특수성에만 집착할 때 그 종교는 배타적으로 되어 종교본연의 사명을 일탈하기 쉽다. 종교의 바른길은 특수성 속에서 보편성을 구현하여 가는데 있다고 하겠으며, 이러한 종교만이 세계적인 화동에 동참하여 인류구원의 사명을 다할 수 있다.

이러한 의미에서 소태산대종사가 설파한 일원주의가 정산종사에 의하여 삼동윤리로 구체화되고 이것이 대산종법사에 이르러 대세계주의로 구현되어 종교연합주의 창도로까지 전개되었음은 원불교가 종교적 국제연합체의 결성을 지향하는 뜻있는 여타 종교들과 궤를 같이 하는 소이를 말해주는 것이요, 개교당초부터 특수성 속에서 보편성을 발양하여 온 세계성을 띤 종교임을 입증해 주는 것이라 하겠다.

원불교 신문 서평

1991년 7월 28일 금요일

고3학생들에게

어느 시대에 있어서나 한 나라의 성쇠는 그 나라의 젊은이들이 얼마나 늠름한 기상과 고매한 인격, 그리고 탁월한 역량을 지니고 있는가에 달려 있음은 두말할 나위도 없습니다.

이러한 의미에서 고등학교 졸업을 눈앞에 두고 있는 3학년생 여러분은 정녕 이 나라, 이 겨레의 다시없는 소중한 보배요, 동량들입니다. 그 까닭은 바로 여러분들이야말로 미구에 이 나라를 이끌어 가는 주역으로서의 중책을 떠맡게 될 사람들이기 때문입니다.

지금 여러분은 각기 자기나름의 원대한 이상과 야망을 품고, 혹은 대학 진학에 대한 준비를 위하여, 혹은 곧바로 사회에 진출할 준비를 위하여 여념이 없을 것입니다. 그러나 여러분이 어떠한 진로를 택하건, 그것은 모두 여러분의 행복을 약속하는 길인 동시에 국가사회의 발전과 번영을 가져오는 길이며, 또한 반드시 그러하여야만 됩니다. 왜냐하면, 사람은 사회적 동물이라고 일컬어지듯이, 아무도 공동체를 떠나서는 살아 갈 수가 없으며, 공동체의 번영이 없이 자기만의 행복을 기대할 수는 없기 때문입니다.

그리고 바로 이 때문에 우리가 사회의 일원으로서 선택하는 길들은 모두가 사회적으로 대등한 존재가치를 지니는 길들이요, 그것들 사이에, 설령 직책상의 위계나 서열은 인정된다고 할지라도, 봉건시대에서와 같은 신분적인 귀천이나 인격적인 차등은 있을 수도, 인정될 수도 없습니다.

이러한 뜻에서 〈다윈〉이래 널리 사용되고 있는 생존경쟁이라는 개념은 적어도 현대사회를 살아가는 인간들에게는 적용될 수가 없다고 여겨집니다. 실은 우리는 지금 대학입시니 취직시험이니 하는 관문을 앞에 두고 치열한 경쟁의식에 사로잡혀 있는 것이 사실이요, 이것을 가리켜 생존경쟁이라고 과장해서 표현하는 경향도 없지 않은듯

합니다. 그러나 우리가 사회생활에 있어서 겪어야 하는 갖가지 형태의 시험이라는 경쟁방식은 결코 일반 동물에서 보는 바와 같은, 약육강식이나 적자생존의 법칙에 입각한 생존경쟁으로 볼 수는 없습니다. 그것은 결코 살아 남기위한 살벌한 투쟁이 아니라, 사람마다 천차만별의 차이를 지닌 갖가지 소질, 능력, 적성등의 평가를 통하여 각자가 이 사회에서 자리잡아야 할 좌표를 결정짓는데 필요한 하나의 과정이요, 절차에 불과하다고 보아야 할 것입니다.

물론 그렇다고, 이러한 시험이라는 절차를 소홀히 여기고, 자기의 소질이나 능력을 완전히 발휘할 수 있도록 정성과 노력을 다하지 않는다면, 이는 곧 자신의 편안과 안일만을 탐하려는 죄악이요, 사회에 대한 배신이라고 할 수밖에 없습니다. 왜냐하면, 사회의 모든 구성원이 각기 최대의 역량에 따라 좌표를 정하고 그 자리에서 소질이나 능력을 발휘할 때 비로소 개인적인 발전은 물론이요, 사회의 번영도 이룩될 수 있기 때문입니다.

사람은 누구나 무한히 다양한 소질내지 가능성을 지니고 태어나기 마련입니다. 이러한 다양한 가능성들을 어느 한 편에 치우침이 없이 점진적인 도야에 의하여 조화롭게 실현시켜가는 과정이 다름 아닌 고등학교에 이르기까지의 교육과정이라 하겠습니다. 따라서 고등학교를 마친다는 것은, 그 자체만으로도 이미 사람으로서의 실천적인 도리와, 문화 · 역사 · 과학 등과 같은 다방면의 지식을 갖춘 훌륭한 지성인이 되는 셈이요, 국가 · 사회의 사중한 동량으로서의 자격을 갖추고 있음을 의미하는 것입니다.

여러분의 대부분이 진학하고자 희망하고 있는 대학은, 고등학교가 갖는 위에 말한 의미와는 다른 특수한 의의와 사명을 지닌 곳입니다. 왜냐하면, 우리가 가지고 태어난 다양한 소질 중에서, 고등학교 교육을 통하여 조화롭게 계발된 여러 분야의 지식 중에서 어느 한 분야만을 택하여 전문적으로 연구하는 곳, 다시 말하면 각기 특정한 분야에 대하여 깊은 원리에까지 학문적으로 탐구해 들어가는 곳이 다름아닌 대학이기 때문입니다. 그러므로 대학에 있어서의 학문적인 연구활동은 고등학교에서의 폭넓은 수학능력과는 다른 차원의 특수한 탐구적 재능과 소질 및 관심이 없이는 수행될 수 없는 험난한 길이며, 한편 그 학문연구는 어떤 의미에서는 우리의 실제적인 사회생활과 〈직접적〉인 관계를 갖는 것은 아니라고 할 수도 있습니다.

앞서 말한 바와 같이, 고등학교를 마치는 여러분은 이미 이 사회의 지성인이요, 나라를 이끌어 갈 자격을 자닌 동량들입니다. 따라서 만일 대학 진학을 위하여 자기의 온갖 정성과 노력을 다하였노라고 자부한다면, 설령 결과가 실패로 돌아가는 일이 있다고 하더라도, 결코 실망하거나 좌절감을 가질 필요는 없습니다. 그것은 자신의 역량을 충분히 발휘하지 못한 결과일 수 있고, 혹은 학문에 필요한 특수한 소질이 정말로 부족한 결과일 수도 있거니와, 만일 전자의 경우라면 재기를 기약하면 될 것이요, 후자의 경우라면 희망찬 사회진출의 다른 길들이 얼마든지 있다는 자신을 가지고 나아가면 될 것이기 때문입니다. 여러분 모두에게 이 겨레가 절대적인 기대를 거는 까닭이 바로 여기에 있습니다.

원광대학교 신문

되새겨보는 「경기타입」

세상에는 경기출신들을 가리켜 「저 친구는 전형적 경기타입이다」 「이 사람은 경기타입이 아니다」하는 식으로 야릇한 「경기타입」이라는 관형사를 붙여 평하는 소리를 흔히 듣는다. 아전인수로 해석하여 「남에게 자신의 허점을 보이려하지 않는 사람」, 「자존심이 강한 사람」이라는 뜻으로 받아들이고도 싶지만, 그보다도 오히려 「남과 화합할 줄 모르는 유아독존적인 사람」, 「이지(理智)가 승하고 정이 메마른 사람」 한마디로 「거만한 사람」이라는 은유가 함축되어 있는 것 같아 듣기에 거북한 때가 많다.

물론 이러한 즉흥적인 세평따위에 일일이 귀를 기울일 필요는 없을성도 싶다. 그러나 만일 그것이 경기출신 일반을 저울질하는 세인의 일치된 「눈」이라면 경기출신들 자신이 안으로 자성해보고 이러한 세인의 「눈」에 비친 「경기타입」을 바꾸어 놓도록 힘써야 하지 않을까?

미상불 일제가 통치수단의 일환으로 처음 이 땅에 경기의 전신을 소위 관학으로 설립하였을 당시, 그들이 무엇보다도 우려한 것은 민족의식을 통한 학생들의 단합활동이었으리라는 것은 불문가지의 일이요, 그 방책으로 안출(案出)한 것이 바로 학생들에게 「제일」이라는 일종의 귀족의식을 고취하는 일이었으리라 짐작이 된다. 그러기에 일제는 「그대들은 천하제일의 수재들이니 딴 마음 품지 않고 공부만 잘하면 출세는 떼어 놓은 당상」이라는 「고마운」 말을 학생들의 귀에 못이 박히도록 주입하였고 마침내는 금상첨화로 교명까지도 「제일고보」로 바꾸어 주었다.

그뿐더러 여기에 맞장구라도 치듯이 가정에서는 물론이요, 사회에서까지 덩달아 「네가 제일」이라 추켜세우니, 학생들의 머릿속에 부지불식간에 「내가 제일」이라는 의식이 자리잡게 된 것은 당연한 일이요, 이러한 의식이 세세상전하여 경기의 「빛나는」 전통으로 굳어졌다.

그러나 이러한 「제일」들 사이에는 군웅상쟁의 각축만이 있을 뿐, 화합이란 있을 수 없으며, 또한 「제일」의 눈에는 「제이」 「제삼」은 무명의 중생처럼 보이기 마련이다. 이리하여 여기에 융화를 모르고 유아독존을 즐기는 「경기타입」이 형성되어 나온 것이 아닌가 생각된다.

하지만 인생이란 메마른 이지만 가지고는 살아갈 수 없는 것, 오히려 세상을 살아갈수록 그리고 더구나 세태가 각박해질수록 정으로 얽힌 인간적 유대가 아쉬워지는 것이 인생인 것 같다. 친구사이가 그렇고, 동창 간, 사제 간이 그렇고, 직장동료관계나 상하관계 역시 그러하다.

그리고 이러한 인정의 샘은 「내가 제일」이라는 의식에 도취해있는 사람에게서는 솟아나지 않는 법이다.

그러기에 경기인은 세인들이 지칭하는 야릇한 「경기타입」이라는 말을 마음속에 되새기면서 인생의 산 교훈으로 받아들여야 할 것 같다. 본디 양약(良藥)은 고어구(苦於口)요, 충언은 역어이(逆於耳)이기 마련이거늘.

五二會報, 1982년 8월 15일 일요일

죽어도 죽지 않는 삶

고대 로마의 서사시인 알비노바누스는 비명에 간 한 호민관(護民官)의 죽음을 추도하는 글에서, 우리의 인생을 "갚을 날짜는 정해두지 않은 채 마음대로 쓰도록 우리에게 주어진 이자 없는 빚돈"에다 비유하고 있다.

우리는 이 비유를 통하여 인생이 간직하고 있는 야릇한 실존적 함축과 역설적인 함정을 볼 수 있음직하다. 미상불 인생이란 누구나 각자 자기 나름으로 살아갈 수 있고, 또 살아가고 있는, 바로 '나의' 인생임에 틀림없다. 그러나 우리는 주어진 인생을, 마치 이자 없는 빚돈을 쓰듯이, 반성이나 사려 없이 헤프게 살아가다가, 어느 날 홀연히 예고 없이 날아드는 상환 통고와 더불어 환수당하기 마련이다. 따라서 어떤 의미에서는 인생이란 '나의 것'이라고 할 수도 없는 하나의 비극적인 수수께끼가 아닐 수 없다.

동-서양을 불문하고 사람들이 이 인생의 비극을 혹은 미지의 운명의 소치로 돌리기도 하고, 혹은 종교적인 믿음의 힘으로 초극해보려고 고심하는 것도 이 때문이 아니랴. 우리는 '인명재천'이라 하여 이 비극의 주재(主宰)를 하늘에다 돌리고 있다. 이에 대하여 희랍 신화에서는 운명을 준엄한 '필연성'의, 또는 캄캄한 '밤'의 세 딸들로 묘사하고 있다. 생명의 실을 자아내는 클로토와 이 실을 인간에게 배급하는 라케시스, 그리고 배급된 실을 잘라버리는 아트로포스가 곧 그들이거니와, 이들 운명의 여신을 '밤' 혹은 '필연성'의 소생으로 보고 있음은 곧, 운명에 대하여는 아무도 그 까닭을 알 수 없고 또 그에 거역할 수 없음을 상징적으로 의미하는 것이라 하겠다. 이들 운명의 여신을 묘사한 근세 화가 폴 투만의 그림 속에서, 클로토와 라케시스는 우아하고 인자한 여성으로 묘사되고 있는 반면, 아트로포스는 험상궂은 마녀의 용모에다 시퍼런 가위를 들고 있는 모습이 자못 인상적이다. 이 신화는 곧 '인명재천' 이라는 우리 전래의 사생관을 의인적(擬人的)으로 상징화한 형태라고 할 수 있다.

이처럼 인생의 비극을 운명의 소치로 돌리는 체념적인 소극적 시각과 달리, 오히려 이를 적극적으로 초극하려고 하는 길이 다름 아닌 종교의 세계라고 할 수 있다. 생사란 무실공체(無實空諦)의 한 조각 뜨구름이 생겼다가 사라지는 것과도 같은 한낱 환영(幻影)에 지나지 않는다고 보고, 그로부터의 해탈을 지향하는 불교나, 죽음을 도리어 영생의 길로 보고 절대자에 의한 구원을 목표로 하는 기독교나, 인생의 비극적인 생사의 문제를 초극하려고 한다는 점에서는 다를 바 없다고 하겠다.

상환 기일도 이자도 없는 빚돈 인생

그러나 우리의 현실적인 인생은, 우리가 그것을 어떻게 해석하건, 그리고 그것에다 어떠한 의의를 부여하건, 역설적인 함정을 숨겨놓은 하나의 수수께끼임에는 변함이 없다. 인생이란 두말할 필요도 없이 결코 다시 되풀이할 수 없는 일회적인 것이다. 그리고 이 때문에 인생은 그 한순간 한순간이 어떠한 것과도 대체될 수 없는 절대성을 띠는 동시에, 우리에게는 가장 소중한 절대적 가치를 지니는 것이요, 그 이외의 모든 가치는 아무리 그것이 고귀한 가치일지라도 바로 이 절대적인 인생의 가치를 전제로 하고서만 비로소 의미를 가질 수 있다.

그럼에도 불구하고, 이처럼 절대성을 지닌 일회적인 인생의 많은 세월을 우리는 부질없이 허비하기 쉬우며, 또 실지로 허송하여 버리는 것이 우리의 일상적인 생활 태도이기도 하다. 이는 어쩌면 인생 자체가 간직하고 있는 숨은 함정의 탓일는지도 모른다. 위에서 인생은 '갚아야 할 날짜의 약정' 도 '이자' 도 없는 빚돈에 비유되었다. 우리가 빚돈을 얻을 경우, 만일 이처럼 상환 기일의 약정도 이자도 없는 조건이라면 이보다 더 좋은 조건은 없을 성싶다. 그러나 바로 이 조건에는 사람을 현혹케 하는 교묘한 함정이 숨어 있다. 첫째로, '갚을 날짜의 약정이 없음'은 우리로 하여금 아전인수 격으로 '갚을 날짜가 영구히 오지 않을 것'이라는 착각을 일으키게 하기가 쉽다. 그러나 '날짜의 약정이 없다'는 바로 그 사실 속에는 당장에 상환 통고가 날아들 가능성도 동시에 함축되어 있지 않은가? 둘째로, '이자가 없다'는 조건은 우리로 하여금 마치 돈을 공으로 얻은 것처럼 착각하게 만들기 쉽다. 그러나 이자가 없기 때문에 도리어 우리는 빚에 대한 책무를 소홀히 하고 낭비에 흐를 가능성이 있다. 값싸게 얻은 것일수록 헛되이 소비되게 마련이기 때문이다.

이와 마찬가지로 인생의 경우에도, 죽음이라는 상환 날짜의 약정이 없기 때문에, 우리는 죽음을 남의 일로만 여기고 자신의 인생은 영구히 지속될 것 같은 환상에 사로잡히게 되며, 게다가 이자 없이 주어진 인생이기에 그 귀중함을 망각하고 소홀히 여기게 되어, 결국 헛되이 인생을 낭비하면서도 그 아쉬움을 절감하지 못하는 것이 보통이다. 그러나 '상환 날짜의 약정이 없다'는 바로 그 사실 때문에, 운명의 여신 아트로포스는 아무 때나 마음 내키는 대로 생명의 실을 잘라버릴 수 있는 것이요, 따라서 우리의 인생에 관해서는 오늘이 있기에 '내일'도, 지금 이 순간이 있기에 '다음 순간'도 있으리라는 보장은 없는 것이다. 동-서양의 선인들이 '미래'를 혹은 '칠흑같이 어두운 것'(暗似漆), 혹은 '신에 의하여 감추어진 것'이라고 한 말들은, 널리 미래사(未來史) 일반에 관하여서는 물론이거니와, 일차적으로는 '내일'의 인생, '다음 순간의' 인생에 관하여 타당한 금언(金言)이 아닐 수 없다.

> 우리가 주어진 일생을 항시 삶의 종말에 임하는 경건하고 숙연한 마음으로 성실하게 살아간다면, 그리고 인생의 어느 한 부분도 공백 상태로 허송해버림이 없이 해야 할 일에 몰두함으로써 인생을 풍부한 내용으로 채워간다면 인생이 반드시 짧게만 느껴지지는 않을 것이다.

진정으로 보람 있는 인생

이처럼 인간의 입장에서 보면, 미래의 일은 칠흑과 같은 어둠 속에 감추어져 있기 때문에, 엄밀히 말하자면 우리의 인생에 있어 모든 '내일', 모든 '다음 순간'은 '인생의 빚돈을 갚아야 할 날짜'가 될 가능성이 있으니, 따라서 모든 '오늘', 모든 '이 순간'이 우리들 인간에게는 인생을 끝맺는 '마지막 날', '마지막 순간'이 될 수가 있다.

과연 인간이란 세상에 태어나는 첫 날부터 생자필멸의 철칙에 따라, 집행 날짜가 적혀 있지 않은 사형 선고장을 받아 들고 죽음을 향하여 달려가고 있는 존재임에 틀림없다. 그러므로 우리의 인생을 회한(悔恨) 없는 인생이 되도록 하고자 할진대, 우리는 매 순간 순간 옷깃을 여미고 반성하면서, 살아온 인생에 휘갑을 치는 숙연한 심경으로 살아가지 않을 수 없다. 그리고 이처럼 항시 인생의 최후를 맞이하는 숙연한 심경으로 인생을 살아갈 때, 자연히 우리의 생활은 진지하고 성실한 삶이 되지 않을 수 없을 것이다. 그 까닭은, "사람이 죽음에 임하였을 때는 그의 말은 선한 법이다"(人之將死其言也善)라고 한 공자의 말과도 같이, 우리가 순간 순간 생의 최후에 임하는 심경으로 인생을 살아갈 경우, 우리의 마음은 본래의 순수한 마음으로 순화되기 마련이요, 부질없는 사악이나 기만, 허위 따위가 우리의 삶 속에 침입해 오는 일은 없겠기 때문이다. 하이데거가 우리의 실존을 '죽음으로의 존재'라고 규정하고 이른바 실존의 선구적 각오를 촉구한 소이도 바로 여기에 있다고 하겠다.

만일 우리가 이처럼 순간 순간 다가오는 종말의 가능성을 숙연한 심경으로 앞질러 각오함이 없이, 자신의 인생은 영구히 지속되어 갈 수 있을 것 같은 상념에 빠질 경우, 우리는 진지하고 성실한 마음이 없이 인생을 헛되게 낭비하기가 쉽고, 심지어는 부질없이 사심(邪心)과 정념에 사로잡혀 스스로 인생을 그릇된 길로 오도해 가는 일도 없지 않다.

사람은 누구나 보람 있는 인생을 살아가기를 바라고 추구하며, 그것을 성취하고 실현하는 데서 행복을 찾기 마련이다. 물론 그 보람을 무엇에서 구하는가는 사람마다 한결같을 수가 없다. 혹은 부귀나 명예에서 보람을 찾기도 하고, 또 그것이 가장 일반적인 경우라고 할 수 있지만, 그 밖에도 혹은 예술적인 활동이나 학문의 탐구에서, 혹은 이타적인 봉사에서 보람을 구하는 사람도 있고, 심지어는 청빈무애(淸貧無碍)의 자유로운 삶에서 인생의 보람을 찾는 이도 있다. 물론 이것은 사람마다의 인생관의 차이에서 오는 결과로서, 그 어느 것을 보람 있는 것으로 여기건, 그것들 사이에 우열을 비교함은 무의미한 일이라 하겠다. 그러나 어떠한 인생을 살아가든지, 항시 "이 순간이 나의 인생의 종말일 수 있다"는 숙연한 마음으로 자신을 되돌아보며 양심에서 우러나는 성실성을 가지고 살아가지 않는다면, 거기에는 반드시 회한이 남게 될 것이요, 따라서 그러한 인생은 진정으로 보람 있는 인생이라고는 할 수 없을 것이다. 물론 자신의 인생에 대하여 아무 반성도 사려도 없이 살아갈 경우, 본인 자신은 자기가 살아온 길의 정사(正邪)를 자각하지 못할 수도 있다. 그러나 사람은 본래 사회적 존재인 만큼, 그가 살아온 인생의 자취는 그가 죽더라도 두고 두고 평가의 대상이 되기 마련이다. 그러기에 사람은, 종교적인 의미에서가 아니라도, 죽어도 죽는 것이 아니라고 할 수도 있다. 키케로의 말처럼 "죽은 사람은 산 사람의 기억 속에 살아 있기" 때문이다.

"오래 오래 살고 싶다"는 소망

동서와 고금을 막론하고 사람들은 누구나 가장 강렬하고 애절한 소망을 품고 있다. 그것은 다름 아닌 '오래 오래 살고 싶다'는 장생, 장수의 소망이다. 물론 스피노자의 말처럼 모든 존재는 자신의 존재를 유지, 보존하고자 하는 충동을 가지고 있다고 본다면, 이 불로장생에 대한 소망은 한갓 인간만이 품고 있는 허욕이라고 할 수는 없을는지도 모른다. 그러나 유독 인간은 옛부터 온갖 지혜를 발휘하고 갖은 방법을 안출하여 이 간절한 소망을 이루어보려고 발버둥쳐 왔다는 데서, 우리는 인간의 애처롭고 안타까운 비극을 볼 수 있다. 아무리 그 소망이 강렬하고 애절하다고 할지라도, 성자필쇠(盛者必衰)요, 생자필멸(生者必滅)이라는 숙명적인 철칙 앞에서 이 소망을 성취하려고 한다는 것은 부질없는 망상일 수밖에 없기 때문이다.

그렇다면 주어진 시간을 보다 길게 늘여가면서 살아갈 수 있는 방도를 모색하여 볼 수밖에 없을 것도 같다. 이는, 우리가 주관적으로 느끼는 심리학적 시간이 객관적으로 잴 수 있는 물리학적 시간과 같지 않기 때문에, 어쩌면 가능하다고 여겨짐 직도 하다. 아닌 게 아니라, 시간의 장단(長短)에 대한 우리의 판단은 주관적 상태에 따라서 달라질 수 있다. 즉, 같은 길이의 시간이라도, 우리가 어떤 일에 골몰하고 있을 경우에는 그 시간이 순식간에 지나가 버린 것처럼 짧게 느껴지며, 이에 반하여, 가령 아무 하는 일 없이 무료하게 사람을 기다리고 있는 경우처럼, 내용이 단조로운 시간일수록 시간의 경과에만 계속 주의가 향하여지기 때문에 그 시간은 길게 느껴지기 마련이다. 이런 경우에 느끼게 되는 시간을 우리는 적절하게도 일각이 여삼추(一角如三秋)라고 하지 않던가?

그러므로 극단적으로 말하자면, 한평생 아무 일도 하지 않고 시계 바늘의 움직임만을 계속 응시하면서 살아가는 것이 장수의 최선의 비결이라고 할 수 있음직도 하다. 그러면 아마 십 년을 살아도 수백 년 산 것처럼 느껴질는지 모른다. 그러니 문제는, 그 시간이 경과하고 나서 회상하여 보면, 애초에 느꼈던 시간의 장단이 역전(逆轉)되어 버린다는 데에 있다. 즉, 우리의 기억 속에서는, 애초에 내용이 풍부하여 짧게 느껴졌던 시간은 도리어 길게 느껴지고, 반대로 내용이 단조로와서 길게 느껴졌던 시간은 짧게 느껴지게 된다는 사실이다. 그러므로 만일 한평생 시계 바늘의 움직임만을 들여다보면서 살아간다면, 한순간 한순간이 여삼추인지라, 인생 전체로 보면 수천 년의 장수를 누리는 셈이 되겠지만, 하루 하루 지나고 나서 회상할 때마다 그 하루 하루는 도리어 한순간처럼 짧게 느껴질 것이요, 따라서 결국 한평생 살아온 것이 한순간을 산 셈밖에 되지 않을 것이다. 그러므로 무위도식하며 시계 바늘만 들여다보고 살아가는 것이 장수의 비결일 수는 없는 노릇이다.

그렇다면 장수의 비결은 오히려 항시 일에 열중함으로써 주어진 시간의 내용을 풍부하게 하는 데에 있다고 보아야 할 것 같다. 일에 전념하고 있는 동안에는 어느 결에 지나갔는지 모를 정도로 짧게만 느껴졌던 시간이, 그때 그때 지나고 나서 돌이켜보면 흐뭇할 만큼 길게 느껴지며, 따라서 한평생을 살아가는 것이 기나 긴 세월을 살아가는 것으로 느껴지겠기 때문이다.

그러므로 이러한 의미에서도 우리는, 일의 성취감(成就感)에서 오는 희열(喜悅) 같은 것은 차치하고, 일을 할 수 있다는 것 자체를 하나의 천복(天福)으로 여겨야 할 것 같다. 만약에 인간이 아무 할 일도 없이 그저 시간의 흐름만을 직시하고 살아가도록 마련되어 있다고 가정한다면, 아마도 인간은 더욱더 인생의 덧없음을 느끼게 되고, 세상은 온통 염세적인 허무주의에 휩싸이게 되지 않을까?

여하간 한가롭게 앉아서 인생무상이나 탄식하고, 머리 속에서 불로장생의 백일몽이나 꾸고 있다는 것은 부질없는 일이 아닐 수 없다. 쇼펜하우어는 인생을, 저 너머 반대편 기슭에 죽음이 도사리고 있는 산을 넘어가는 데에다 비유하고, 젊어서는 한창 산을 올라가는 중인지라 산 너머의 죽음이 보이지 않으므로, 생기(生氣)에 차 있지만, 이미 산등성을 넘어선 노년에 이르러서는 기슭에 도사리고 있는 죽음이 빤히 보이기 때문에, 하루 하루 지낼 때마다 받게 되는 느낌은, 마치 사형대를 향하여 이끌려 가는 사형수가 한 걸음 한 걸음 걸음을 옮길 때마다 느끼게 되는 느낌과도 같다고 하였으며, 따라서 인생이 얼마나 짧은가를 알려면 오래 살아야 한다고 말하였다. 어떤 의미에서는 과연 공감이 가는 타당한 비유라고 생각됨 직도 하다. 그러나 위에서 말한 바와 같이, 오히려 우리가 주어진 인생을 항시 삶의 종말에 임하는 경건하고 숙연한 마음으로 성실하게 살아간다면, 그리고 인생의 어느 한 부분도 공백 상태로 허송해 버림이 없이 해야 할 일에 몰두함으로써 인생 전체를 풍부한 내용으로 채워간다면, 노년에 이르러 되돌아본다고 해서 인생이 반드시 짧게만 느껴지지는 않을 것이다.

우리가 '이자 없는 빚돈'을, 아무리 그것이 미미한 액수에 불과할지라도 이자가 없다고 하여 안이(安易)한 생각으로 낭비하는 일이 없이, 성실하게 운용하기만 한다면, 얼마든지 큰 재산으로 불릴 수 있지 않은가?

하나의 부탁
-부산(釜山)에 있는 학생(學生)들에게-

경기중학(京畿中學) 오십일주년(五十一週年) 기념일(紀念日)을 맞는 오늘 지루한 피란사리에도 지치지않고 여전(如前)히 꿋꿋하게 모교(母校)의 이름을 날리고 있는 제군(諸君)들의 고두(苦斗)에 대(對)해서 멀리 애심(哀心)으로 감사(感謝)와 찬사(讚辭)를 올립니다.

짙은 녹음(綠陰)도 낙엽(落葉)으로 변(変)하여 서글프게 떠러지는 시월(十月) ---------

계절에 대(對)해서 부산(釜山)보다 유난히 민감(敏感)한 이곳 서울에는 벌서 완전(完全)히 가을이 도라 왔으니 제군(諸君)들의 회향열병(懷鄕熱病)도 바야흐로 극도(極度)에 달(達)하였을 줄 압니다.

그러나 서울은 자칫하면 시국(時局)을 잊으리만치 화(華)려한 부산(釜山)의 가리(街里)(本人이 三月에 본)와 달러 흉적(凶敵)이 남기고 간 목불인견(目不忍見)의 발톱자최가 가는곳마다 눈에띄어 나오느니 한숨과 비분(悲憤)뿐이니 역시(亦是) 아직 불여불견(不如不見)이라 제군(諸君)들은 모름지기 해열제(觧熱劑)를 써서라도 마음을 진정(鎭靜)시켜 오로지 배움에 힘씀으로써 모교(母校)의 전통(傳統)과 명성(名聲)을 그곳 부산(釜山)은 고사(姑捨)하고 멀리 태평양(太平洋)건너 까지라도 떨치게 하여주시오.

서룸의 피난(難)사리라고는 하나 정(情)든 교장선생님(校長先生任) 이하(以下) 여러 선생(先生)님들 품안에 안겨 오붓한 배움의 보금자리를 꾸미고 있는 제군(諸君)들은 신(神)의 축복(祝福)을 받고 있는 것이오 확실(確實)히 부산(釜山) 못간 제군(諸君)들의 친구들보다 행운아(幸運兒)인 것입니다.

천막(天幕)인들 어떠며 노천(露天)인들 어떠리 ---

이곳 서울에 돌아온 경기건아(京畿健兒)들은 조금 전부터 "훈육소(訓育所)"란 간판(看板)아래 여러 다른 학교학생(學校學生)들과 함께일망정 다시 배움의 터를 찾게 되었으니 부산(釜山)에 있는 제군(諸君)들에 호응(呼應)해서 모교(母校)의 이름을 날리도록 구두(舊斗)를 할 것입니다.

머지않어 화동(花洞)언덕에 함께 모여 환희(歡喜)의 난무(亂舞)에 도취(陶醉)할 날도 올터이니 총(銃)칼을 들고 전장(戰場)에 나선 선배(先輩)들 선(先)각을 해서라도 참고 견디어 나갑시다.

부디 "난체" 하지말고 자중(自重)해서 무게있는 사람이 되어주오.

우리의 전통적(傳統的)인 가장 큰 폐단(弊端)은 지나치게 "체"하는 것이니 제발 그 "체"병(病)은 부산(釜山) 바다가에 가서 다 떠러버리고 좀 못난이가 되어 돌아오기 바랍니다.

너무 "체"하다가는 정말 만성(慢性)으로 "체(滯)"해 버려서 마침내는 일어나지도 못하게 될 터이니까 ………

"델피" 신전(神殿)의 "너 자신(自身)을 알라"라는 말은 철인(哲人) "소크라테스"의 전유품(專有品)이 아니라 바로 경기건아(京畿健兒) 제군(諸君)들이 체증엽(滯症葉)으로서 장복(長服)해야 할 신(神)약일 것입니다.

들에 익어가는 벼이삭처럼 제군들의 머리가 수그러지는 날 사람들은 제군(諸君)들 앞에 무릎을 꿇을 것입니다.

천리(千里)나 떠러저있는 이곳 서울에서 경기중학(京畿中學) 오십일수년(五十一週年) 기념일(紀念日)을 당(當)하여 간단하나마 모교학생(母校學生) 제군(諸君)들에게 이글을 선(伝)하고저 하는 바입니다.

四二八四. 十. 三 -서울에서-

개교 오십일 주년 기념 특집(開敎五十一週年紀念特輯)

경기중학 학도 호국단 학예부(京畿中學學徒護國團學藝部)

(필자(筆者) 본교(本校) 제삼십팔회(第三八回) 졸업생(卒業生)

현재(現在) 본교(本校) 독어(獨語) 교사로써 재경중(在京中)임)

3. 윤명로 교수님 추모사

桂泉 윤명로선생 추모사

故人이 된 윤명로 선생을 서울대 영안실로 문상 갔을 때(2005년 10월 7일), 고인의 사진을 바라보는 이 두 눈시울을 적셔준 눈물, 말없이 나오는 눈물.

그러니까 고인을 알게 된 것은 해방 전 경성제대(京城帝大) 학부 철학과를 졸업하던 해. 철학과에 성대예과(城大豫科)를 거쳐 들어온 막내둥이니 반갑고 기뻐서 자주 만나던 사이. 그 무렵 윤 선생은 숭인동에 살았고 나는 돈암동에 있었던 탓으로, 놀러 가면 부인께서 아랫목에 덮어둔 식혜와 빚어놓은 술을 내놓곤 하였다. 그래서인지 음력 섣달그믐 전날이 되면 꼭 찾아갔었지. 둘이서 잔을 주고받으며 살아온 한 해를 돌이켜보며 정담(情談)에 시간도 잊었었지.

그러던 것이 세태가 변동이 됨에 윤 선생은 학병(學兵)으로 나가게 되고, 나는 철학연구실 조수(助手)로 남게 되어 그 연구실 벽에 올려 쌓인 철학서들을 바라보며 공부하였다. 나의 책상 앞에 매달은 조그만 흑판에는 스피노자(Spinoza)의 말 'sub specie aeternitatis', 즉 '영원(永遠)의 상하(相下)에' 란 말이 씌어있었다. 그러나 세월은 흐르고 역사는 바뀌어 광복을 맞이하게 되었는데, 인연의 탓인지 우리 둘은 동국대에서 또 만나게 되었다. 나는 그리스 고대철학 및 중세철학을 주로 담당하였고, 윤 선생은 일반논리학 및 훗설(Husserl) 특강을 하였는데, 수강한 학생들의 말을 들으니 "그 비단결 같은 마음씨를 가진 윤 선생님 말입니까!" 하더군.

그리고 재삼(再三) 만나게 된 것이 지금 우리 대한민국학술원이다. 학술원에서도 마음 맞는 이의 모임이랄까? 우리들은 한 달에 한 번

씩 모여 회식하며 이야기를 나누었다. 벌써 오래 전에 작고한 조요한(趙要翰) 선생과 윤명로 선생, 그리고 유승국(柳承國) 회원과 나, 이렇게 넷이서. 이야기는 주로 우리나라 현황과 나라의 앞날을 생각하며 기탄없는 얘기를 진솔하게 나누는 것이었으니, 우국지사(憂國之士)의 모임이라고나 할까. 이때에도 계천 선생은 남들이 예상도 않는 근본적인 초점을 말하곤 하였다. 지금 회상해 봐도, 그러던 시절이 참 좋았더라고 말하게 된다.

계천 선생이 또 나에게 한 이야기 중에 잊을 수 없는 것이 있다. 그것은 학병으로 나갔을 때 일본 규슈(九州)에서 복무하였는데 돌아오게 될 무렵에 규슈에 있는 일본인 교수 田邊重三 선생을 만나 뵈었다는 것이다. 윤 선생이나 내가 훗설을 알게 된 것은 해방 전에 경성제대 철학과 주임이었던 田邊 교수의 강의로 말미암았음이다. 田邊 교수는 우리들에게 데카르트(Descartes)를 비롯한 훗설과 브렌타노(Brentano)의 독오학파(獨墺學派)를 알게 해주었고, 이들의 중심초점인 명증성(Evidenz)을 강의해 주었다. 윤 선생이 훗설을 주로 연구하게 된 것도 田邊 교수의 영향이라고 할 수 있다. 그러니 일본 규슈의 고향에서 뵈오니 무척 좋아하더라는 얘기였다.

끝으로 기억에 남아있는 것은 이런 것이다. 학술원에서 연구비를 받고 논문을 쓰게 되었는데, 마감기일이 다 되었는데도 내지를 않으니 독촉을 받게 되었다. "아! 그거 대강 써서 내는 것이지!" 하였더니, 대답이 "그거 그래도 잘 생각해서 결론을 제대로 내야할 것 아니오!"하는 것이었다. 그래서 무엇을 논하는가 하였더니, 완성된 논문이라고 하여 인문·사회1분과 월례회의 때 모두들 모인 자리에서 발표를 하였다. 그런데 듣는 측에서도 그처럼 알아듣기 힘든 어려운 논문이었다. 그러나 자상하고 세밀하므로 속으로는 놀라지 않을 수 없었다. 그래 한 번에 마칠 수가 없어서, 다음 달에 두 번째로 발표하였는데도 다 끝내질 못하여 그만하기로 하였는데, 그 논문의 내용은 '훗설의 현상학(現象學)과 불교의 유식론(唯識論)의 비교연구'

였다.

아! 그처럼 생각하고 생각하여 속 깊이 꿰뚫어 보려는 마음의 깊이를 가진 계천 선생이 쓰고, 쓰고, 써놓은 글. 아! 참으로 사람은 가고, 글은 남는도다.

2005년 11월 1일 김규영

윤명로 교수님을 보내드리면서

선생님께서 저희 곁을 떠나신 후 저희들은 모두 선생님의 영전에서 허탈감에 빠져 있습니다. 지난 해 정초 선생님께 세배드리러 갔을 때 선생님께서는 저희들의 손을 꼭 잡아주셨습니다. 그때 선생님의 따듯한 손길과 더불어 제 손을 꼭 잡으시는 강한 악력을 느끼면서 앞으로 오래동안 건강하게 사실 수 있으리라 생각하면서 아주 기뻤습니다. 그래서 그랬던지 비록 병석에 오랫동안 누워 계셨지만 강인하신 의지력으로 병마를 이겨내신 후 병석을 걷어차고 훌훌 일어나시리라 굳게 믿었습니다. 그런데 저희들의 소망과는 달리 선생님은 저희 곁을 떠나셨고 저희들은 지금 커다란 허탈감에 빠져 있습니다.

저희 모두가 오늘 이처럼 커다란 허탈감에 빠져 있는 이유는 선생님께서 저희에게 너무도 소중하고 너무도 커다란 분이셨기 때문입니다. 선생님께서 저희들 각각의 삶에서 차지하셨던 그처럼 커다란 자리를 그 무엇으로 채워야 할지 그저 막막하기만 합니다. 선생님께서는 여러 모로 저희 모두를 크게 가르쳐주신 저희 모두의 커다란 스승이셨습니다.

선생님께서는 평생 학문의 길을 걸어오시면서 저희에게 진정한 학문의 길이 무엇인지 가르쳐주셨습니다. 선생님께서는 학자란 모름지기 언제나 사회와 역사에 대한 투철한 비판의식을 생명으로 하면서 살아가야 하지만 시류나 유행에 휩쓸려서는 안된다는 사실을 강조하셨습니다. 실제로 선생님은 한 평생 이러한 자세를 스스로 견지하시면서 진정으로 커다란 학문을 이루셨습니다. 선생님께서는 척박한 한국철학계가 선세계인이 부러워할 정도의 수준을 자랑할 만큼 발전하는 데 결정적으로 기여하셨습니다. 선생님께서는 1970년대말 한국현상학회를 창립하시고 회장직을 맡으시면서 한국현상학을 세계적인 수준으로 끌어올리셨습니다. 그러나 선생님의 학문적 업적이 현상학에만 국한되는 것은 아닙니다. 선생님께서는 현상학뿐 아니라, 서양 고대철학을 비롯해 서양철학사 전반, 그리고 해석학, 생철학, 실증주의, 분석철학 등의 다양한 현대철학사조, 더 나아가 동서비교철학 등 철학의 다양한 분야에 대한 연구를 두루 두루 수행하시면서 이처럼 다양한 분야에서 빼어난 논문들을 발표하셨고 그를 통해 한국의 철학 전반이 현재의 높은 수준으로 발전하는 데 결정적으로 기여하셨습니다.

선생님께서는 학문에 있어서의 커다란 스승이셨을뿐 아니라, 삶에 있어서도 저의 모두의 커다란 스승이셨으며, 저희들은 선생님을 학문에 있어서의 위대한 스승이자 동시에 삶에 있어서의 위대한 스승으로 영원히 기억할 것입니다. 저희들도 종종 목격할 수 있었듯이 선생님께서는 우선 가정에서 훌륭한 남편, 훌륭한 아버지로서 늘 사랑을 실천하시면서 위대한 삶을 사셨습니다. 바로 이러하기에 선생님께서 저희 곁을 떠나신 이후 사모님과 자제분들의 슬픔이 얼마나 큰지 저희들은 잘 알고 있습니다. 그러나 선생님께서는 가정에서뿐 아니라, 사회에 나가셔서도 저희 모두에게 삶에 있어서의 커다란 스승이셨습니다. 선생님께서는 동료와 후배들을 형제처럼 사랑하셨으며 제자들을 자식처럼 아끼셨습니다. 선생님은 사회에서 사람들을 만나면서 그들 모두를 당신의 가족처럼 아끼고 사랑하셨습니다. 바로 이러한 선생님의 사랑을 몸과 마음으로 느꼈기 때문에 선생님의 동료들은 선생님을 형제처럼 아끼고 사랑하였으며, 제자들은 선생님을 어버이처럼 공경하며 따랐습니다.

선생님께서는 학문과 삶에 있어서 저희에게 참으로 많은 것을 가르쳐 주셨습니다. 그리고 선생님께서는 저희 곁을 떠나시면서도 저희에게 커다란 가르침을 주셨습니다. 선생님께서 저희 곁을 떠나신 후 선생님의 동료, 후배, 제자들은 선생님의 빈소 앞에 모여 서로 앞다투어 선생님의 학문과 삶을 칭송합니다. 저희 모두도 언젠가는 선생님 곁으로 갈 터인데, 저희가 선생님 곁으로 가는 날 저희들의 동료, 후배, 제자들이 오늘 선생님 영전에서처럼 앞다투어 저희들을 칭송할 수 있도록 아름다운 삶을 살아가도록 노력해야 한다는 커다란 가르침을 선생님께서는 저희들에게 베풀어주셨습니다. 선생님의 사랑과 가르침에 대해 무한히 감사드립니다.

이처럼 선생님께서 저희들을 진정으로 사랑하셨고 저희에게 그처럼 많은 것을 가르쳐주셨기에 선생님께서 저희 곁을 떠나시매 저희들의 슬픔이 그처럼 큰 것 같습니다. 그러나 선생님! 선생님과 이별하면서 저희들은 마냥 슬퍼하고 있지만은 않겠습니다. 선생님께서 저희에게 베풀어주신 사랑과 가르침을 토대로 이 땅에서 커다란 학문을 꽃피우고 선생님께서 꿈꾸시던 멋진 사회를 만들어 나가겠습니다. 선생님께서 걱정하시지 않도록 저희들은 여러모로 더욱 더 노력하겠습니다. 선생님, 가족들과 후학들 걱정은 하지 마시고 평안한 안식을 누리소서.

2005. 10. 9. 이남인

Chapter 3

A Comparative Study of Phenomenology and Vijñāptimātra Theory*

Myong Ro Yoon

INTRODUCTION

The aim of this research is the comparative inquiry into the striking level of similarity found between Husserl's phenomenology, which arose and gained influence in the early 20th century; and Vijñāptimātra theory, which became the basis of the doctrine of Mahāyāna Buddhism circa the 3rd-4th century.

Despite divergent cultural backgrounds and the 1500 years separating the two, phenomenology and Vijñāptimātra theory hold in common a philosophical attitude of analyzing and describing human consciousness through introspection. Naturally, they differ in their respective inclinations. Phenomenology was posited far later by Descartes (17th c), passed on through Kant's notion of the rational human, and became a complete philosophy in strict form by the early 20th century; Vijñāptimātra (Mind-Only, or Consciousness-Only) theory became the root and trunk of the tree that is Mahayana Buddhism in the 3th-4th century. Regardless of these differences, the two share startling analytical similarities in the perception, cognition, and inter-relationships between consciousness and the world and its associated relationships.

Thus, the elucidation of consciousness found in Vijñāptimātra theory directly sets into relief the outline of the logical extrapolation of phenomenology. It would not then seem exaggerative to call Buddhism a religion that incorporates, at the

---

The late Dr. Myong Ro Yoon was a former professor of Seoul National University and Wonkwang University.

*First published in the *Journal of the National Academy of Science* (in Korean), Republic of Korea, Vol. 41, 2002.

base of its doctrine, the theory of cognition as expounded by 20th century phenomenology. Indeed, this may be the key to understanding the fundamental difference between Buddhism, which emphasizes liberation (*vimukti*) through individual awakening, and other religions, generally centered around a transcendental absolute being.

RESPECTIVE BACKGROUNDS: THE BIRTH OF PHENOMENOLOGY AND VIJÑAPTIMĀTRA THEORY

The Background of the Birth of Phenomenology

With idealism in decline after Hegel's death, various objectivist tides such as naturalism, positivism, and materialism rushed in amid widespread debate, fueled by the development of natural science in the 19th century. Attempting to overcome this philosophical confusion was a group of late 19th century scholars who advocated a revival of the Kantian critical philosophical mind, the Neo-Kantian School. In particular, Windelband of the Baden School of Neo-Kantians employed Kant's transcendental method as a model, in an attempt to establish the basis of Rickert's notion of 'value' or 'purpose' in cultural science, and contemporaneously, the scientific historicism of Idiographic Science (個性記述學, *Idiographische Wissenschaft*)[1], which was yet to be rationally scientific. With this he provided a path for the establishment of psychoscience (science of the mind) as a proper science.

However, history as analyzed by this sort of rational, scientific method is a reconstruction of abstracted historical phenomena, and indeed nothing more than perception that has been isolated from those phenomena. Thus, this rationalist stance assumed by the Baden School met with criticism penned by the 'life philosophers' (*Lebensphilosophie*), with Dilthey heading the list. According to Dilthey, the objects of psychoscience such as history and culture are 'expressions' that are externalized and objectified from the irrational life that live in the inner depths. Thus, he rejected the intellectualist, rationalist attitude that sought to draw those objects into the Judgement of Reason (*Richterstuhl der Vernunft*)[2] only to thoroughly congeal them in an intricate system by adapting the rational, scientific method to psychoscience. He opined that concrete cognition in psychoscience should be predicated on 'empathetic understanding (追體驗, pursued-experience, *nacherleben*) that would grasp the irrational life of the inner depths from life itself

---

[1] Windelband, *Geschichte und Naturwissenschaft*, Präludien, Bd. II, Tübingen, 1921, S. 145.
[2] Dilthey, *Gesammelte Schriften*, Bd. VII, S. 261.

through the 'interpretation' of externalized and objectified expressions.' In order to support this methodology he emphasized the necessity of hermeneutics; on the other hand, he asserted that philosophy was a 'science of world view' or '*Welanschauung* (世界觀學),' that would establish individual viewpoints of the world, based on comparative morphological research of the internal structure of various viewpoints in history utilizing this grasp of life, and the illumination of the forms of these viewpoints.

In this way, he rejected rationalism and offered no obstacle, despite his awareness, to the implication of the mono-typological affirmative-optimistic sentiment in regard to life's meaning so integral to the irrationalist stance of the Life Philosophers, who made irrational life the central topic of philosophy. Yet, the rapid maturation of 19th century scientific culture, which brought with it the brilliant developments of natural science, also gradually fostered a state of human alienation. Through the First and Second World Wars humans came to face a catastrophic period where they were bereaved of their humanity and plunged into despair. In this context, regarding as its exigent theme the recovery of true human nature and the search to overcome the despair of life, existentialism became the dominant discourse in philosophical and intellectual circles in the 20th century.

Husserl's phenomenology was a philosophy cultivated in the aforementioned temporal and societal context. Notably, in this brief account we may see two kinds of diametric opposition. The first of these is the contrasting relationship between rationalism and irrationalism. As we have said, irrationalist philosophy refers to life philosophy (World View Philosophy 世界觀哲學) or existentialist philosophy, born from the resistance of life in opposition to traditional rationalism. From Husserl's perspective, the former was an attitude of viewing philosophy as a 'work of art by a great artist,' while the latter situated philosophy on 'the same plane as religion'; having discarded any pretense to scholarship from the beginning, these two philosophies were merely myths and certainly not a field of scholarship, regardless of whatever pride was taken in their profundities.[3] To him philosophy's original domain was to be found in neither esoteric thought nor the creation of academic theory, but in the pursuit of rational knowledge; leading him to state that 'calling philosophy and all forms of scholarship rational is a tautology.'[4]

The second diametric opposition is the relationship of objectivist philosophy and transcendentalist philosophy. A common feature of objectivism is that it operates on the foundation of a world which is the self-evident product of experience, and that it assumes an attitude of scientifically questioning what objective truth of the world lies in the world itself, while on the other hand

[3] Husserl, *Krisis*, S.508.
[4] Ibid., S.200f., S.273f.

transcendentalism questions the certainty of perceiving the world that is presented to experience as self-evident data (所與, the given) from a stance of re-questioning transcendental subjectivity as 'the ultimate source of the formation of all cognition.'[5] This may explain Husserl's claim that 'since the beginning of earnest attempts at transcendental philosophy following the advent of epistemology, the history of philosophy has been that of tension between the objectivist and transcendentalist philosophies.'[6]

Of course, it had been Kant who regarded epistemology as a fundamental problem and advocated a transcendental philosophy, while Husserl then saw the essential similarity between his phenomenology and Kant's transcendental philosophy and making use of Kant's term 'transcendental,' began to call his philosophy 'transcendental phenomenology.'[7] Yet, Husserl, quite differently than Kant, who called the 'transcendental' the elucidation of the ubiquitously accepted a priori base of cognitive possibility, took a broader approach to the term by naming 'transcendental' the discussion of any object as it pertains to the consciousness of the cognitive/thinking subject.

On one hand, in this matter Husserl held Descartes in high esteem as the 'pioneer of transcendental philosophy,' who refocused the origins of the pursuit of truth from the world of empirical datum (the given) to the ego of the res cogitans.[8] On the other hand, Husserl held the contemporaneous Galilei in different regard. Galilei, on the existence of the world or nature itself, said that it is not a pre-scientific, intuitive world that we directly experience, but rather a world of mathematical structure. Accordingly, he saw true conceptualization of the world as possible only through mathematization, and became an advocate of a world view based on physics or naturalism. Husserl rebuked Galilei as 'both a genius of discovery and concealment,' saying that the mathematical world is merely an artificial high-order formation (image) concealed by a 'garb of ideas' (*Ideenkleid*) or 'garb of symbols' (*Kleid der Symbole*)[9] as a product of human idealization, and hence, that the assertion that the mathematical world itself is objective merely results in concealing the function of human idealization.[10]

And so, in the turmoil of ideologies that came and went with the cultural tides of the 19th and 20th century, Husserl persistently built his transcendental phenomenology on rules of 'evidence' (*Evidenz*: commonly characterized by the 'exclusion of the difference')[11] in accord with the teachings of Brentano, under

---

[5] Ibid., S.101.
[6] Ibid., S. 71.
[7] Husserl, *Erste Philosophie*, Husserliana VII, S. 230.
[8] Ibid., S.240.
[9] Husserl, *Krisis*, S. 51f.
[10] Ibid., S.53.

whom Husserl had directly studied. And solely on this sincere and righteous path, he established phenomenology as the 'first philosophy,' the foundation on which all philosophical and scientific knowledge would be based, setting as its concurrent goals the bestowal of ultimate, absolute verification and rationality on the whole of perception and the elucidation of the meaning of the whole of the world and existence. Thus viewed ideologically, the establishment of phenomenology as the 'first philosophy' might be said to hold a purely theoretical supra-historical significance.

Yet, in one of his last writings, *Crisis*, Husserl offered insight into the breakdown of humanity brought about by the crisis confronting modern Western scholarship, and through historical illumination lay bare its source, while attempting to find the solution to this exigent historical problem in his philosophy of phenomenology. According to Husserl, the ideal of renaissance Europeans was the recreation of the human attitude that was the principle of life in antiquity: that is, the creation of a general philosophy about humans and the world through the insights of natural reasoning. The modern form of this general philosophical notion was brought into the forefront by Descartes, who established a truth system of general philosophy through rational methodologies. This spirit then came to dominate the mentality of Europeans through the 18th century, in what is called the 'philosophical century.'[12] Yet, trust in the meaning of these general philosophical ideals and rational methodologies began to waver along with the development of 19th century positivist science, and finally by the late 19th century, positivist science had 'decapitated philosophy.'[13] This public breach resulted in positivist science ascending to the throne of European world-view.

Before long, however, Europeans would come to understand the nature of positivist science as 'completely abstracting all subjective matters,' and thus quite indifferent to 'serious problems related to humanity.' Furthermore, after World War One when positivism had 'ignored the urgent problems of a humanity that had been abandoned to the whims of fate in an unhappy age,' Europeans realized that positivism was 'unable to provide any answer to a humanity confronted with the crisis of survival'[14] and accordingly initially hopeful views of positivist science turned into mistrust. Thus, already broken away from philosophy, positivist science also became completely alienated from the issues of human existence, and the unity between philosophy, science and human life that had been the European ideal for the past few centuries was shattered. This loss of confidence in philosophy and

---

[11] Husserl, *Ideen*, S. 285.

[12] Husserl, *Krisis*, S. 7-8.

[13] Ibid., S.3-4.

[14] Ibid., S.3-4.

science meant that trust in reason itself had crumbled, which had formerly united the three. Reason, seen in relation to human existence, is the 'free ability to bestow ultimate meaning on the existence of an individual human or mankind, and to all objects, values, and goals thereof.' Accordingly, Husserl defined this breakdown of trust in regard to reason as humanity's 'loss of trust in itself, in the true existence of its own unique essence,'[15] and as the true crisis confronting Modern Europeans. To Husserl, the sole way to overcome this crisis was the revival of the philosophical path opened up by Descartes: a rebuilding of a true first philosophy or general philosophy in order to recover the fallen status of reason. His transcendental phenomenology was to be the philosophy that would achieve this goal.

The Birth and Background of Vijñāptimātra Theory

We may see the scope of philosophical development in Indian Vijñāptimātra theory through the following clear and concise explanation found in the *Yogācārabhūmi-śāstrā-kārikā* (瑜伽師地論釋), a treatise by Jinaputra (最勝子), one of the ten major theories of Indian Vijñāptimātra theory: 'after the Buddha passed away, disorderly incidents were a frequent occurrence, while different interpretations on the Buddha's teaching resulted in the emergence of many sects of Buddhism. Many of these sects were attached to the realist stance that all *dharmas* exist (諸法實有).' Amid this theoretical situation, Nāgārjuna (龍樹) engaged in intensive practice, quickly realizing the Paramuditā-bhumi (極喜地), the highest of the ten stages (*bhūmis*) among the stages of ascetic practice. Nāgārjuna compiled the true essence of the Mahāyāna teachings of formless-emptiness (無相空), writing the *Mādhyamika-śāstra* (Treatise of the Middle Way, 中論), as well as other texts of the Middle School. Through the promotion of these teachings, he excluded the existential substantialist view (有見). Later, disciple Āryadeva and other scholars wrote portions of the *Hundred Verses on the Middle Way* (百論) and other texts, which widely propagated Mādhyamika thought. However, under the influence of Mādhyamika thought, those in the mundane world then became attached to a nihilistic empty-view (空見) that completely denied the existence of all *dharmas* (諸法). It was due to this that Asaṅga (無著) rose to the first of the ten grounds and attained the radiance of the Buddhist doctrine, receiving ultimate freedom. Studying under Maitreya, Asaṅga entreated lectures from his teacher, which he compiled as a text that became the fundamental treatise of the Yogācārya school, the *Yogācārabhūmi-śāstra* (瑜伽師地論).[16]

---

[15] Ibid., S. 11.

[16] *Yogācārabhūmi-śāstrā-kārikā* vol. 1 (Taisho 30), p. 883.

We see that Vijñāptimātra theory sublated both the doctrine of the substantial reality of all things proposed by the Sarvāstivāda school and the 'all things are empty' doctrine of the Middle Way school (Madhyamika school) based on the *Prajñāparamitā-sūtra* and established a basis for Buddhist epistemology. Succinctly, the ultimate ideal of Buddhism is the liberation from worldly desires and sufferings, to reach enlightenment and obtain the way, and this may only be accomplished through the release of desires and attachments to the objects of consciousness. Indeed, all things (*dharmas*) change and are conditioned by the chains of causality, forever impermanent and subject to birth, existence, change, and death; to think of the objects of desire and attachment as existing can be nothing other than a delusion. Because of this, Nāgārjuna's Middle Way (mādhyamika) philosophy excludes the substantialist view of the various schools and sects of Buddhism, and finds enlightenment in the espousal that all things (*sarvadharma*) are without self-nature (無自性 *asvabhāva*) and are empty (空 *śūnyatā*). Due to this in the *Prajñāparamitā-sūtra* (般若經) and other texts, all things (*sarvadharma*) are classified into eighteen categories by essence and function, and these categories are revealed to have eighteen emptinesses (*Aṣṭādaśaśūnyatā*) in which the emptiness of emptiness (空空 *śūnyatā-śūnyatā*) is included. 'Emptiness' refers to the emptiness in all things: as this emptiness is also empty due to emptiness, it is called the emptiness of emptiness (空空).'[17] Thus, this Buddhist teaching implies that one should not become attached to all things: for they are empty, have no self nature, and exist and cease through the chains of causality. At the same time, this emptiness of all things is also empty, and thus one should also not become attached to emptiness.

Thus, the Middle Way school teaches the path to penetrating the emptiness of all things by overcoming all types of attachment, in order to reach the ultimate enlightenment (正覺) and behold the Buddha nature in oneself. And as it might be said that Western Scholasticism was employed to found the philosophical basis of the Christian doctrine during the Middle Ages, one could say that Vijñāptimātra theory was designed to provide a background for the epistemological foundation of the Buddhist doctrine by undertaking a detailed analysis of consciousness.

In this regard, Vijñāptimātra theory is quite similar to Husserl's phenomenology. Husserl rejected the establishment of various systematic theories in his research methodology, instead favoring a pure description of phenomenon itself (事象自體 *Sache selbst*).[18] It is easy to allow one's prejudices and biases to enter into the creation of any theoretical system, and accordingly this is the reason that most theoretical systems remain in isolation from the phenomenon itself. Husserl

---

[17] *Mahāprajñāpāramitā-sūtra* vol. 36 (Taisho 5), p.201; vol. 413 (Taisho 7), p. 71; vol.3 (Taisho 8), p. 233; *Mahāprajñāpāramitā-sūtra* vol. 54 (Taisho 13), p.360.

[18] Husserl, *Ideen*. S. 52.

was of the opinion that in the history of philosophy so many theoretical systems have sprung like Minerva from the head of 'a creative genius,' in time only to be relegated to confinement in the museum of history with other Minervas of its own kind;[19] that so many theories had a colorful birth only to be forgotten in the frequent vicissitudes of world thought.

The most basic theory forming the basis of Buddhist doctrine is generally considered to be the theory of causality, which means everything is arising by the causes and conditions (緣起 *Pratītya-samutpada*). This may be called the interdependent relationships between all phenomena, which are linked by the bonds of karma and causality. The *SamyuktaĀgama* (雜阿含經) and the *Treatise on Causality* (緣起經) define it thus: 'as this exists so does that, as this arises (is born) so does (is) that.' If one longs for release from these things, release from delusion, erroneous thought, and defilements, which are all products of karmic causality, one must accordingly search for the origin of the cycle of life and death and eliminate the source of the causality that predicates all matters. This origin turns out to be ignorance or unenlightenment (無明 *Avidyā*). Unenlightenment is like glaucoma of the eye, blocking one from seeing matters properly. It is an ignorance of the true form of objects or phenomenon, which causes confusion in thought and inevitably results in aimless wandering on a wrong and secluded path in search of falsehood.'[20]

Unenlightenment refers to the unawakened mind, that is, 'the mind that creates discrimination through delusions; seeing all things and phenomena as existing outside the mind, the unawakened mind makes judgements on their existence and non-existence, right and wrong, and gains and losses. The suffering of mind and body as a product of karma is entirely due to this unenlightenment. In order to put an end to unenlightenment, one should first awaken to the source of one's mind, as all delusions created by the mind are in truth products of a mind that has not awakened.'[21]

As was mentioned above, that 'one must accordingly search for the origin of the cycle of life and death and eliminate the source of the causality that predicates all matters' means that one should cease their blind faith and delusion about the true form of all matters in order to sever the haze of ignorance and unenlightenment. Meditating on the source of one's mind, one begins to understand that the form of all things and phenomena is like a dream or a twirling ghost: fruitless matters that appear without cause, 'the creations of a mind that have no cause.'[22] Here we see that theory places great importance on epistemological

[19] Husserl, *Philosophie als Strenge Wissenschaft*, S. 291.
[20] *Daśabhūmika* vol. 4 (Taisho 10), pp. 552-3.
[21] Ibid.
[22] *Lancavatara-sūtra* vol. 5 (Taisho 16), pp. 616-617.

pursuit and the analysis and scrutiny of arbitrary notions of external phenomena: one then sees that phenomena are mere representations and not real objects (唯識無境), and that all things in existence exist solely in the consciousness only (萬法唯識). Vijñāptimātra theory proves that these simple arbitrary notions are in fact the product of the state of unenlightenment and ignorance fueled by delusion. This shares the same vein as phenomenology, which explains that the things we take to objectively exist are actually superficial notions of objects (of *das Gemeinte*, *Cogitatum*, *or Noema*) that are immanent in and constructed (konstituieren) by our consciousness, that are then objectified or actualized. This elucidation evidences the similarity of Vijñāptimātra theory and phenomenology.

A COMPARATIVE STUDY OF PHENOMENOLOGY AND VIJÑĀPTIMĀTRA THEORY

'Phenomenological Reduction' and 'Returning to the Origin'

• The Naturalist Stance and Unenlightenment

When facing the 'phenomenological world' (事象世界 *Sachenwelt*) regardless of the attention I pay to it, it faces me as a replete preexisting world (*für mich einfach da vorhanden*), and it objectively exists as something presented to me (*Daseindes*). Not only that, I do not stop at considering this world a world characterized by phenomenon; I am aware of the existence of the world of worth (價値世界 *Wertwelt*) and goods (財貨世界 *Güterwelt*) with characteristic values such as beauty or ugliness and likes and dislikes, and also of the practical world (實踐的 世界 *Praktische Welt*), with things that may be put into service (使用客體 *Gebrauchsobjekte*). Phenomenologicaly, anyone in this simple mode of action is said to be in a natural stance (*natürliche Einstellung*).[23]

In short, a particular aspect of the natural stance lies in the thesis that it is objective and unrelated to cognition of phenomenal existence. Yet, for example, when I take a ball as the object of my external perception, my consciousness perceives merely the front exterior surface of the ball as it is manifested, given, or presented (*aktuell*), while the rear and interior surface of the ball remain potential (*potentiell*) in the shaded portion (*Abschattung*) of my perception, and are not presented to me directly. Now, if I turn the ball one-hundred eighty degrees, the portion of the ball that had been manifested directly a moment ago (*soeben*) is not visible; it sinks into my cognitive flow as a past form and becomes a latent shape retained (*Retention*) there. However, the portion of the ball that had not been

---

[23] Ideen., S. 48.

facing me, now manifested in my consciousness, may be of many forms: it could be curved like the portion of the ball that I have already seen, it could be flat, or could even be the convex inner surface of the ball. Even so, I believe the object presented to my perception to be 'the same front to back,' that is its entire surface equidistant from the center, the radius smooth, and that the ball exists without relation to my perception, as a transcendental ball. However, strictly speaking, when perceiving this sort of 'round ball' object, our transcendental consciousness or transcendental subjectivity, functioning as the process of consciousness (*Noesis*), synthesizes two matters (*Hyle*), that which is presented to our consciousness and that which is immanent in our consciousness. This information is in fact none other than the object of consciousness (*Noema*), and such descriptions as 'the back is like the front and the radius is equidistant from the center in all directions' is meaning (*Sinn*) that is bestowed on top of the Noema. In this way, transcendental consciousness synthesizes the experiential contents of given and immanent *Hyles*. Husserl called this the synthesis of identification (*Synthese der Identifikation*).[24] Noesis, as the act of this type of transcendental subjectiveness is constituted by the experiential flow comprised of emotional contents added to the substantive construct of pure experience (內實的 構成分 *reelles Bestandstück*), with the former operating at the level of bestowing meaning or the Noesis level, and the latter at the Hyle level or material (素材) level. The Noema then is then unified with the Noesis via and in accord with the endowment of meaning, thus the Noema is the intentional correlative object of the Noesis. Grounded by meaning and functioning as an object, this extant modal may be called a prescribed transcendental object.[25] And so, as exemplified above, belief that the object we have called the 'round ball' exists arbitrarily irrespective of consciousness is the result of the naive natural stance that objectifies or actualizes what is internal to our consciousness, constructed as an immanent Noema, the thesis of the existence of such an object that is transcendental to consciousness lacks provability (evidence) and can only be a falsehood. In the view of Vijñāptimātra theory as well, the objective thesis of objects contrived according to this sort of naturalist stance is regarded as merely delusion, and thus the origin of unenlightenment. In fact, prescribed transcendental objects are regarded among the types of ignorance in the mundane world such as, speculation, illation, discrimination, and delusion, which are based on mental projection regarded as reality, arrived at through the five consciousness and relies on the perceptions and discernings of the sixth consciousness (*vijñāna*) the third of the three kinds of perception, the perception of reason or inference. This is one of the three natures of the Yogacara Buddhist theory, or the nature that

---

[24] Ibid., S. 75.
[25] Ibid., S. 110.

maintains the seeming to be real. That a person can become caught up in subjective speculation and conjecture (*tarka*) due to the disposition of a person's consciousness to become attached to groundless thought, is the reason that people become mired in unenlightenment and caught up in and unable to escape the worldly desires of the three poisons of concupiscence (貪), resentment (瞋), and ignorance (癡).

Phenomenological Reductionism and 'Returning to the Origin'

As explained above, both phenomenology and Vijñāptimātra theory respectively define our simple general, natural stance as 'lacking in evidence (*Evidenz*)' and 'unenlightened,' and both see the reason for this, as we have seen from the example of the 'round ball,' lies in the mistaken substantiation of Noema immanently constructed in the consciousness as extant transcendental objects. According to Husserl, innumerous forms of transcendence (*Transzendenz*) are in fact immanent character of being (*immanenter Seinscharakter*),[26] which is constructed in the transcendent (*a priori*) cognition or transcendent (*a priori*) subjectivity. And this sort of assertion can also be found in Vijñāptimātra theory. That is, looking at the functional side of cognition, on one hand, the perception of reason or inference, mentioned previously, and on the other, lucid mirroring and images of the objects of the senses, that is, perception of an object as it appears in the world or representation-consciousness are to be differentiated. As Wonhyo (元曉) wrote in the *Expository Notes on the Awakening of Mahāyāna Faith* (大乘起信論別記), are manifestations that do not occur outside of cognition,' and he continued, 'because these are a product of my mind (意識).' Based on 'phenomenological Vijñāptimātra theory' he exposed the result of unenlightenment, that is, the illusion of substantiating as extant transcendental objects those objects of the senses that are Noemaic and immanent in cognition. This is the reason that phenomenology and Vijñāptimātra theory hold in common the performance of phenomenological reduction (Phänomenologische Reduktion) and 'returning to the origin (返(=反)本還源),' respectively, which is at the crux of each inquiry and holds absolutely in both. This is expressed variously in various texts. In addition to 'returning to the origin (返本還源),' many alternate terms such as 'origin-return (還源反本),' 'rejecting the illusion and returning to the truth (反(=返)妄歸眞),' 'towards the center through the end (從末向本)' and others appear in the Mahāyāna sūtras. While in Wŏnhyo's A *Commentary on the Awakening of Mahāyana faith* (大乘起信論疏) and Expository Notes on the Awakening of Mahāyāna Faith we find the various terms of 'turning back to the origin of the mind (還歸心源),' 'turning back to the

---

[26] Hua. I. S. 32.

original locus (還歸本源),' 'returning to the end at the origin of the mind (終歸心源),' 'returning to the one original mind (歸一心源),' and 'turning back to the locus of the basic mind (還歸其本一心之源).'

The Features and Types of Consciousness

• Intentionality and What it Grasps

In elucidating the chain of Husserl's transcendental consciousness, there are two key points, both of which Husserl inherited from his teacher Brentano: the intentionality of conscious and immanent perception. While previous philosophers generally distinguished between mental phenomenon and physical phenomenon based on extension, Brentano distinguished between mental phenomenon and material phenomenon based on the intentional immanence of the object (*intentionale Inexistenz eines Gegenstandes*), that is, the 'intentional storage of the object in itself.'

As explained already, we maintain or preserve transcendental cognition in the phenomenological realm in accord with phenomenological reduction, and as it is expected to become cognition, this cognitive act and the object have an intentional relationship which remains. As a correlative to cognitive action, the consciousness transcendent object of a person in the natural stance becomes intentionally immanent in that person's transcendent cognition. Then, quite opposed to the relationship of act to object during natural cognition, the relationship of act to object during transcendental cognition in all respects is an immanent relationship. Accordingly, Husserl distinguished between the act and object of transcendental cognition beginning with the act and object of the natural stance, calling the former Noesis and the latter Noema, and regarding their correlative as the basic solution to the epistemological problem.

The intention of cognition, in general, is expressed in the form of 'cognition about something (*Bewusstsein von etwas*).' In Vijñāptimātra theory, as well, the mind and consciousness, work like a vine first wrapping around a tree as if it is the material being perceived, in order to operate the action of the mind relies on the object for support. This is the environment or object on which something rests, the secondary cause (*ālambana* 攀緣), and it carries the same meaning as intentionality in phenomenology, that is, put somewhat succinctly, 'the environment of the six guṇas or qualities of sight, sound, smell, taste, touch, and thought is called that of which the mind lays hold of or grasps (心緣塵境曰攀緣).'

As previously mentioned, Vijñāptimātra theory reveals that 'manifestations occur in the mind, manifestations do not occur outside of cognition (現識所現，不在識外) the three realms (sensuous desire, form, and formless world of pure spirit) are deceptive and are only a product of the mind (三界虛僞、唯心所作). In this way it is quite similar to phenomenology. Thus, Vijñāptimātra theory states: do not turn your attention to the outside world which takes secondary causes and conditions and regards them as really existing (不須向外, 攀緣取法),[27] 'the grasping of a phenomenon and attachment to it is the beginning of delusion, and the source of vexing passion.'

• Cognitive Flow (Phenomenology) and the Divisions of Consciousness (Vijñāptimātra Theory)

After Husserl theorized objects as extant transcendental consciousness and excluded various natural stances through phenomenological reduction, leaving nothing else to be excluded, he arrived at what he called 'phenomenological residue (*Phaenomenologisches Residuum*),'[28] which holds absolute evidence (*Evidenz*), and is immanent in transcendental consciousness, holding nothing but the transcendental subjectivity of the pure ego (*reines Ich*). Accordingly, he regarded this transcendental subjectivity as the ultimate source (*Anfang*) of his transcendental phenomenology espoused by the first philosophy, that is the ultimate and absolute foundation of philosophy and all other sciences.

Transcendental subjectivity in Husserl, as an absolute extant which stores the extant basis of all other extant realms in the immanent ego of the self, is also called 'base category of existence generale (*Urkategorie*)' or 'primary realm (*Urregion*).'[29] Transcendental subjectivity, in as much as it is an absolute extant, there are various expressions that might describe it, such as transcendental cognition, pure cognition, transcendental ego, pure ego, yet only one exists, that is 'cognitive flow,' and there is no term of equivalent level in Vijñāptimātra theory.

From Buddhism's beginnings, doctrinally the basic tone on the topic of consciousness is set by the perceptions and discernings of the six sense consciousnesses, that is the five perceptions or cognitions arising from the five sense organs and the sixth consciousness of the previous moment. However, Vijñāptimātra theory which became the basis of the Mahāyāna doctrine, places *manas-vijñāna*, as the seventh of the eight consciousnesses, the active mind, or activity of mind, the seed in the deepest portion of the mind. And it regards the eighth consciousness, or *ālaya-vijñāna* (阿賴耶識), as the storehouse or the root workings of all things.

---

[27] *Dasheng* yizhang (Essay on the Meaning of Mahāyāna) vol. 20 (Taisho 44), p. 870.

[28] Ideen., S. 59.

[29] Ideen., S. 141.

The Structure of Consciousness

In this world in which we adopt a natural stance in which to live, we are in a ceaseless state of judgement, discretion, desire, and decision based on our direct experience. And due to this mental activity we construct all forms of meaning that form the source of our arts and sciences, as well as the basis of our society. Yet the world also, is permeated by transmitted, learned, traditions, the fruits of experience the fruits of science from which we are instructed, and carry out operations of judgement, recognition, evaluation, and practice, which accumulate. Thus, as an immanent object, the intentional meaning of Noema constructed from Noesis is not only the tangible datum held by the mechanism of meaning, but implies the material stored up in the world as well. In the present cognition of life, the experiences acquired to date are not dead materials (*tote Sedimentierungen*),[30] but may be present in every view we hold, always operating as immanent efficacy in tandem with tangible beginnings through the provision of concomitant backgrounding. A distinctive feature of our consciousness is that, as indicated previously, through 'self-transcendental consideration' we can 'consider many more things' beyond the tangibly presented data.

Phenomenological explanations about the essence of consciousness in Vijñāptimātra theory, as well, regard the sixth consciousness, or thought, via the five consciousnesses arising through the five qualities of sight, sound, smell, taste, and touch (境, 色・聲・香・味・觸), Hyle like material, as functioning for discretion, deliberation, speculation, and judgement, and unavoidably surpassing itself while considering more than just the available data.

Thus, we will need to clearly elucidate the intentionally objectified meaning in order to ascertain specific knowledge about it. And without clarifying the immanent meaning stored in intentional implicature this will not be possible. Here we can surmise the necessity of taking a two angled view of the structure of transcendental subjectivity or transcendental cognition. One angle would be, to imagine the how of cognitive content and the level structuring of the Noesis level and Hyle level, the structuring of Noema from Noesis, the immanent intentional relationship of the Noesis and Noema or the functional relation between the two, etc. In *Ideas*, where Husserl began espousing transcendental phenomenology, in a mainly inquisitive domain, he named this 'static phenomenology (*statische Phänomenologie*).' Another angle would be the various wandering experiences of natural life in our consciousness that are precipitated as immanent consciousness. These are tangible experience cognitions and the numerous immanent cognitions

[30] Hua. VI., S. 152.

in the objectified meaning structured from the Noema (*Cogitatum*), which become causative Hyle. In short, the world that structures Noesis (*Cogito*) implies the history of precipitated experience to date. Thus, obtaining truth in regard to the life world requires the excavation of all immanent cognitions in the meaning of the contemporary experiential world, and a return to the transcendental source that spawned these precipitated immanent cognitions.[31]

After his *Notions*, Husserl concentrated on phenomenological inquiry from primarily this angle of view. This is in contrast to the aforementioned static phenomenology, which he called dynamic or genetic phenomenology (*dynamische* or *genetische Phänomenologie*).[32] Yet, these two approaches do not address different topics, that is, they both investigate phenomenon, but from different viewpoints. Static phenomenology looks at the flow of experience in cognition, the fixed aspect of the horizontal cross-section, while dynamic or genetic phenomenology looks at the same cognitive flow vertically, the flow along the vertical cross-section (*Längsschnitt*).[33]

In this manner phenomenology examines the cognitive flow through transcendental subjectivity from both the vertical and horizontal planes in an attempt to clarify the function of cognition. By comparison, Vijñāptimātra theory usually addresses the essential structure and function of the cognitive flow in the manner we have seen, that is of course, the division of the eight kinds of consciousness (八識 *parijñāna*) divided as: the reception of the five senses; the sixth consciousness or mental thought in regard to reception of the five senses; the seventh, or discernment; the eight regarded as the storehouse of all incoming information. The *Lankāvatara-sūtra* (大乘入楞伽經), however, divides consciousness into perception of reason, or inference (分別事識) and manifesting consciousness (現識) as reflecting the myriad forms of the objective realm, and these categories see similar division in *Xianshi lun* (顯識論) as well. The terms for manifesting consciousness, 顯識 and 現識, both refer to the fundamental consciousness (阿賴耶識 *ālaya-vijñāna*) forging the objects of the five senses (五塵, 色・聲・香・味・觸) and the four elements of which all things are made, solid, liquid, heat, and motion (四大, 地・水・火・風), and structuring and retaining all things. The terms for the perception of reason or inference (分別識 and 分別事識 *mano-vijñāna*) both refer to the immanent realm of the sixth consciousness, which acts to discern the various categories of all things (tall or short, big or small, male or female, heaven or earth, etc.) and this discernment is why it is called the sense that distinguishes those

---

[31] Husserl, *Erfahung und Urteil*, Hambung, 1954, S. 47.

[32] Hua. XI., S. 336 f.

[33] Antonio De Almeida, *Sinn und Inhalt in der Genetischen Phänomenologie E. Husserls*, 1972, Haag, S. 7-8.

mental objects not dependent on the sense organs. In this manner manifest knowledge is stored and distinguished.[34] This 'manifesting consciousness' or 'representation-consciousness,' is the immanent object taken in and structured in turn according to the eighth consciousness, and compares with the Noema of phenomenology, that is the 'immanent transcendental object.' It also follows, then, that the eighth consciousness in Vijñāptimātra theory compares to the Noesis in phenomenology. Additionally, the operational side of the eighth consciousness in Vijñāptimātra theory is said to be the portion that discriminates phenomena (見分) phenomena while side being discriminated in the eighth consciousness said to be the mental form (相分). And the correlative relationship of perception between these two is the realm of immanent intuition in the eighth consciousness, *ālaya-vijñāna*, much as it was, for Husserl, the immanent perception or what recognizes evidence (*Evidenz*) in perception. And, as it holds evidence which is certain, this has been called the 'self evidential faculty, or self awareness'.

In the structuring of the phenomena of all material (物) and (心) mind by the fundamental consciousness, or the eighth consciousness, the Hyle like background, is composed of more than the previously exemplified tangible six kinds of objects (六塵) and four elements (四大). According to Vijñāptimātra theory, the reason that the eighth consciousness is the generative source of all things is that the original term for the eighth consciousness, *ālaya-vijñāna*, means storehouse of all knowledge (藏識) because the eighth consciousness holds the seed (種子 *bīja*) that possesses power through the object with which it is associated. There are two types of seed: those that are latent and immanent in the eighth consciousness, immanent seeds (本有種子), and those which become productive when acted on by the other seven consciousnesses, newly influencing seeds (新熏種子). The former, awakens the eternal endowment, or thusness (眞如 *bhūtatathatā*) and is immanently stored in the eighth consciousness, thus it may be regarded as transcendental or innate, while the latter, can be said to be acquired through the experience of the body mouth or mind, or experience in the natural world, and accompany or mingle with the eighth consciousness. This may be the reason why one of the names for the eighth consciousness is the seed of consciousness (種子識).

In the theory of the eighth consciousness (*ālaya-vijñāna*) as seen through stored consciousness (藏識) or seed consciousness (種子識), and in phenomenology the dynamic, generative theory in regard to the transcendental stream of consciousness, our cognitive experience is deposited by intentional implication deep in the stream of consciousness, and we can see this in the theory stating the role taken by the intentional Hyle as that of Noema is structured by Noesis. Yet, differently than phenomenological theory leaning toward the expression of

---

[34] *Xianshi lun* (Taisho 31), p. 878.

epistemological interest in the basis and definition of evidence of consciousness (*Evidenz*), Vijñāptimātra theory places emphasis on the delusions of external cause and elucidating the truth that things exist in the mind while phenomena are existing (唯識無境), while also placing importance on the theoretical definition related to the central doctrine of causation and karma. Thus, we can recognize the difference between these two philosophies. According to Vijñāptimātra theory: 'As there are two types of vicissitude in cognition, one turns toward the repetitive path of living beings (衆生 *sattva*) who embrace the passions and desires of the world of illusion (迷界), while the other turns toward the dharma path or the road to truth.' As previously stated, Vijñāptimātra theory consciousness is formed with manifest knowledge and the perception of reason or inference, according to the eighth consciousness and sixth consciousness, the perception of reason or inference through a dependant correlative with manifest knowledge generates knowledge of the self.[35] Thus, what we call the ego (自我) is actually merely a synthesis of the five aggregates (蘊 *skandhas*), which are wrong notions of the self (染汚意), and both immaterial and various creations of the immanent seeds of the mind. Discriminating phenomena twisted as what is called the ego within (自內我 *antarātman*) lead to attachment and deep ego-consciousness. In his *Thirty Verses on the Vijñāptimātra Treatise* (唯識三十論) Vasubandhu (世親) called these 'manas,' saying that they are a type of consciousness that is the root of all that is deluding and false.

Vijñāptimātra theory, quite differently from phenomenology, distinguishes between eight levels of consciousness, as we have seen. And again as we have seen, these eight levels are interrelated, with the eighth providing the base and the other seven the various products within it. The sixth consciousness holds the consciousness (識 *vijñāna*), the seventh the (意 *manas*), and the eighth the mind (心 *citta*).

CONCLUSION

We have conducted a multi-angled and contrastive investigation into phenomenology and Vijñāptimātra theory. As mentioned in the introduction, although the rise of each philosophy was separated by some 1700 years, with the former proud of its sincere rationalist tradition, and the latter becoming the theoretical basis for the doctrine of Mahāyāna Buddhism, we have seen that they exhibit a near identical level of similarity. This is due to each positioning consciousness (transcendental pure consciousness in phenomenology, *ālaya-vijñāna*

[35] *Cheng-wei-shi-lun* vol. 4 (Taisho 31), p. 20.

in Vijñāptimātra theory) as their central topic, while avoiding the creation of a theoretical framework to its own subjective, independent self-serving advantage. That is, in regard to the essential operation of evidential or self-evidential and analysis or elucidation of consciousness, and the relationship of consciousness to object, both philosophies reflected on their 'intuition of internal consciousness' under the creed of 'integrity to philosophy itself.' Just as Aristotle and Descartes had each advocated their respective metaphysic as the 'first philosophy' on which all other sciences should be based, Husserl attempted to situate his transcendental phenomenology as the 'first philosophy,' the determinative foundation for various other sciences. Products of one portion of his endeavor were the *Origin of Geometry*, elucidating the inception of geometry and *Formal and Transcendental Logic*, attempting to provide a determinative foundation for the study of formal logic.

In this sense, Husserl's regard for transcendental phenomenology as the base on which all various sciences would be established and his plan for phenomenology to be the 'eternal philosophy (*philosophia perennis*),' which all other schools of thought would be founded on and linked to, might be called a prideful expression of his convictions. Should one consider that for some 1500 years previously Vijñāptimātra theory had formed the theoretical basis for the doctrine of Mahāyāna Buddhism, and the matter of Vijñāptimātra theory not differing in the least from of phenomenology in as so far as it can be called a theory of rational evidence, it seems likely one would consent that Husserl's regard for phenomenology as the 'eternal philosophy' may have contained some degree of pride. Incurring the highest pangs of birth while producing his major work on transcendental phenomenology, *Notions* (1913), from 1912 on, Husserl devoted little time to reading the new publications of others. He may have considered his reflective excavation and description of the internal terrain of transcendental consciousness sufficient, intentionally avoiding as unnecessary the pursuit of suggestions in the work of others.

Becoming deeply engrossed in transcendental consciousness Husserl had, by 'bracketing,' excluded the world and all extant beings. Due to this, Heinemann judged Husserl's philosophy to be 'the isolated philosophy of the transcendental ego' and nothing more than reductionism from a natural stance to a phenomenological stance, while pointing to it as 'an expression of self-alienation.' Husserl also indicated the reduction of his phenomenological stance was comparable to a 'religious conversion' with a 'complete change in personality' saying it was the 'greatest existential change.' Yet, to him this was not a disclosure of his 'isolated conversion.' He saw the 'abandonment and disposition of all things' as none other than the 'road to the acquisition of all things (*Alles preisgeben heisst alles gewinnen*).' In this sense, it was not the isolation of the ego through phenomenological reduction, but on the contrary, the convergence of the world into the ego and the process of broadening. Accordingly objectivism, particularly the objectivism of modernist mathematical natural science, is the self-alienation of transcendental consciousness or transcendental identity, and reduction might well be considered a return home from this type of self-alienation.

현상학과 유식론

증보판

초판 인쇄 2006년 10월 13일
초판 발행 2006년 10월 20일
증보판 초판 인쇄 2013년 7월 4일
증보판 초판 발행 2013년 7월 10일
저자 윤명로
편자 이남인
발행인 최두환
발행처 도서출판 시와진실
출판등록 1997. 6. 11 제 2-2389호
TEL: 02) 813-8371
FAX: 02) 813-8377
E-mail: ambros@hanafos.com
http://www.faust.co.kr
값 18,000원

국립중앙도서관 출판시도서목록(CIP)

현상학과 유식론 = Phenomenology and Yogacara Buddhist theory / 저자: 윤명로 ; 편자: 이남인. -- 증보판. -- [서울] : 시와 진실, 2013
p. ; cm

한자표제 : 現象學과 唯識論
권말부록: 현상학과 현대철학(제3회 서우철학상 수상소감) ; 수필들 ; 윤명로 교수님 추모사
ISBN 978-89-90890-45-0 93100 : ₩18000

현대 철학[現代哲學]
철학 사상[哲學思想]

151.7-KDC5
181.11-DDC21 CIP2013010722

이 도서의 국립중앙도서관 출판시도서목록(CIP)은 서지정보유통지원시스템 홈페이지(http://seoji.nl.go.kr)와 국가자료공동목록시스템(http://www.nl.go.kr/kolisnet)에서 이용하실 수 있습니다. (CIP제어번호: CIP2013010722)